天下文化

BELIEVE IN READING

我是胡志強今天來報到！

胡志強——著

目錄

照片集錦
至親家人 009
良師益友 013
初入官場 016
駐美時期 018
外交風雲 020
走入地方 023

出版者的話 使命必達，隨時報到的胡志強 高希均 037
推薦序 那年，我們在台中建立了「電影烏托邦」！ 李安 044
推薦序 人們將給他最好的「符號」 陳文茜 052

推薦序　我跟他就像親人　焦仁和　066
自序　我是胡志強，很早就報到！　070

第一章　動亂年代，平凡出身　078
1 動盪與簡樸中的軍事教育　078
2 結巴少年的英文奇幻之旅　088
3 大器晚成的黑馬？　097
4 在牛津找到最好的自己　106
5 加倍奉送的教學熱情　119

第二章　總統府、新聞局時期——任職中央，築夢踏實　128
1 空降在總統府的小凳子　128
2 傳真機與化妝師　136
3 發炎的發言人　143
4 在美國公視遇見季辛吉　149

目錄

5 嚴父與慈母 157
6 重返綺色佳 162
7 寧靜革命 167
8 請陳文茜喝咖啡 172
9 永遠的郝伯伯 173

第三章 駐美時期——爲民思考，廣結善緣 177
1 一場演講改變命運 177
2 奮戰第一線 181
3 行動或不行動？ 188
4 有關哈維爾的二三事 194
5 「雙橡園」變身「雙向園」 199
6 人在公門好修行 203
7 談笑風生結善緣 206

8 最美麗的蔣夫人 211

第四章 外交部時期——接軌世界，面向全球 213
1 我是胡志強，今天來報到！ 213
2 新官上任三把火？ 217
3 跑外交如跑選舉 223
4 愛心外交無國界 231
5 叫我帶動唱老師?! 236
6 我只不過是株小草 240
7 「人道外交」可行嗎？ 247
8 最愛與大愛 252

第五章 台中市府時期——前進地方，放眼國際 258
1 刻骨銘心的失敗 258
2 化危機為轉機 265

目錄

3 古根漢功敗垂成 271
4 文化搭台，經濟唱戲 276
5 我有一個夢 283
6 市長如店長 289
7 市民需要「解決」，而非「解釋」 296
8 天邊彩虹和腳邊玫瑰 301
9 放牛班的孩子也會進步 305
10 天下沒有什麼可以限制太陽 314
11 一枝一葉總關情 322
12 開會的「江湖一點訣」 327
13 蓋球場，像追女朋友一樣 332
14 有時星光、有時月光 338
15 政府建設應「軟硬兼施」 376
16 我不怕當烏鴉 383

17 創意不打烊 388
18 用心良苦博版面 395
19 電子城牆和誘餌車 400
20 給一個衝刺的理由 408
21 痛徹我心的「阿拉夜店事件」 414
22 「老胡」賣瓜 422
23 大家都愛一片草地 428
24 只為你臉上的笑容 436
25 是金子總會發光 440
26 「少年Pi」的奇幻與美好 446
27 佛法奇緣 454
28 我聽到你的聲音 459
29 「圖利」或「興利」？ 464
30 一加一大於二 470
31 全世界最難蓋的建築？ 478

目錄

32 Do my best! 484
33 敗選啟示錄 498

後記 見山還是山，見水還是水 507
附錄一 兩個背影 胡薇莉 526
天天想你 胡婷婷 536
我的老爸！ 胡韡耀 543
附錄二 友人心目中的胡志強 549
附錄三 大事年表 559
附錄四 重要榮譽 563
附錄五 重要人物索引 565

至親家人

父母親結婚三十週年的合照。

（左圖）本書付梓前一刻，意外翻出我人生中的第一張照片，哥哥在背後抱著我。

（下圖）大學時代在石門水庫留影，足以證明我當年也有過一頭濃密黑髮。

留學期間母親（中）到英國看我，教授稱讚她彷彿清朝時代的美女。（詳見 509 頁）

曉鈴陪我參加牛津大學貝里歐（Balliol College）學院入學式。

初到英國，和曉鈴在泰晤士河上的軍艦參觀。

曉鈴獲頒英國皇家珠寶學院鑽石進修班的證書。

初入政壇時的全家合照。

曉鈴愛唱歌，這也成為她日後復健的助力。

任職新聞局局長時全家合照。

良師益友

和趙耀東先生一同出席活動。趙耀東先生一生都很照顧我，每次選舉皆前來站台。

王效蘭女士對我影響深遠，一九九九年十一月有幸出席她獲頒輔仁大學榮譽文學博士學位典禮。

知名歌手蔡琴是我和曉鈴的好友，有次她至美國宣慰僑胞時曾來我們家作客。（詳見 201、366 頁）

二〇〇三年四月四日《遠見》雜誌走出台北市舉辦「遠見前瞻論壇」，首站便來到台中。左起遠見 · 天下文化創辦人王力行發行人、高希均教授和台視新聞部主播陳景怡。

初入官場

一九九三年七月三十日，擔任新聞局長期間接待來訪的南非非洲民族議會主席曼德拉（Nelson Mandela）。

從進入行政院工作到擔任全國競選總部總幹事，我和連戰先生結緣數十年。

中廣吳晶晶女士送了我一張裱框的百元紙鈔，編號 370515 正是我的生日。（詳見 323-324 頁）

駐美時期

一九九六年八月二十九日，擔任駐美代表期間介紹蕭萬長先生與美國總統柯林頓（Bill Clinton）見面。

廣結善緣

胡志強駐美表現受矚目

路透社

台北新任外交部長胡志強在擔任台北駐美代表的約一年任期內，爲台北在美國國會、政府以及民間交了大量的朋友，其活動量和外交技巧甚至引起了北京駐美大使館的高度注意。

北京駐華盛頓一位外交官員告訴亞洲週刊，胡志強在美國首都短短的一年內，除了平時的公務之外，單單在國會山莊的參衆兩院議員，就會見了一百五十多位，扣除公衆假日以及年假，平均隔一天就會見一位國會議員，其效率和敬業精神令人驚訝。

《亞洲週刊》報導我駐美表現引發北京駐美大使館高度注意（圖片出自 1997/10/27《亞洲週刊》）。

United States of America

Congressional Record

PROCEEDINGS AND DEBATES OF THE *105th* CONGRESS, FIRST SESSION

Wednesday, September 24th, 1997

Senate

Commending Dr. Jason C. Hu, Representative of the Taipei Economic and Cultural Representative Office in the United States.

S. RES. 125

IN THE SENATE OF THE UNITED STATES

September 24, 1997

Mr. MURKOWSKI submitted the following Senate Resolution; which was passed by unanimous consent

SENATE RESOLUTION

Commending Dr. Jason C. Hu, Representative of the Taipei Economic and Cultural Representative Office in the United States.

Whereas Dr. Jason C. Hu has served with distinction as Representative of the Taipei Economic and Cultural Representative Office (TECRO) since June 1996, and has ably represented the interests of the Republic of China on Taiwan;

Whereas Dr. Hu has been a firm and consistent advocate of democratic principles throughout his distinguished career;

Whereas Dr. Hu has established many deep friendships with Members of Congress and other Americans during his tenure in Washington; and

Whereas Dr. Hu has been asked to return to Taiwan to serve as the Minister of Foreign Affairs of the Republic of China: Now, therefore, be it

Resolved by the Senate), That the Senate hereby--

(1) commends Dr. Jason C. Hu for his service as Representative of the TECRO office; and

(2) expresses to Dr. Hu and his family its best wishes for his continued success in the future.

一九九七年美國參議院一致同意通過決議案，表揚我在擔任駐美國代表處代表期間的傑出貢獻。

風光離美

圖駐美代表胡志強返國出任外交部長前夕，17日在華盛頓接受訪問，暢談他的感受。同一日美國參院通過提案，讚揚他任內表現優異。（法新社）

美參院通過讚揚胡志強

駐美15月廣結善緣 十多位衆議員也發言肯定他的貢獻

區有錦／綜合十七日法新社及中央社報導

駐美代表胡志強18日自美起程返國接任外交部長，美國參議院全體議員17日無異議通過提案，讚揚他任內在促進台灣與美國的關係和友誼方面有優異的表現，此外有十多位眾議員發言肯定他的貢獻。

參議院的決議案，係由參院能源委員會主席穆考斯基及多數黨領袖羅特提出的。其他發言的議員除肯定胡志強的貢獻外，並對他出任外長表示賀忱。

另一方面，胡志強17日在華盛頓接受訪問談到他的感想，顯然他對華府、台北與北京之間目前平靜的關係感到安心。他指出，和平與穩定在亞太地區都重要，尤其是在東亞，北京、台北和華盛頓都曉得，他們需要和平與穩定。胡志強表示，這些日子來，北京當局也可能更樂於處理它與華府的雙邊事務，不再常常把台灣問題列為首要的議程。胡志強說，他在這方面看到了曙光。

胡志強指出，中共迎上頭來對美國國會進行遊說，引起了台灣的憂慮。儘管有人說，台北當局在美國享有不公平的好處，但胡志強只是一笑置之。他說，中共是大國，與美國有外交關係，拿起電話就可以打給美國國務卿或國家安全顧問，而他連美國國務院的大門也進不去，如果這些人認為這是不公平，他倒樂於跟他們交換。

胡志強出任駐美代表15個月，期間他與美國的國會議員會面超過200次，出席各項社交及民間聚會更不勝其數。胡志強表示，有人說這已是破紀錄了。

一九九七年我自美返國接任外交部長，《中國時報》對美參院全體議員對我的肯定進行了報導。

一九九九年九月三日薩爾瓦多總統佛洛瑞斯（Francisco Flores Pérez）伉儷訪台，夫人離開前還留下了不捨的眼淚。

任職外交部長期間，曉鈴陪我前往瓜地馬拉。

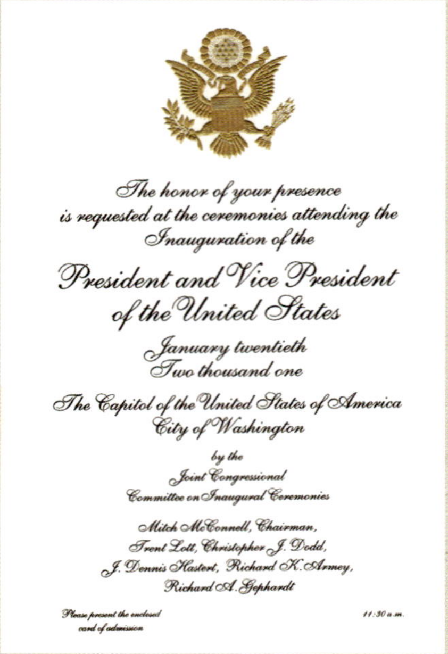

The honor of your presence
is requested at the ceremonies attending the
Inauguration of the

President and Vice President
of the United States

January twentieth
Two thousand one

The Capitol of the United States of America
City of Washington

by the
Joint Congressional
Committee on Inaugural Ceremonies

Mitch McConnell, Chairman,
Trent Lott, Christopher J. Dodd,
J. Dennis Hastert, Richard K. Armey,
Richard A. Gephardt

Please present the enclosed
card of admission

11:30 a.m.

受邀出席美國第四十三任總統小布希（George W. Bush）與副總統錢尼（Dick Cheney）就職典禮。

走入地方

在市長辦公室內身著蘇格蘭傳統服飾，和小妹胡薇莉合影。（詳見 83 頁）

我和馬英九總統為盧秀燕助選站台。

二〇〇三年八月三十日台中森巴嘉年華正式遊行。

二〇〇四年八月四日台中 e 卡通啟用典禮。

二〇〇四年十二月四日，金馬獎在台中市中山堂舉行，我和（左起）女兒婷婷、曉鈴及邱復生在紅毯留影。（詳見 318 頁）

二○○五年一月五日圓滿戶外劇場動土。

二○○五年一月二十四日明華園《韓湘子》記者會上，我和曉鈴與當家台柱孫翠鳳合影。

二〇〇五年十二月十四日，「高音 C 之王」帕華洛帝（Luciano Pavarotti）退休前的「世紀告別」全球演唱會的台灣獨家演出，選擇落腳台中。（詳見 280-282 頁）

二〇〇五年為宣傳即將到來的演唱會，我扮成帕華洛帝，對著台中名產太陽餅高歌。

二〇〇六年十月二十日國際標準棒球場啟用祭拜儀式暨府會慢速壘球聯誼賽。（詳見 332-338 頁）

二〇〇七年三月二十六日拜會伊東豊雄及明治神宮職棒場。（詳見 478-483 頁）

二〇〇七年十月十六日爵士音樂節記者會。（詳見 277-279 頁）

二〇〇七年十一月二十四日馬修・連恩（Matthew Lien）音樂講唱會。

曉鈴住院期間，台中市民以各種形式給予我們溫暖的祝福。
（詳見 345-348 頁）

二〇〇九年四月八日在阿布達比全球城市論壇暨台灣香港城市論壇演說。右為時任香港特別行政區政制及內地事務局局長林瑞麟。

二〇〇九年十二月三日台中國家歌劇院新建工程——第二期主體工程開工典禮。（詳見 478-483 頁）

二〇一〇年三月，為了行銷在台中洲際棒球場演出的張藝謀鳥巢版歌劇《杜蘭朵公主》，我找了孫翠鳳、陳文茜、徐旭東、郝龍斌等好友助陣，一起在台北開記者會催票。（詳見 396-399 頁）

二〇一〇年九月二日 2010 搖滾台中樂團節記者會。（詳見 399 頁）

二〇一〇年十月二十七日「歌仔歲月一甲子」《陶侃賢母》記者會。

二〇一一年女神卡卡（Lady Gaga）首度來台開唱，地點選在戶外圓滿劇場。七月三日我頒贈委託藝術家王俠軍打造的台中市鑰給她。（詳見 276-277 頁）

二〇一三年三月三日賀李安《少年 Pi 的奇幻漂流》獲四項奧斯卡大獎慶功會暨頒贈榮譽市民獎章典禮，由於李安人在國外，因此由弟弟李岡（右四）和母親李楊思莊（右三）代領。（詳見 446-453 頁）

二〇一四年十一月二十三日台中國家歌劇院落成迎賓典禮。左起日方代表泉洋子、文化部長龍應台、行政院副秘書長蕭家淇、總統馬英九、台中市議會議長林士昌及麗明營造董事長吳春山。（詳見 478-483 頁）

二〇一四年十一月二十六日與知名導演馬丁・史柯西斯（Martin Scorsese）會面。（詳見 452 頁）

擔任市長期間，攝於舊台中市政府。

出版者的話——

使命必達，隨時報到的胡志強

高希均（遠見・天下文化事業群創辦人）

（一）

我從來不是政治評論家，但自己是一個關心台灣民主政治落實與教育進步的知識分子。我常佩服也認識一些對國家有貢獻，做了很多自我犧牲的政府首長。

《遠見》雜誌從一九九四年開始縣市首長施政滿意調查，透過評比的方式發掘台灣的政治新人才，尤其在二〇〇〇年第一次政黨輪替，曾在中央擔任首長的菁英人才走入台灣地方選舉，胡志強和馬英九就是當時的代表。根據二〇〇五年《遠見》雜誌對二十三縣市的民意評比，我特別關心四位政治人物（馬英九、謝長廷、蘇貞昌、胡志強）的問政理念與從政績效。他們能言善道，辯才無礙，都是政壇上的戰將，均經過選舉的考驗，也都有更上層樓的企圖心。他們的力爭上游為台灣帶來新希望，所表現出來的優點也遠多於缺點。在台灣島內有意識型態的差距、兩岸有難解的「一中」、民眾對政治人物既有強烈的期待，也有強烈的抵制，我自己對政治人物始終抱有一份「疑中留情」的期盼。

前述的四位市長，工作上以胡志強最「有歷練」，他的上半生政治生涯早已在中央擔任過政府要職並且表現出色，從一九九一年九月擔任行政院新聞局長長達五年，歷經兩任行政院長郝柏村與連戰的肯定。一九九六年台海危機，銜李登輝之命出任駐美代表。駐美一年後，被當年的行政院長蕭萬長邀請入閣，擔任外交部長。一九九〇年代後蔣經國年代的風起雲湧，這位來自英國牛津大學的博士與教授，以極高的政治智慧贏得了不同立場長官的青睞。對國家任務的交付，使命必達已是他血液裡的基因，一部分來自他軍眷後代的報國之情，一部分則是長年海外求學的學思遊歷，深刻感受到國家必須進步、必須跟上已開發國家的腳步，贏得尊嚴。

我比胡市長大十餘歲，同是外省的軍人子弟，同在海外求學，同在大學教書，我是在美國任教，一九七〇年代後常短期回台擔任政策顧問而認識志強兄，至今也近四十年，自己參與《遠見》與天下文化出版已過四十年。他在政治上努力，我則是教書與推廣與引介進步觀念到華人社會。這麼多年，只要是重要的好書，我都會寄贈給他。腦中常在想：終有一天以他的才華歷練，會答應寫一本回憶錄來分享。果然沒有令我失望，大家終於看到了這本精采的胡志強回憶錄！也要謝謝作者蕭容慧的努力與才思。

二〇〇一年當他決定從中央走向地方，我知道他心中逐漸感受到：對政治外交議題侃侃而談，不如實實在在地做出政績，改善一個都市的風貌及人民的生活。有別於當時同黨同志的喪氣，他立即挽起袖子帶著創新的能量回到自己的家鄉台中參選，這是我最熟悉的他的特色：日以繼夜的投入，源源不斷的創意。

（二）

我對政治人物貢獻的評估包括了：

(1)個人學識、操守與重要幕僚的品德。

(2)性格特質（如誠信、無私、授權；如遲疑、善變、作秀；如貪婪、猜忌、權謀……）。

(3)政策願景及企圖心。

(4)從政紀錄。

從政者務必看清：在一個理性社會中，政治人物的受到重用，不來自「關愛眼神」、不來自八面玲瓏的手腕、不來自偏激的言詞、不來自作秀，而須來自本人實際表現的政績。這實力必須包括：自己堅定的從政理念、政策的遠景、提升人民福祉的方法、謀求社會和諧的熱情，以及改善兩岸關係的意願及本領。胡市長在每個崗位上，以身作則，做了最好的示範。

（三）

回想起二〇一四年，我應邀到台中演講。我當時對已經做得出色的胡市長的建議是，除了改善台中的治安與提升文化已有卓越成績外，要進一步積極扮演中部區塊的領導角色；要全力展現「有所為」的重大建設，和「有所不為」的黨政自律。

事實上我和台中有很深的淵源，我十三歲時（一九四九年）搭乘輪船從上海隨著國民政府來到台灣。一九五四年在台北念完台北商職後考上了「台中農學院」（現在的中興大學），就從南港的眷村來到「文化城」台中就學。我十分喜歡台中的純樸，對它充滿感情，我在這裡讀書、後來和在東海大學的女學生（劉麗安），因投稿我在農學院主編的《積穗》雜誌而相識，然後在美國進修時結婚。

服完兵役，一九五九年秋天到美國讀研究所主修剛興起的一門新科學：落後地區經濟發展，親眼目睹美國的進步，深感震撼。當年美國處於二十世紀輝煌的六〇年代中，那是一個包容、開放、富裕的年代，吸引了全世界一流的人才來學習。美國是全世界獲得諾貝爾獎最多的國家，其中一半得獎者來自外國，已經深深感覺到社會「開放」的重要，才能吸收到各國的人才。然後在一九七〇年代至一九八〇年代，分別有教學與研究機會，實地參訪了北歐三國、蘇聯及東歐四國，及西歐之英、德、法、義等國及以色列，也發表了二本相關著作。

（四）

近年常回到母校（中興大學）參加活動，並且在興大捐贈了「高希均知識經濟研究室」，也贊助一些學術活動。

因此每次回到台中，對台中持續進步開放的印象十分深刻。我多次稱讚：「心懷壯志的胡市長具有國際觀及執行力，能夠使台中市走向國際舞台。台中市民是十分幸福的，不斷地邁向正向、健康的發展方向。在五都中（現在已是六都），失業率不但低，經濟發展也好，如中部科學園區的成立，多項建設蓬勃發展更令人驚豔；台中同時也是十分開放的城市，與國際連結，尤其是要面向世界。」

記得二〇一四年六月興大校長李德財院士贈我榮譽博士，並邀胡市長致詞。我致詞時說：「如果胡市長選上第三任，我就搬來台中買一間公寓。」事後胡市長常說：「我知道希均兄財力有限，如果我選上，他來台中買房子，那就太難為他了！」

胡市長受過嚴格的英國高等教育訓練，擁有牛津大學博士及純正的牛津口音，也經常展現英國人的幽默和生活風格以及群眾魅力，正是這位外交家的優勢。

六年前胡市長還特別送贈我一套邱吉爾（Winston Churchill）著述的英國史，上面有他當年的細讀筆記，用功及認真令我印象深刻，這已是我自己的珍藏版。他把這些海內外累積的才華，用在三任台中市的建設發展上，已經把台中快速變成一個國際級的大都市，所以我不斷地告訴中部朋友：你們是何其幸福曾經擁有這麼一位市長！（二〇〇一至二〇一四）。

現在，我更想告訴大家，在兩岸情勢對峙中，台灣曾經出現過這麼一位市長的傳記，記錄他一生學業，從眷村成長，政大培養，到海外進修；在事業上從中央到地方，在不同重要職位上，所展現的遠見與政績，這是台灣人民和全體華人應對這位模範市長應有的認知。

推薦序——

那年，我們在台中建立了「電影烏托邦」！

李安（導演）

我當年可以說是新聞局培養出來的。我研究所畢業六年，鬱鬱不得志，朋友告訴我新聞局舉辦優良劇本甄選，第一屆開放給海外華人，我就這樣寫了《推手》。獲獎後回台領獎，碰到中影的徐立功，輔導金加上錄影帶及中影投資了四百萬元，拍了《推手》。之後我再把一個舊劇本《喜宴》拿出來拍，一拍完就遇到了胡局長就任新聞局局長。

「胡局長」的魅力讓我印象深刻

我初見他時，「哇，這麼一個人！」他很氣派、才華洋溢，充滿個人魅力，畢業自明星大學，是行政院的發言人，等同國家門面的擔當。我心裡想：「哇，他怎麼這麼會講話？中英文怎麼如此厲害？」他氣場強大，很風趣，太太又出身影劇圈，所以我們影劇圈的人覺得很親切，只要他在場，氣氛都很好。無論擔任什麼工作，他都是充滿熱情活力。

我拍《喜宴》時，他很關心我們。他敢說敢當、不受制約，一路相挺，照顧整個電影界。該贊助、該辦活動的，他都挺身而出。那時我在全球參加競賽都是新聞局出錢出力辦招待宴會，連奧斯卡也是。

我前兩部電影是在紐約拍的獨立製片，都拿到輔導金，和台灣的新浪潮電影似乎搭上潮流，那時候一個作品接一個，百家爭鳴。無論是國內外，行銷跟新聞局的努力有很大的關係。在外打仗，大家的心都在一起。

《喜宴》金熊獎背後，新聞局的全力支持

《喜宴》得到金熊獎時，胡局長喜歡熱鬧又能辦事，活動辦得很多。他像大家長，任何場合我們在旁邊都不必講話，一切看他的。

其實輔導金不是「給」你的，只是「投資」，仍要還回去的。《喜宴》恐怕是輔導金領了之後「唯二」有賺錢還把錢還回去的。

我們都很感激新聞局的栽培。《飲食男女》在台北發行時，胡局長特別在暑假辦極盛大的活動。當時國片要上暑假強檔，想都不要想，這年是例外。賴聲川的《暗戀桃花源》、朱延平的《報告班長》和《飲食男女》等三大片的推廣活動，由他主持，十分風光。

後來他升任駐美代表，我們繼續保持聯絡，他的女兒婷婷暑假還在我那裡打工。之後他到台中市當市長，我拍《少年Pi的奇幻漂流》，市政府真的幫了大忙，這部戲有絕大部分在台中拍攝，我得到各種支持，得了奧斯卡金像獎，致詞時我特別謝謝台中市府。

我製作《少年Pi的奇幻漂流》，經歷了四任新聞局長，而每次回台胡市長都會請我吃飯。首映時，新聞局已成為歷史名詞，原有業務由文化部和外交部承接。我們則堅持在片尾蓋上新聞局的章，新聞局同仁知道了都很感動。當時我請了四任新聞局長來參加首映會，真有意思。

回顧在拍這部電影之前，我因為金馬獎回台灣，遇到前新聞局電影處長陳志寬，說想請我建議在台蓋片廠，他說中興新村空下來沒用，請我延後回美國，於是包了一輛車，帶我去勘查環境。台灣已變了很多，中興新村仍保持一九五〇、六〇年代的樣子，本來計畫要開設科學園區一時還沒成。我建議這些房子最好原汁原味保留。

「少年Pi」奇蹟誕生，台中市政府成最大助力

從南投到台中的路上，我跟胡市長打了電話問候一下，其實第二天就要上飛機。他知道我此行的目的，豪爽地說：「你馬上過來，有些地方很合適。」我能碰到他真是巧，如果早幾年，沒有行動電話，我不會打那個電話。如果是小心謹慎的人，也不會直接告訴我，「我有三塊地你可以看看」，胡市長就可以。

我們看了一下成功嶺，舊地重遊，但沒有那麼合適，因為樹都長得很高大。然後我被帶到水湳機場——「好傢伙，這個好，是空的！」好的片廠，要看有沒有陽光？地平不平？是否空曠？這裡如此空曠，可以搭建廠房，而且台中近海，天氣好，有外景、有內景，生活機能也棒。

後來籌拍《少年Pi的奇幻漂流》不順利，我跟二十世紀福斯公司建議看看台中，經考察後，終於決定在台中開拍。當時，水湳機場現有的機棚可以改成片

廠，也可建造大水池與水底攝影的深水池，這真是世界獨一無二的拍攝設施。其次，航運大樓就地變成辦公中心。

我們拍電影要考慮風向、水電的便利、整體運作是否能順暢，除了已有廠房，我建議將來可以蓋新廠。台中的生活區很好，非常理想。

《少年Pi的奇幻漂流》有很多創新，需要花大錢，尤其「水戲」是歷來最困難的。這新發明的方法，是全世界皆無的特效，要造浪、造型打浪，各有不同的波長；有了波浪、湧浪，然後要把浪消掉……，造浪池可製造上千種海浪效果，最大的浪可高達二．五公尺。

這一年，很多國家的專業人員齊集來此地工作，片廠插了二十四個國家的旗子，四周圍了矮牆。這裡有大廚房，我還找人辦食堂。中餐西餐，每週還有特別表演蒙古烤肉、剉冰、印度餅……，安撫大家的胃，那時我拍片已經很忙了，還要傷腦筋，決定第二天的菜單。

外國同事們有的把全家人帶來，各自住在自己喜歡的台中地區，也幫孩子註冊在台中上學，很多工作人員都買腳踏車騎車上下班，後來都把腳踏車運回家鄉，我們也為台中的經濟貢獻頗多。這是一種雙贏，吸引外地人來踴躍消費，帶動本地的經濟。

電影創新與世界舞台的完美結合

《少年Pi的奇幻漂流》是很特殊的一個例子，那時候我們的創新和朝氣，令人鼓舞。這部片子在美國不可能以這樣的經費做，因為成本太高，來台中做最好。而且我們這部片有老虎、小孩、水、特效、3D，簡直是集合所有最艱鉅的項目，還好有胡市長幫忙。

我深深感覺這是因緣和心願的俱足，我們要拍船，台灣有海洋、有中船、有海防，一應俱全。我們做老船的模型，但零件根本找不到，結果到高雄港倉庫一個零件專賣店，什麼都找得到，搞道具的人高興得不得了，買了很多。這實在很寶貴，全球最優秀工匠的手藝，都傳了下來。值得一提的是，電影裡沉船漂流最適合的緯度地點，除了墨西哥就是台灣，最後我們在墾丁拍攝海灘戲。

胡市長交代市府同仁要全力配合，那麼大的片子，真的做起來很困難。市長派人支持和支援，處理疑難雜症，盡量想辦法解決。沒有大家的幫忙，這部片真的拍不出來。

基於合約，這部電影全球的宣傳要統一，拍戲過程必須保密，劇照不能外流，所以一定要擋住媒體報導。民眾太熱情，很想多了解拍片狀況，市政府就派專人負責保密。

在此我接待了一百五十多位工作人員，在全世界都難搞的，在台灣全部搞定，大家都愛上台灣。台灣真的很值得驕傲，麻雀雖小，五臟俱全。在好萊塢，什麼都貴，處處有專家說不能做。在這裡，有榮譽感，大家凡事都配合，又努力又便宜，很可愛，而我也把最好的技術帶到這裡。這部片子結合了所有最困難的項目，且在沒有超支的狀況下完成，簡直是奇蹟。

「電影烏托邦」背後，胡市長的大愛與無私幫助

市長很照顧我們，工作空檔帶著我們去吃地方小吃，我看他和市民親切地打招呼、閒話家常，如同和家人互動，非常自然。

後來這部片的揚眉吐氣，讓我們覺得驕傲，對台中應該是一種「回饋」。我的團隊無疑是世界一流的人才，當時我的心願是，希望他們好好教台灣新人或年輕人。我希望他們幫台灣訓練人才，能把手藝傳承下去。我拜託他們好好

教，把好東西留在台灣，也拜託台灣的年輕人好好學。我來開個頭，你繼續做下去。

說起來，我跟胡市長很有緣分，他為人海派，講起話來天南地北、口若懸河，各行各業、什麼人都能聊。我有個副導是英國人，市長馬上跟人家很熱絡地聊起天來。我真心感覺他比我更適合從事電影工作，比我更像導演。

他經歷中風、車禍後，我看他仍然那麼拚，很心疼。我在他十三年市長任內接近尾聲時，完成了作品。因為他熟門熟路、罩得住，像個大哥，又有官方、民間的各種資源，這種因緣際會，真的可遇不可求。

市長退休後我們較少聯絡和聚會，現在我除了金馬獎，比較少花時間在台灣，但是我對他有滿心的祝福和想念。

那是一段結善緣的美好時光，我們在台中建立了「電影烏托邦」！

推薦序——

人們將給他最好的「符號」

陳文茜（《文茜的世界周報》主持人、作家）

二〇一四年一月，我應《遠見》雜誌創辦人高希均之邀，在「遠見人物論壇」為主講「超越台中的無限可能」的胡志強當引言人。會中提及，其實我和很多人一樣，起初是在政壇遠遠遙望胡志強，直到有一天接到他的電話。

一九九五年五月，我自美國回台灣後在民進黨黨中央上班，同時擔任發言人。有天接到胡志強的電話，當時他是新聞局長，我們素昧平生。胡志強表示趙耀東先生很欣賞我，且認為新聞局長無所不能，所以「逼」著他跟我聯絡，想認識我。他說話的技巧很好：「很抱歉，他是我的長輩啊！」他本來覺得民進黨員可能會「恨」他們，所以頗為擔心。

民進黨的前身「黨外」，雖然反對戒嚴體制，但我覺得在一九七〇、八〇年代的台灣，國民黨有一群很好的官員如趙耀東、李國鼎、孫運璿等，令人欽佩，他們讓台灣的經濟揮別農村社會的貧窮，一步一步變成「亞洲四小龍」。

我一下就答應胡志強，三人約見面，那是我第一次見到他。雖然我在黨外時間很長，可是我離開台灣快十年，圈子外的人並不認識我，這也是我跟胡志強認識的開始。

不久後，中共解放軍對台灣進行軍事演習，一九九六年七月CNN為此做專題報導，他們先訪了政府代表胡志強，再訪問我。之後胡志強來電跟我說：「聽說李總統認為陳文茜講得比我還好，我跟總統的看法完全相同。」通常對這種事他應該會計較、覺得不愉快，但他沒有。

其實我並不認為我講得比他好，是我的包袱比他少。因為他必須考慮到對美關係、對北京的談話，都不能很激烈，我可以。只因他是官方代表，而我毫無包袱、可以很不客氣地對北京講話，因此語言不同。這是我對胡志強的第二印象。

想給對方溫暖的貼心善意

他從美國調回來當外交部長後，有次特地請我到家裡吃飯。當時我在民進黨內因主張「大和解」，反對將拜耳投資案交付公投，遭到許多人的批判與撻伐，處於人生的低潮，他很貼心，想安慰我，還找了蕭美琴當陪客。我們雖屬不同政黨，他的出發點卻只是：當一個人遇到委屈的時候，想給對方溫暖。

後來我再次到胡志強家吃飯，那一次的主客是時任總統府顧問的蕭美琴，我當陪客。當時蕭美琴面臨了「《新新聞》報導總統府鬧緋聞事件」的風波與紛擾，內心遭到巨大衝擊，他想安慰蕭美琴。

胡志強對我們而言，是一位前所未有的外交部長。以往反對黨想要出國拚外交，通常會被執政黨解釋為「告洋狀」。胡志強卻獨排眾議，極力主張：拚外交，用的是國家預算，國家要辦好外交，必須朝野兩黨齊頭並進，一起為台灣做事。胡志強是全中華民國第一個願意編預算補助反對黨出國辦外交的人，他早在一九九六年就已超越了所謂的「藍綠對抗」。

超越所有政治人最渴望的權威

一九九八年，台北市長陳水扁競選連任，國民黨評估可能只有馬英九才有機會勝選，但馬英九一直不肯答應參選。中央有人代刻胡志強的印章，準備幫他報名競選台北市長。結果馬英九在最後關頭決定參選，胡志強二話不說、立即承讓，還調侃自己只不過是一塊「磚」，是「拋磚引玉」，並感激馬英九的「英雄救美」，而且從頭到尾沒有抱怨過一個字。

他超越什麼？他超越了所有政治人物最渴望的權威！因為當台北市長，形同直取總統寶座，在這件事上，他超越了一個人對權力的渴望。

很多政治人物都想當官，誰會想辭官呢？有一個人在連戰先生參加總統大選時，辭了官輔選，擔任競選總部總幹事。國民黨最後敗選，在黨內氣氛一片低迷時，有一個人說：「我們都是國民黨栽培的，我們每個人都應該為這個黨奉獻。」他還說：政務官就是要下鄉，才能夠拯救國民黨。他是胡志強！

他曾經跟我說：「妳對黨外的貢獻那麼大，妳要爭高層職位都爭得到，妳不爭，我也可以不爭。」

他在外交部長的任內，可以超越政黨，在擔任黨職之時，他又願意拯救一個培植他卻破敗的家，因為他內心充滿了熱情、理想、溫暖和給予，他覺得這一切是理所當然的。

台中的變化與胡志強的犧牲

身為台中人，我深深了解一個外省人要到台中市選市長的困難和風險。台中曾有一度被諷為「風化城」，而非「文化城」。直到胡志強出任市長，大家又看到：「台中等於文化」。

他在台中整整做了十三年市長。當初全世界一百二十個城市爭取古根漢美術館，胡志強好不容易獲得青睞，但有人卻全力杯葛古根漢在台中落地。中央百般阻撓，不讓他在地方有建樹，所承諾的經費「只聞樓梯響，不見人下來」，使胡志強爭取古根漢變成「負心漢」，甚至打算自行籌款興建，但議會卻決定不等了，最後功敗垂成。

他為了古根漢多次飛美國，這是他腦中風的主因之一。他那時飛到舊金山後就小中風，醫師治療後，警告他不要再搭飛機、要休息一段時間。但他短時間之內就飛了三趟，後來演變成大中風。大家有沒有想過：他是為台灣爭取一個國際級的漂亮美術館，而變得如今走路不俐落。

當初為台中設計古根漢的建築師札哈・哈蒂（Zaha Hadid），卻因這件作品榮獲建築界的諾貝爾獎，邁向事業的巔峰。現在全世界四處可見她的傑作，但是她已離世，不可能再與台灣合作，她和台灣是一場無緣的相聚。這其中，訴說了多少的美麗跟哀愁。美麗的是：胡志強那顆想超越無限可能的心；哀愁的是：台灣的藍綠之爭與政治生態，留給台中遺憾。

胡志強的創舉和建設，其中一例是台中的「綠圍籬」，也就是工地綠化，以綠色植栽牆替代鐵皮圍牆。這是龍寶建設董事長張麗莉自創的好點子，胡志強把它變成了自治條例，後來其他城市陸續跟進。台灣已成全亞洲、全世界綠圍籬最多的地方。而在台灣，植下這個綠色種子的人，也是胡志強。

他把自己的眼光和外交的長才發揮到極致，胡志強找到世界三大男高音之一帕華洛帝（Luciano Pavarotti）來開演唱會，台中是他全世界巡演的最後一場，胡志強就是有這個本事。之後是男高音波伽利（Andrea Bocelli），波伽利那時出一張新專輯，我們節目應邀訪問他、做報導，我打電話跟胡志強講這件事。他請我幫他帶一封信轉交波伽利，完全不放棄任何機會。雙方聯絡後，波伽利就來台中了。

波伽利演出時，胡志強請了一群朋友到台中聽演唱會，我一坐定就覺得很尷尬，因為我坐在第一排主位，立刻跟旁邊台積電董事長張忠謀換位子。這說明胡志強是很不勢利的人，人家幫過他就永遠不會忘記。他覺得我有功勞，其實我只是幫他轉封信而已，他就如此感謝我。辦成這些事完全是他自己的功勞啊！他真是奇怪的人，肚量大到我都懷疑他的政治判斷能力。

我覺得胡的熱情、理想和做人的敦厚，遠遠超過他的機運。政治人物到台中居然能有這種全國性的名聲和非凡的政績，包括女神卡卡（Lady Gaga），都是他請到台中來的。

他在台中做綠園道、七期、高美濕地，讓台中美化。台中天氣好，他就鎖定科學園區的人，鼓勵他們「移民」台中。很多原本住在新竹、桃園的科技人定居台中，因為他們覺得和台北同等級的建築相較，品質甚至比台北好，價格卻只有台北的四分之一不到。所以我現在也輪流在台中、台北居住。

「三口組」抱團取暖

他是性情中人，不計利害，自己也不是沒看過人情冷暖，他如何面對這一切呢？他是我生病時期很重要的榜樣。我生病後寫了《晚安，我的生命》一書，他打電話說：「我很不喜歡看到妳寫『晚安』我的生命，我要看到『早安』，妳有什麼好晚安的？妳會好起來的。」

這就是胡志強啊，如此貼心。

最近我們成立一個小組「山口組」（三口組），胡志強、郝龍斌跟我，我生病了、這兩人都退休了，為了要防止失智，所以我們要經常在一起吃喝，抱團取暖。我跟郝龍斌說，到今天還是胡市長朋友的人，就表示他們是「很好的人」。像中國醫藥大學附設醫院的蔡長海、振興醫院的魏崢，在胡志強不當市長時仍然無微不至地照顧他。

胡志強、郝龍斌兩人都有一個奇葩的特質——要救中華民族。我沒有像他們那麼強烈的國家民族主義，我是一個世界公民。

窮光蛋的真情至性

提到胡志強的人格特質，這讓我想起很久以前，胡在英國讀書，他本身是一個窮光蛋，卻很擔心那些英國留學生沒飯吃，所以常常叫大家來家裡吃飯。當時他買的冰箱就不是尋常家庭用的，而是好大的二手冰箱，像在開餐館一樣。他每次去買豬肉，除了豬頭，幾乎整條豬都買回來，買牛肉也是買半條牛回去。人家忍不住糗他：「你是在開哪家餐廳？」他們夫妻就在牛津做菜和留學生們共享，熱心熱情照顧人——可他又不是駐英代表。

他的溝通能力也是一流。我住台中的阿姨有天早上去看病時，穿越台灣大道，被人開車以時速七十公里撞了，整個人飛起來掉在安全島上，腦殼當場受重創，送到中國醫藥大學附設醫院急救開刀，醫師跟我說 hopeless（沒什麼希望）！我知道胡志強和醫院高層有淵源，就去電請他幫我打聲招呼。醫院很快接到通知說市長要來，那是十月胡志強在競選最忙的時候，馬上就要投票，他竟然趕來了，一群人圍著他商量討論，旁邊還有人催他趕赴下一個行程，但他不理會。

他多厲害啊，他對我說：「文茜，妳要知道，希望不大，要有心理準備。他們不敢跟妳直接說，但我要坦白告訴妳：希望不大！」他這句話一講完，院長和醫師如釋重負，臉部表情瞬間都舒緩了。哪曉得不到十秒鐘，胡志強就話鋒一轉說：「可是邵曉鈴當時也是所有的人都說沒救，還不是救回來了！」（醫師們的臉頓時又扁掉……）

胡志強做事情、講話、溝通的那種能力和圓熟，讓我覺得國家後來沒重用他真是國家的損失。他不在中央，是國家極大的損失，但卻是台中市最大的福氣。

一個人處理事情的圓熟度，從一些例子就可以看得出高下。比如說海峽兩岸要談事情，一定要先告知美國，才不會「翻車」，胡志強總會把這種事情處理得很圓熟妥善。國民黨執政時期，有的主政者跟對岸往來沒有先告知美國，結果就翻車了，導致美國的不信任。

胡志強的真情至性，也讓我印象深刻。促成我們認識的趙耀東先生，家世很好，是美國麻省理工學院畢業生，絕對是中國當代最聰明的人。他先到業界賺了錢（其實就是現在的中產階級而已）再報效國家，爾後擔任經濟部長。他晚年不要特權，自己去住康寧醫院生活館。他的兒子媳婦很孝順，從美國回來照顧他。

國民黨執政時，要給趙先生一個較好的安頓之處並非難事，但趙先生如此清廉、潔身自愛、謹守分寸，什麼都看得很淡然。他覺得對國家已無貢獻，沒有理由再占用國家資源，很令人尊敬。

胡志強本身跟趙先生沒有太多的交集，獲悉這件事之後，他說如果早知道趙的晚年是這樣，他應該多去關心和探望。胡志強真的好難過，我看到他的眼睛泛淚。

我說，李國鼎先生也是這樣，當初和行政院長職位擦身而過，但他被譽為

「科學園區之父」，也是科學園區最感念、推崇的人。李國鼎希望兒子可以讀完博士回到科學園區做點生意。他兒子說：「我想回來陪你，就是做一點事業，讓爸爸不要在外面過得太寒酸。」

李國鼎先生老淚縱橫：「但因為科學園區我很熟，我不能介紹人給你。」他兒子回答：「我知道，我了解你。」他的兒子非常孝順，且深諳父親的風骨。趙耀東、李國鼎一輩認為中國會如此貧弱，遭受他國侵略，就是經濟太差、科技太落後，因此學成後立刻回來報效國家。

這些前輩一直都是胡志強的榜樣，但胡志強對他們的生活細節不熟，也不知後來趙耀東跟李國鼎那麼辛苦。胡志強覺得他們太了不起，年富力強時殫精竭慮為國效勞，老來不靠國家養。趙、李兩人小時候都是含著金湯匙長大的，晚年可以過得這樣清苦，胡志強說：「我比他們好太多了，我有什麼好抱怨的？發生大車禍我太太回來了，我現在走路雖然不好看，但一切都很好。」

孫立人：從隱藏的歷史到永恆的紀念

我還想提一件事，孫立人將軍是全世界最知名的中國抗戰英雄和台灣近代重要將領，當時是中國極少數在美國軍校畢業的高級將領，他早年到美國普渡大學讀土木工程，原本已找到工作，之後報考美國軍校，回來參加抗戰，跟當時大部分中國人的身影相反。第二次世界大戰期間，他協助美、英作戰，在援緬作戰中立下戰功，英國因而授予大英帝國司令勳章，他是極少數得到此勳章的外國軍官，也是二次世界大戰期間最富國際聲譽的國軍將領。

但是，孫立人對國家付出那麼多，在歷史上卻沒有他的地位和角色。

孫立人在一九四五年之後國共內戰期間被調到東北打仗。此時蔣介石疑慮美國想栽培孫立人取代他，於是在一九四七年調孫立人到台灣，一九五五年藉故將孫立人軟禁在台中。我從小經常在孫家鬼混，因為他最小的女兒孫太平是我師專附小同班同學，在台中女中又同班。孫立人在家種玫瑰花維持生計，怡然自得，因為若不如此可能無法保命。直到蔣經國過世，李登輝才放了他，那時孫立人已近九旬。一九九〇年他離世出殯時，沿路有市民因感念而祭拜他。

我在張溫鷹台中市長任內，曾拜託她指定孫立人居所成為市立古蹟。孫宅土地原屬國防部，當時國防部正想收回，後來胡志強當選台中市長，我就去請託他。胡志強的協商能力超高，居然可以在民進黨執政時協商成功。他很聰明，為此辦了研討會，昭信大眾，並邀請李敖和我參加，我刻意想把這件事情「做大」。那時我擔任鳳凰衛視主持人，找來總裁劉長樂跟台長飛到台灣，並帶著拍攝紀錄片的團隊。聽我講完故事，他們深入了解後，決定做孫立人的紀錄片。鳳凰完成紀錄片之後，中國大陸開始啟動，因為孫立人是安徽人，安徽電視台也拍了紀錄片，接著是北京……。

所以，孫立人將軍，一位早就應該被記載的人物，才重新在中國歷史復活，此事完全跟胡志強有最直接的關聯性。胡志強認為此案是政治事件，不該因此抹殺孫的歷史貢獻，而且孫立人被軟禁這麼多年，受苦甚深，於是他和國防部、國安局協商，留下本來要拆除的居所，台中市府先列其為歷史建築，再改公告為紀念建築，並請總統馬英九授以匾額，這也是台中市首座紀念建築。

無私、無謂的大格局

胡志強這個人哪，他在台中市這個「小位子」，就可以做到很大的格局，然後按他的方式一一進行，以地方的權限先做到可以做的，再以他的協商技巧去處理，超越黨派的局限。國民黨執政他就趕快成立紀念館，水到渠成，幫孫立人保住應有的清譽。

胡志強，創造了太多的第一。

人們看過無數政治史和歷史洪流，就會知道：許多人的輸和贏、成與敗，都不是永久的「符號」。但是我相信，胡志強這十幾年來對台中的貢獻，以及過去在政壇種種無私的選擇，最終，人們會給他一個最好的「符號」。

在一片自私的政壇中，有一個不自私的人，他的名字叫胡志強。

推薦序——

我跟他就像親人

焦仁和（前僑委會委員長）

我想胡志強的前三名好友，一定有我。

我早在大學時代就知道他，他在政大，我在文化，我們曾經同時參加救國團和許多活動。但是在美國留學期間，我們並不算熟絡。後來我回台工作，又到英國進修，他那時也在英國讀書，幫忙接機、找房子，協助我安頓。到了週末，我常會帶瓶酒從倫敦坐車到牛津去看他。

一日三餐的溫暖照顧

我們的友誼，是在英國求學期間建立的，我跟胡家就像親人一樣。我原想到英國愛丁堡大學當訪問學者，計畫以一年時間寫升等論文，後來卻到了倫敦大學政治經濟學院。倫敦大學有很多機構和學院，可自由選課，於是我在寒假期間乾脆退了倫敦的租屋，搬到牛津胡家附近租房子，一天三餐都在他家解決了。

他們夫妻倆很好客，非常照顧英國的留學生。曉鈴燒得一手好菜，許多留學生常在胡家作客。她一點都沒有明星架子，十分耐煩，真的像個大嫂，也像大姊對待我們。有時候她還會開放「點菜」，問我：「焦大哥，明天要吃什麼？」有次我說想吃烤鴨，結果他們費心張羅，第二天中午我還沒抵達胡家，遠遠就看到窗沿高掛著一隻沒有毛的鴨子。

我蒐集好論文資料後，就先行返台。胡志強一回國，在中山大學教書，杭立武先生也請他到世亞盟兼任副祕書長。一九九〇年，他到總統府當了一年總統傳譯。

我在總統府機要室工作五年，李登輝總統會客時我多半陪同在旁記錄。以傳譯的工作而言，我覺得前後幾位傳譯中，胡志強做得最好。

機智幽默，到總統府「瀟灑走一回」

總統會客時，偶爾一時興起會高談闊論，一講就是十幾分鐘，突然想起來還有傳譯，這中間早已講了不少，胡志強總能馬上重組整合、前後連貫，不失本意且很有邏輯、言簡意賅的翻譯出來。有時總統的用詞比較尖銳嚴厲，他會翻得比較幽默，或用問句的方式表達，語氣委婉，不讓人覺得冒犯。我以為，一般人實在不容易做到。

胡在總統府受到很好的幕僚訓練，但時間只有一年多，只能說他「瀟灑走一回」。

胡志強從事新聞外交，適才適所。在李總統手下，他去擔任新聞局長，可是之前他一天都沒在新聞局工作過。郝柏村院長之所以延攬他，可謂知人善任。

我深感胡志強是新聞局長非常適當的人選，他學識淵博、幽默風趣，應對迅速機靈。他可以跟美國外交界大老季辛吉（Henry Kissinger）交鋒，足見他的能力之佳。因表現傑出，他也是一天都沒有在外交部待過，就當了駐美代表，後來就擔任外交部長。

他五十歲生日正任駐美代表，我適亦因公赴華府，住在他的官邸，特別手書了一幅對聯相贈：「邦國謀略無雙士；我輩才華第一人。」雖是伴手禮，也是由衷之言。

無論是世亞盟、總統府、新聞局、外交部，每一位當過胡志強長官的人，都很器重他。他的行政能力很強，可謂雄才大略，真的是一種天生的特質，也是一個做大事的人。然而他在小地方也甚有耐心，不斷動腦筋，實在不容易。不同工作的鍛鍊和歷練對他極有幫助，我總認為外長一職應該只是「過渡」。

無論中央或地方，皆能發揮長才

國民黨大選失敗，政黨輪替，讓胡志強走上選舉這條路，而且很難抽身。他這一點很了不起，無論在中央或地方，都能發揮長才。

我唯一惋惜的就是他的身體，因為健康的關係，我認為他如果不當行政院長，考試院長和監察院長都很適合他，國民黨卻沒有安排更好的位置給他。

我們很關心對方，得知他們夫婦出了車禍，我馬上趕往醫院關切。車禍後他的毅力很強，每天在復健；曉鈴則經歷生死難關，記憶像書櫃倒下，所有書都打翻了，後來慢慢歸位，她的堅毅令人敬佩，還說：破相使她開悟，從此放得開。

而今我們已屆從心所欲不逾矩之齡，可好好享受退休生活和含飴弄孫之樂。我誠心祝福他們闔府平安健康，圓滿愉快！

自序——

我是胡志強，很早就報到！

一九九七年九月一日，我接獲新的任命，自美國調回台灣擔任中華民國外交部長，十月二十日履任新職。我在晨曦之中，駛車進台北，滿街都是上班上學的人潮。就在等待紅燈之際，看到眾多小學生路隊，在志工家長引導之下於車前魚貫而過，我心中不知為何，油然興起一股莫名的感動。天氣清朗，朝氣蓬勃，這是一個充滿善良人民，卻被世間大多數國家遺忘忽視的地方。小朋友啊，我是胡志強，你們都不認識我，但我即將接受重任，一定要為這塊土地打拚，讓台灣人在國際社會中得到更好的待遇，讓小朋友長大時得到應得的、公平的國際認知與接受，台灣人理應獲得合情合理的國際尊嚴！

抱持著這樣的心情，我走入了外交部，從蔣孝嚴部長的手上，接下重責大任。輪到我致詞時，我開口的第一句話就是：「我是胡志強，今天來報到！」

從牛津到外交，命運的轉折

我這一生從未追求任何職位，記得在牛津求學時，夏立言同學與我聊天，突然看著我不語，我問他怎麼了？那時大家都知道他有志於外交，他也想進入外交部，他居然說：「我覺得有一天你會做外交部長，不過我不知道那時還可不可以叫你Jason？」我聞之未驚，只對他說：「我想我不會擔任外長，但是未來不論我幹什麼，你當然都可以叫我Jason！」

其實我自高中起有志於外交工作，如果將來有機會擔任大使、駐節一方，我就很滿足了。記得考大學時沒把握考上外交系，我還報考了軍法學校法律系，雖然也獲錄取，最後還是走上了外交之路。一路雖然稍有轉折，英國學成歸國時立志從事教職，其後還是走進了外交部部長室。

人生的變化固然難料，我卻從來沒有想過會寫一本傳記。主要是因為我的出身實在平凡，就算曾經擔任多項政府職位，也意外成為任期最長的市長，但這都不見得讓我有「資格」寫一本傳記。何況大部分的傳記都是善言善語，我希望自己可以避免「自己說自己好話」。更何況我沒預做準備，手邊沒留存資料，寫起來必然辛苦，也易生誤。這本書若有錯誤之處，當是我的責任，我也非常抱歉，敬祈海涵，全無惡意！

四十年友誼，傳記的誕生

我有一位相交四十年的老友高希均，完全不同意我的看法。他認為傳記就是「分享」，分享一個人數十年的經歷，出版後有人不看，有人喜之，甚至存之於世，即便貢獻不大，也有價值。如果大家都不寫，社會必然貧瘠。我對希均兄是真正佩服，常覺得他像務農的人，在華人世界之中，專門播種知識、推廣閱讀，對台灣社會之進步，應居首功。他不貪圖錢財，縱然教大家如何發展企業，認識很多「有錢人」，自己卻樂在清儉；他也從不接受權位，雖然滿朝權貴皆相交，卻視功名如無物。

由於對他的尊敬和他的「分享」理念，使我恭敬不如從命，這一本書，終於出現。他對我的鞭策，我永遠感激。

對這本書熱心協助的主力，是蕭容慧。她多年多次為我寫文，可以說是最了解我的作家。因為我平常沒有存下資料，她就不斷地採訪我許多朋友，有些我不太敢打擾的好友，她也覺得「有騷擾的必要」，知道之後，好友多有謬讚，讓我心中十分不安，感謝大家。

長官與家人，皆是我生命的貴人

要談感謝，書中缺乏對「長官」、「家人」及「團隊」的敘述。談到長官，他們都有傳記，比我豐富，我不應自曝其短。李總統用我入府及派我駐美，郝柏村、連戰、蕭萬長三位院長給我在行政院服務的機會，我到現在，還非常感謝他們。至於家人，是我退休後的主要相處伴侶，尤其是內人曉鈴，善良平實、儉樸持家，我擔任公職期間，對她虧欠太多，現在理應是我退休後的主要「彌補」對象，也是我退休後的「Full-time job」全職工作吧。至於兒女媳婦都是我目前退休生活中不可少的成分，他們都不喜歡政治活動，我在歷次競選中除了太太出現，子女都不必介入。以台灣的政治狀況而言，這是保護，也是尊重。我很感激的是，現在子女常來相伴，我們極端珍惜。

當然我們兩老最大的喜悅，是孫子孫女的光臨。女兒的兒子雖然住在美國，但每週都通電話，每年也會返台三到四次，外孫會在學校告訴同學：「我在台灣有個家！」我的兒子、媳婦住台北，常在週末返台中陪伴，他們有兩個小孩，一男一女，男孩是我的長孫，剛入小學。孫子們返家時，我的客廳滿地都是玩具，我也不在意。

我深信「個人不能成事」，所以在我曾經工作的每個崗位，我都要求自己要尊重每一位同仁。有幸擔任別人的長官，那是一種分工的結構組織，好像是一場戲劇或球賽，團隊中每個人都有其角色與功能，大家都竭盡所能，全力以赴，就可以共享成功。角色不同，並不表示你高高在上，每個人都有尊嚴。有時他是子女，但有時他是父母；首長不是親長，不能把部下當小孩罵。首長，無論何時，於公於私都沒有情緒失控的權力。

做事不叫苦，笑容是最好的回報

我要在此感謝每一位曾經與我共事的同仁，沒有諸位，我何能成事？因為篇幅的關係，我無法一一提及，但我可以保證，我對於各位的思念，應該會超過各位對我的思念，相不相信？

我也想了很久，如要以一句話來代表我的工作理念，會怎麼說？我曾經說過，不論任何工作，其目的就是追求別人臉上的笑容。如果做得到，這世界每個人臉上都是笑容，豈不是一個快樂的世界?!

我也認為成功的工作性格，就是不抱怨、不叫苦、不喊累。工作上身，除了把它做好，別無他途，抱怨有什麼用？叫苦喊累也不會減少工作、提升效率。我說過我不求名利，只有全力以赴，事情才會做得好。

把事做好，積少成多，就是正能量。人人重視正能量，社會中的正能量會變更多，一個社會就會更令人快樂滿足了。

不信我們一起試試看！

我是胡志強，很早就報到！

大陸畫家繪製的大幅全家福畫作，掛在我家餐廳。

我和曉鈴婚後回門，在嘉義一所國小的教堂留影。照片中這襲洋裝，曉鈴不久前才穿過，她的身材數十年維持如一，實在不簡單，比我強多了！

第一章——動亂年代，平凡出身

1 動盪與簡樸中的軍事教育

二〇二四年十月八日，我和太太邵曉鈴（以下簡稱「曉鈴」）連袂出席，觀賞紀錄電影《念念眷村：文學裡的眷村故事》首映場，距離我倆上次在英國一同看電影，竟然已經有三十多年了。

這部片子的資料十分豐富，深刻描述了當年百萬軍民遷台的艱辛過程，最難得的是以文學的角度切入，細膩動人而富餘韻。我是眷村子弟，在欣賞電影時，當年情景歷歷浮現，彷彿就在昨日。而那段歲月，我們在物質生活上或許拮据貧乏，但人際之間有著緊密和良善的互動交流，如今懷想，真是無限真摯美好。

二〇二三年七月初，《我家的兩岸故事》在台中巡展。展區透過3D感應式互動科技，讓觀眾體驗一九四九年前後中國大陸大批軍民在戰亂中倉皇離家、渡海來台的顛沛流離；以及不同身分的人抵達台灣後，如何開啟生命的全新篇章；並回顧軍民抵達台灣後，何以安身落戶在各地眷村，展開不同省籍間的文化融合。展區「一卡皮箱到台灣」復刻當年眷村的客廳與理髮廳，還有老兵匆促逃難時所穿的母親手織背心、珍藏的泛黃家書，滿載刻骨銘心的親情和歷史的惆悵。

我記不得家中有無一卡「老皮箱」，但知曉我家在台全無親人，也未與大陸親人聯繫，卻很珍惜與眾人共享的童年往事。我還呼朋引伴共賞，追憶逝水年華。

回首少年時，印象最深的是在那個年代的動盪與簡樸之中，父親管理子女的軍事教育。小時候父親在家的時間不多，但一返家就有說不完的教訓。沒錯，我的確承認：父親對我非常嚴格——然而如果沒有他的嚴格，說不定就沒有後來認真做事的我。因為凡事就算是用心做到最好，也不見得能避免處罰。後來，父母盡全力，標會湊錢送我出國留學，在父親軍人待遇微薄的我家，幾乎是不可想像的事。所以我也曾無愧且感恩地說：父親的收入不多，卻給了我全世界！

抗日之戰結束後，中國大陸的國共關係快速惡化，戰事頻仍，山雨欲來風滿樓。局勢動盪中，父母從冰天雪地的東北攜大兒子逃難，那時母親肚子還懷著我，到了北京，和一群軍眷暫住在名喚「金魚胡同」的一個院子裡。母親生我之際，被匆匆送到附近的協和醫院。半年後北京易幟，我們隨國軍坐軍艦來台灣，那時我不到一歲，在襁褓之中跟著大人倉皇逃出來。父親那時大概是尉官，在清泉崗的裝甲兵單位上班，我家則住在台中的眷舍。

我家早期住過復興路，後來菸酒公賣局台中分處搬來此地。我記得我們住了一陣子軍營，又搬到台中市西區模範村。當時孫立人將軍也住在模範村，但除若干高級軍官之外，多數的房子都很小，一個客廳、兩個臥室，大概十坪左右，質樸簡約。不同於其他眷村的是：一般軍隊眷村總是住著清一色的「外省人」，不管南腔北調，少有「本省人」的。模範村的特別之處在於，村內住有空軍、陸軍、公教人員、國代、立委等，而且本省人比外省人還多。村中的空軍住戶多是士官，在水湳機場擔任機械士，以本省人居多；而外省人多是陸軍軍官，我父親就在陸軍裝甲兵第三總隊工作。緊鄰模範街後方一、兩公里之處，矗立著許多花木扶疏的花園洋房，住著當時任職美軍顧問團的外國人，後來叫「美村路」。在汽車相當罕見的年代，模範村的孩童們常可以看到「洋人」開著道奇、福特等「洋車」，叱吒如風的呼嘯而過，大開眼界。

眷村中，本省的「番薯」和外省的「芋仔」通常沒什麼隔閡。孩子們平時都玩在一塊兒，玩起竹蜻蜓、打陀螺、橡皮筋和捉迷藏，沒有語言溝通的問題；吵架時也會以閩南語互稱「土豆」和「山豬」，伶牙俐齒的互不相讓。

番薯芋頭，守望相助

我曾在訪談中自認：「眷村生活有其一定特色：守望相助、患難相扶持，永遠不會沒有朋友，永遠是好鄰居互相照顧來照顧去，也許物質生活不是很充裕，精神生活卻非常富足，養成了我簡單、樸實、知足、感恩的人生觀。」

我的父親因公務經常不在家，別人家的父親也都是如此。所以每個人家的媽媽們彼此扶持照顧。大家共同的特點就是「清苦」。雖然物質、金錢上貧乏欠缺，但是大家都是好鄰居，平日雞犬相聞，感情很緊密。當時眷舍在一塊，廚房連在一起，你少塊薑、我少根蔥、她短少醬油，大家互通有無，不分省籍，守望相助。

小時候環境不好，我家裡沒有玩具、沒有童書，大概只有橡皮筋、紙牌，其他皆無。我家一共五個孩子，輪到哪個小孩過生日，母親就會買一隻雞燉一鍋雞湯，裡面會有個雞蛋，蛋是壽星才可以吃的，我們過生日最開心的就是能吃雞湯壽麵加蛋。由於父親位階不是很高，每次繳兒女的學費都很吃力。為了繳學費，我曾陪父親一起去信用合作社借錢，父親自己進去，我在外面守著摩托車。我印象中摩托車的排氣管很燙，絕對不能碰觸，後來等到排氣管逐漸變涼了，父親才出來，可見借錢要耗時很久。

那時我求學都讀公立學校，一學期的學費好像是兩、三百元，說起來不多，但我家有五個小孩，合起來就要一千多元。父親的薪水一個月可能不到兩千元，難怪壓力很大。後來我出任台中市長，碰過這間合作社的理事主席，他已年逾七旬，還記得我父親，倍感親切之餘，我問他我家是不是還欠他們錢？他揮手大笑說：「沒有！沒有！」

夫妻同心，其利斷金

我的母親為人熱誠，對兒女非常慈愛，賢慧大器。我的兒時玩伴侯育平曾對人描述我母親漂亮、高大、能幹（她說就像電視劇《大宅門》裡的二奶奶），很會整理家務，把家布置得清清爽爽，在那個物質缺乏的年代，她認為我家就是給人不一樣的感覺。

我的小妹胡薇莉（以下簡稱「小莉」）也說過，家裡的燈罩壞了，媽媽把床單拿來刺繡後做成燈罩；她對朋友很大方，送人自家做的小菜；還用水缸醃大白菜，做酸菜火鍋，讓父親一直能嚐到東北家鄉口味……。

我們家的老鄰居田媽媽和人分享時，稱讚我的父母為人不但爽朗、隨和，且做人相當四海，常熱心助人。父親交遊廣闊而且很講義氣，只要是合情合理的事，找他幫忙就一定出面。田媽媽對我的唯一印象就是：小時候很「乖」。

根據父親過去的同仁葉伯伯描述，我在四、五歲時，反應就比一般小孩要好，顯得與眾不同。玩捉迷藏時，我會偏著頭想一想，找人比別人找得快，腦筋動得很快。他曾稱讚我長得地格方圓、天庭飽滿，看來很有智慧。不過，他應該沒料想到我將來會當外交部長，和台中市長。

包括侯育平在內的這些老朋友都認為，相較長大後的機智和幽默，我小時候很靦腆，記得每一次拍照，我總是站在角落。他們都笑稱腦海中想不出我的聲音，因為我不太講話，是個沒有聲音的人。但儘管當時我的功課不是頂好，卻是個是非分明、具正義感的人。小時候大家一起玩彈珠，大哥常故意搗蛋，這時我總會挺身而出，打抱不平。

有人說我個性「老實憨厚」，我也公開承認我自小是「沉默寡言、內向害羞」。現在我如果這樣說，會哄堂大笑，沒人相信，但我有時會懷疑小時候的我是不是有些「自閉」。上有伶俐機靈的哥哥，下有嬌嗔受寵的妹妹，夾在中間，難免被人忽視。所以我自小對物質很容易滿足，也從來不主動向父母爭取，事實上，所有時髦的事物都是大哥先享用，用完了我再「永續」，習慣了就好。

有一陣子，坊間流行走起路來會叩叩作響的鞋子，我哥哥向父母吵著要買「叩叩鞋」，我也不會無謂仿效。我可能習慣於「老二哲學」，對穿著沒有意見，大哥穿舊的衣服我撿來穿，安之若素。有時大哥會吵著要吃餃子、吃餅什麼的，我也從來不會要求什麼。但是，看似無欲無求、不吵不鬧的我，竟是家中最常挨揍的孩子。

不吵不鬧卻常挨揍

身處軍人家庭，我們的家教甚嚴，一切「軍事化教育」，長輩的訓誡，小輩必須絕對服從，不准回嘴。對大人的訓示，我家的孩子們永遠只能說三句話：

「是！」、「不是！」和「沒有理由！」

父親因公務長年不在家，偶爾在家時，我非常擔心早上起床後沒迅速梳洗完畢，不能達到父親的要求。我想了一個點子：在前一天晚上就先穿好學校制服睡覺，免得第二天早上來不及。有一天早上，睡眼矇矓、兵荒馬亂中，我忘了自己早已「預做準備」，匆匆忙忙反射性地穿上衣褲，到學校才發現自己總共穿了一、二、三、四——四條褲子。可見我小小年紀，壓力之大。（這件事是我母親對外揭露的，她要洗衣服，卻找不到我的褲子，才循線「破案」的！）

「我們家是老派的教育方式，男生吵架或打架，絕無二話，一定先處罰再說，不論對錯。因為沒有『忍耐』就是錯了！」我妹妹小莉告訴朋友：「媽媽常說，忍不住的，沒有未來。」

我兒子丁丁也知道我的一段童年往事，常向人提起：有一天中午，我發現家中書櫃裡一片墨黑，原來有瓶沒蓋好的墨汁罐翻倒了，還在溝槽中形成小水泊，於是我趕緊將罐子扶正，再拿舀奶粉的小湯匙一點一滴的把墨汁舀回去。這時父親忽然回來了，一看見這情景劈頭就罵。我告訴父親墨汁不是我灑翻的，父親不相信我有這麼好心，質問我為什麼不誠實，還生氣撂了一句：「如果不是你弄翻的，為什麼要擦？」在父親看來，這種「狡辯」不啻犯上、犯錯不認、愛頂嘴，形成印象之後，我就難免常常挨揍。

其實我不是「天生反骨」，我只是喜歡什麼事都要「說清楚、講明白」，更不能受到誤解冤屈。如果我覺得自己有道理，一定就會據理力爭，不計後果。只要認為是對的，我一定堅持到底。有時向父親的威權挑戰，我事後不免後悔，母親也會安慰我、勸我。下一次再來了，我又忘記母親叮囑過「早點認錯，免得吃虧」。

有一次，我父親開軍用吉普車和公車擦撞，雙方各執一詞，互不相讓。一車的小孩子沒人吭氣，只有我不解詢問：明明是我們不對呀，為什麼還和人家爭？父親瞪我一眼，憋了一肚子氣回來，痛罵兒子胳膊向外彎。最後，我當然難逃一頓修理。但這一次，我記得很清楚，母親了解之後，沒有怪我，反而私下安慰我。

小妹小莉也曾對人說：二哥很乖，常幫忙媽媽做家事，什麼都做好做滿。說我會幫媽媽晾衣服、摺衣服、洗碗、洗菜、跑腿買東西，格外貼心！其實，在我看來，小莉與母親之間的感情特別深厚，因為在我們都離開家之後，都靠她陪伴母親。

富正義感，是非分明

我承認我自小可能就有「是非分明」又具正義感的個性，多年來仍始終如昔。我從小就擇善固執，喜歡講道理，我認為「事情可以不說，但絕對不能說謊」，明知道有時會被處罰，仍會為我認定正確的事情力爭到底。

我的個性是，凡事盡力去做，至於阿諛奉承討好，我認為一點兒用都沒有。我父親也是這樣的人，軍人的個性就是不吃這一套。「做完」絕對不夠，還要「做好」才算過關。我父親極端嚴格，到後來，對於我自己對別人的態度、對工作同仁的態度、人事哲學，都有影響。

不過，我父親處罰孩子頗有分寸，絕不傷人，在教訓的過程，同時會告訴孩子受罰的原因和他對孩子的期望。當時我對這種軍事化教育害怕而且反感，卻因能了解父親打罵的出發點，不曾因此喪失自尊。

父親對我的嚴格要求，蟄伏潛藏在我內心最深處，逐漸醞釀，經過歲久年深，竟內化為一種信仰。許多年以後，當我身為人父，回想自己與父親的親子關係，慢慢有了新的體會：能幹的父母，可想出除了打以外的千百種方法教孩子，不一定只能用打的。打人會「升級」，愈打愈重，而且打多了，一定會失效。不打，偶爾責怪一句，孩子就掉淚了。

我相信「愛」是比打罵更有效的「武器」，並且身體力行。

2 結巴少年的英文奇幻之旅

「非常平凡」是我對自己青少年時代的形容。現在回想，自己也未免「平凡」了太久。初高中的年代，我的生活單純、功課中等，由於我是籃球隊員，在課外活動的表現還挺活躍。一位高中同學告訴別人，他覺得我不是很愛讀書的人，總是下課就抱著籃球一溜煙往球場衝。我的個子雖然不高，但長期以來對籃球的熱愛不減，一直打到我出任台中市長的初期。

我的高中同學、前台中市議員廖佩春回憶學生時代時，曾說過當時的我，喜歡把高中生那時戴的盤帽「壓得扁扁的」，連帽子都不肯好好戴，有點跩跩的。

我想，那時候的我確實不愛講話、不求表現，日子懵懵懂懂過，也不曉得未來該做些什麼。

化悲憤為力量

直到有一天，貴人出現了。

上台中市立一中高二時，我走在校園裡，突然被校長汪廣平叫住。我有點受寵若驚，沒想到校長居然認識我。汪校長把我叫到辦公室，說已經觀察我好一陣子了，覺得我有讀大學的潛力，可惜似乎毫不積極，也不夠努力。

汪校長以自己的例子，鼓勵我應該好好珍惜讀書的機會。他語重心長的說：「我高中師範學校還沒畢業，縣裡就發出聘書要我回去當老師。但我的恩師說不能回去，要我先到天津、北京看看那些大學，再決定怎麼做。回來後，我發現這輩子如不上大學太可惜了。於是在高三那年，我每天發憤苦讀，結果考上北京師範大學。」

他告訴我：「當別人都不怎麼讀書的時候，你只要比別人多讀一點，就可以了！」汪校長同時提醒我，必須要找出一套適合自己的讀書方法。

這三十分鐘的談話有如醍醐灌頂，讓我瞬間開了竅。我告訴自己，不能再睡眼惺忪、過一天算一天。我希望時猶未晚，必須立下目標，開始規劃自己的目標和未來，並認真實踐，一定要考上大學。

汪校長後來看到我的表現，喜出望外，顯得格外寬慰，直說真沒想到他這樣一打氣，我就急起直追！

回溯中學時代，我也許還有值得一書的事，就是「化悲憤為力量」，把原本很破的英文學好，爾後才有機會考上外交系。

遙想當年，我大概還是小學生，陪母親到常去的一家診所看病，我在候診的長廊等待配藥時，醫師巫永昌的妻子正好走來，我立即站起來恭敬地鞠躬，聲音洪亮地喊了一句：巫媽媽好！巫媽媽很親切的摸了摸我的臉，微笑說道：Handsome boy！

我當時不懂其意，愣了一下，後來才知道巫媽媽誇讚我是個俊秀的男孩，心中得到很大的激勵和鼓舞。我很感激她，那是我一生中第一次有人用英文對我說話，也是我一輩子都永誌難忘的英文。因為與事實不符，所以到現在我還印象深刻。

我必須承認：學語言，我其實很晚才開竅，到了十五歲只會說「Thank you

very much」！

大概是我上國二時，台灣還有美軍駐防，我家隔壁就住了一對美軍夫婦，先生經常赴越南出差，太太一個人留在台灣。有一天半夜天氣很冷，我在睡夢中被母親叫起來。她說：「隔壁的洋太太來敲門，你去看看怎麼回事？」母親看我會英文，所以叫我去了解究竟。原來那天夜裡發生了地震，鄰居外籍太太穿著睡衣跑到我家求助，臉上帶著驚慌，用英文唧唧咕咕說了幾句。我完全聽不懂，腦中一片空白，只好深深一鞠躬說「Thank you」，鄰居無奈之下又說了一次，我還是聽不懂，只好再次鞠躬複誦「Thank you」。美國太太不知如何是好，頓了頓腳，只能第三次重說一遍，我情急之下只好深深彎腰加碼回答：「Thank you very much!」鄰居太太終於覺悟與我溝通無效，很沮喪地離開了。

想當然耳，母親雖然聽不懂，也看得出兒子的無能，連續數落了我一個禮拜：「你這小子學了兩年英文，連這個都聽不懂，真的是丟人……。」這次經驗對我而言是奇恥大辱，因此下定決心學好英文，不再「有口難言」。

自創學習英文奇招

當時想學好英文有三個途徑，第一是在學校好好上課，第二是上補習班，第三是請家教。第一條路顯然沒有成就我，第二、三項對於當時的我，當然都不可行，所以我突發奇想，很像後來流行的廣告詞：「Just do it」！

我先花錢買一個小小的電晶體收音機，可以聽美軍電台，只要我在家中，就一直聽。其次，我也看英文報紙、聽英文歌唱片，跟著哼哼唱唱，自己創造一個小小的英文世界，不但上街看英文招牌，連房間牆上都貼著英文海報。

開始聽英文歌後，自認稍有進步，我就找了一張歌詞，是已經聽了不下百遍的〈紅河谷〉。不料，拿著歌詞放了唱片之後，大吃一驚，覺得歌詞拿錯了，因為發現所聽到的和手上的歌詞完全是兩回事。其實，根本沒拿錯歌詞，而是自己一直「有聽沒有懂」，可見起步之難。

但我不能放棄啊，只有再接再厲、繼續前行，用盡了「土法煉鋼」的方式——看到什麼事物馬上在腦中翻譯，走在街上看到「樹」就說「tree」；望見「車」就說「car」；看到一家「老王皮鞋店」就說「Old Wang Skin Shoe Shop」。有次坐公車上學，聽到後座有男女朋友在吵架，男生對女生說「你閉嘴」，我就在心裡暗道「You shut up」，女的反罵「你去死啦」，我就翻成「Go to hell」，當下還挺得意，覺得自己翻得不錯，沒想到後來「翻」進了總統府，居然還被認為是受過專業訓練的，真是慚愧。

多年後我檢討，我是在不自覺之中，採取了母語的方式學英文：先聽再講（唱歌），然後才是讀和寫。後來不論留學或就業，英文能力對我幫助極大。我認為學會、學好一種語言，就像在你的心靈開啟了一扇新的視窗，透過這扇窗，看到了另一個世界的遼闊、深遠和美好。每個人都會深受其益！

我的高中同窗摯友、明道文藝社長陳憲仁告訴別人我在高中本來讀市立二中，後來轉入市立一中。他認為我轉學進來的時候英文就很好，曾得到校內外的英語演講比賽冠軍。他也說我後來考上政大外交系，教授還特別問及是不是香港僑生？他認為我的英文實在講得不像台灣本地長大的小孩。但是，我自己完全記不住此事了。

憲仁後來回憶道，原本講話有一點結巴的我，當年竟報名參加學校的演講比賽，並出乎意料地得了全校第一名，讓同學們既驚訝又佩服。真的就如同我的名字「志強」——成為了一位能超越自我、自立自強的人。

幽默的啟蒙

我在轉入市立一中的第二學期（高二下），還當選班上的康樂股長，那是所有職務中「官位」最低的幹部。但我有責任在身，一有運動比賽，我會熱心地幫人拿東西、準備飲料，打雜兼跑腿，樂在其中，也不嫌煩，同學覺得有點意外。

有一回學校舉行戲劇比賽，我負責製作了一齣帶有卓別林風格的喜劇《公園追情記》。劇情描述一位男子在公園碰到心儀的女生，想盡各種方法追求。我自編自導，設計許多男生出糗的有趣橋段。由於班上全是男生，我只好安排一位男同學反串女生。「她」一出場，豔光四射，全場又驚又笑，歡聲雷動，搞笑的表演效果絕佳，但也許是「主題不正確」，這齣戲的中心思想沒有忠孝節義，最後僅得亞軍。可是，這次演出一致獲得同學的喜愛。現在回想，除了後來追求曉鈴之外，這「戲劇」可能是我早年與「舞台」最接近的啟蒙。

根據憲仁後來的分享，說我在擔任班長時展現了領導能力。由於班上各種人都有，有的很愛調皮搗蛋，常常會在主席主持會議時，在台下噓你，有人真的會被搞得沒辦法，但是我總是有辦法「四兩撥千斤」。有一回班上討論到校外郊遊，大家七嘴八舌，誰也不服誰，我就有本事分析各種地點的情況、遠近、優缺點，然後做出最後的裁示，讓大家心服口服。

還有一次，我和同學去日月潭划船。當時大家花錢請了一位船夫負責划船玩五個景點，沒想到船夫只走了三個景點就想打道回府。同學們心有不平，面面相覷。最後我負責出面交涉，說服船夫，如願去了該去的地方，玩得盡與而歸，同學們也肯定了我的溝通與交涉能力。

在好友們的口中，我個性隨和，而且點子特多，在高中時代還擔任「榮譽評議委員會」的會長。榮譽評議委員會是市立一中很特殊的制度，類似台大的「學生自治會」，採「學生法官」制，學校的學生如果犯規，都會送至該會裁決如何處置。委員會的組成，是由各年級各班推選一名優秀的學生出任評議委員會委員，我被推為會長，專門負責主持會議。

千金難買少年貧

身兼多職的資深電視綜藝節目製作人王偉忠來自嘉義的眷村，和內人曉鈴屬於「同鄉」，後來和我在新聞局任內有許多互動，成為通家好友。他認為一般眷村子弟，大家一起長大，很早就「社會化」：比較懂得人情世故、實際、對長輩有禮貌、嘴巴甜、很會交朋友，見到街坊鄰居的時間比見到自己父親還長。而食物均分，則是典型社會主義的雛形。眷村子弟多半很講義氣，以義俠廖添丁為師，否則很難混。

再者，眷村子弟普遍重視朋友，同儕效應很強。不過我們對那種功課好、學霸型的人，暗自羨慕。這種人像孤鳥，很難融入群體！眷村家庭非常重親情，父親通常很嚴格，不打小孩子的很少，但愛妻兒。因為太太很年輕時就被帶到台灣，先生心懷虧欠，會對太太特別好！王偉忠甚至妙喻，說眷村家庭由於母權強大，母親是家裡的「刑部尚書」，因此小孩子跟母親比較親。

王偉忠曾說過，雖然我父親的官階不高，早年全家人還住在簡陋的房子裡，但是「千金難買少年貧」。儘管我自認內向、害羞，但他認為我其實很會講笑話，也會自嘲，思考敏銳，記憶力驚人，還非常念舊。他給予我這麼高的評價實則過譽，令我相當慚愧。

一個台中眷村長大、不識愁滋味的懵懂少年，在開竅之後，把自己當成沒有退路的過河卒子，咬緊牙關、勇往直前。

3 大器晚成的黑馬？

與動輒得咎的童年時代相比，也許我在青少年時期已漸有改變。自從高二下學期開始，受到汪校長的勉勵，我彷彿真的變了一個人，拚命用功，早出晚歸。我為了節省時間念書（也是省錢），三餐都吃陽春麵或牛肉湯麵，每天清晨六點到校自修，晚上都在學校讀到十點才返家。有一次，父親回家發現我不見蹤影，而且每天很晚才看到人，就責怪母親管小孩管到哪去了？母親解釋，兒子去學校讀書了。父親當然不相信，他認為學校放學、放假後，哪有學生會到學校讀書。母親很堅定地表示：「他這麼告訴我的，他就在學校的走廊讀書。」

過河卒子，勇往直前

父親半信半疑，就到學校突擊檢查，在校門口問工友：「有沒有學生來學校讀書？」工友答說：「沒有，學校放學哪來的學生？」父親心中有點難過，原來胡志強還是騙人，過分的是，連他母親也被騙了。不過他不死心，又問：「學生會不會翻牆進來，在走廊讀書？」工友笑道：「哪有學生放學後還會回來學校讀書呢？」我父親內心很失望，也很不滿，只有轉身離去。

「哎呀，等一下！」這時工友忽然把他叫住，突然想起什麼似的：「對了，有個學生很奇怪，假日裡會拉把椅子在走廊上念書，你要找的是不是他呀？」並示意他上樓去看看。

父親上樓後，瞥見遠遠那頭，正是自己兒子的背影。他看到我坐在走廊盡頭的燈下讀書，一動也不動，影子拉得長長的，地上還放了一包餅乾，在黑暗中顯得很孤寂。

後面有人走近，我絲毫沒發覺，讀得很專注。那一刻，父親覺得他彷彿看到了一個不一樣的兒子：這麼上進、努力，萬分出乎他的意料。他不願打擾我讀書，悄悄地緩步離去。

從此，父親對我這個兒子另眼相看。

同時，我不斷在「進步」之中，每一次模擬考衝出爆發力，都會前進二、三十名。幾次模擬考之後，排名由全校第三百五十名跳升到第十五名。一九六六年，我以第一志願考上了政治大學外交系。父親興高采烈地帶著我到四處親朋好友家報喜訊：「我們胡志強是胡家第一個考上大學的小孩！」

我的高中同學們顯然也對我的「進步」很意外。一位同學熊青華說，我是那種很晚開竅、大器晚成型的人；另一位高中同學林淑如，則回憶他們當時都稱呼我為「黑馬」。

後來，也有多次遇到記者問我為什麼要做外交官，我是不是「男兒志在四方，立志報效國家」？我當然可以說「是」，如此大家都滿意，但這樣我就不誠實了，我選擇外交系的原因其實很單純：「小時候我看電影，看著男人穿著燕尾服漂漂亮亮的，吃牛排、喝雞尾酒、可樂，我那時候最大的願望就是想嚐嚐可樂是什麼味道？將來長大一定要喝。如果當外交官就可以喝到，於是我下定決心要當外交官。」

大學生涯，豐富多采

憶及當年，進入政治大學可能是我人生的最大改變。離家北上，家人換成室友，八人一間，甚至還與星馬僑生同宿，都是特別的體驗。課堂上，有的老師極其嚴厲，也有老師非常親和。課業的壓力雖然很大，不過我的個性不算積極，所以也不太緊張。老實說，大學是一個多采多姿的多元社會，此時最吸引我的反而是課外活動，不管是校內或校外。

政大最吸引大一新生的是一年一度的新生盃辯論比賽，我從未參加過辯論比賽，可說是百分之百的門外漢，但不知為何，居然獲選為外交系辯論隊的一員。事關外交系的名譽，我當然全力以赴，一場一場過關，最後進入冠亞軍決賽。結果我雖得到個人獎第一名，但是外交系隊卻不幸敗陣，輸給東語系成為亞軍，被全系視為奇恥大辱。第二年我受命擔任外交系新生隊的教練，方才雪恥。

那時幾乎每場比賽都充滿觀戰的同學，可說是校內大事。後來辯論賽也走出校園，不但到台大、師大、中興、東吳等大學比賽，甚至遠到復興崗政戰學校交流。校際活動參加多了，我也認識了很多外校的同學，大家有時相約一起參加救國團舉辦的暑假活動。有時一個暑假三個月，我大概會有一半的時間在參加活動。這些活動帶來立竿見影的效果，其一是增廣見聞，訓練領導才能等；另外則是擴大交友，讓我有機會認識了很多平常不可能見到的老師與同學。

早在大一時，我就參加了救國團舉辦的亞洲青年育樂營，而後也榮膺中華民國代表，前往越南參加國際青年會議，這是我第一次出國。大四時，我又獲選代表中華民國到聯合國參加世界青年大會，並任首席代表兼團長。這些都是我最珍惜也很難得的經驗。

一九七〇年，我國外交處境已相當危艱，連聯合國的「世界青年大會」（World Youth Assembly）都籠罩著濃厚的政治色彩。身在大會現場，我更深感其他國家代表排擠的壓力，但仍義無反顧地爭取大會主席團的榮譽。當時只要台、越、韓三國合作，定能爭取一席，不料在三國達成協議後，韓國代表臨時變卦，導致我高票落選。然而我國五個代表都不服輸，徹夜研商發言主題，之後每天一大早就分別到所屬的五個委員會會場排隊遞發言條，但開了一星期的會，每天最早登記的我們都沒有發言機會。到了最後一天，我的委員會主席受不了我每天第一個登記，卻總是輪不到發言的怪異現象，終於叫了我的名字。我當然不客氣，開始發言。起初蘇聯集團沒有注意我，但當我說出「中共不能代表中國人」的話之後，整個會場為之震驚，接著就響起蘇聯、東歐等國代表敲打桌面的干擾鼓譟聲。

他們不讓我講，我偏要講。他們看我滔滔不絕地發言，竟氣急敗壞關掉我座位上的麥克風。我就不用麥克風，站在安理會（我們委員會使用安理會的會場）會場中央，憑著丹田講話。結果他們敲了半天桌子也沒能阻止我，反而讓我站到了會場中央，敲桌的人逐漸停手，全場頓時鴉雀無聲聽我發表演說。之後，無人再喧鬧！

次日，僑界的中文報紙登出斗大的標題：「胡志強在聯合國大會奮戰成功！」這對當時二十三歲的我而言，真是一個既難忘又珍貴的經驗。這些活動與我在政大外交系的所學息息相關，結合了理論與實務，能夠參與真是我莫大的幸運。返國後晉見行政院長蔣經國先生，他握著我的手說：「你做到了我們很多外交官做不到的事情！」

克服萬難赴美留學

政治大學外交系畢業後，我像很多典型大學畢業生，服完兵役後，預備出國留學。當時申請的幾所美國學校都有意收我，但因家境不佳，我選擇了提供全額獎學金的美國南卡羅萊納大學，除學費全免，每個月尚有三百美元零用金（那時的三百美元，是我預官薪水的八、九倍）。出國所需的機票五百美元，我則向政大校友會以「助學金」名義貸款湊足。但向政大校友會貸款依規定要有校友會的理事簽字作保。我看了理事名單，發現其中一位是時任台灣銀行總經理何顯重學長。他與我素昧平生，找他是因他任職銀行總經理，說不定比較容易支持別人貸款。他不認識我，卻同意見我，很親切地問了我幾句話，就很爽快簽了字。至今我仍感念當年何學長對後輩的情義相挺，也和他的女兒何美頤女士保持聯繫。

出國前，父親開車送我到機場，當我正要進入海關，突然耳邊聽到父親說：「你－好－好－照顧自己！」我回頭一看，父親居然眼含淚。這位很少稱讚兒子、甚至很少對兒子笑的嚴父，說著說著，竟哭了。

我嚇一跳，極為震撼，鋼鐵人也會哭啊？原來父親真的很愛我！至今想到這一幕，我仍忍不住熱淚盈眶。

當時母親還辛苦四處標會，籌措了五百美元供我生活之用，對我家而言這也是鉅款。我感覺自己給父母帶來許多壓力，所以在異地全力省吃儉用，拿到獎學金之後，把第一次領到的一半獎學金約一百多美元寄回家，母親足足在身上放了十年，隨時可拿來炫耀她兒子的孝順。至於政大校友會何先生作保的助學貸款，我也在半年內清償，而且還繳納了永久會費。

我在南卡羅萊納大學攻讀碩士期間，完成了終身大事，說來也是姻緣天注定。我出國後首次回台，到高雄探望在當地工作的父親，不料不小心感冒，還一直發高燒。回老家台中的路上，父親看我情況不太對勁，開車停在嘉義，送我到醫院打點滴。等待期間，父親想到可以跟老友聯繫，便打電話給邵家。邵家夫婦堅持請我們到家中吃飯，並表示可以安排女兒曉鈴與我在台北見面。

青梅竹馬，終締良緣

我家與邵家原是舊識，我小時候，父親和曉鈴父親到了週末就會一起打麻將，一群小孩子也都認識，玩在一起。曉鈴好像是唯一的女生，很乖、留著長辮子，男孩子總愛欺負她，我就一直保護她。等長輩打完麻將、要回家了，她哭著說要跟那個胡哥哥（就是我）回家，因為我對她很好。所以我和曉鈴可說是「青梅竹馬」，但此後有二十多年不曾聯繫過。母親曾經指著電視螢幕興奮的提醒我：「你看看，她就是以前你認識的小辮子呀！」

當時曉鈴已在影視圈大放光芒，她參加演出的電視連續劇《長白山上》風靡一時，戲裡楚楚可憐的她是家喻戶曉的中視當家花旦。對於如此亮眼的影視紅星，遠在天邊，我並沒有任何的奢望。

過了幾天，父親追問我：「你到底約了她沒有？到底約她了沒有啊？」曉鈴的母親也是成天追問：「胡志強打電話給你了沒？他打了沒？」看來真的是當事人不急，雙方長輩最急。

第一次約會，是父親在台北請朋友吃飯，我與曉鈴終於「重逢」。酒過三巡，父親不忘正事，問我：「你約邵曉鈴了沒有？」我不敢回答。過了十幾分鐘，胡爸爸忍不住了，又大聲問：「你到底約了沒有？」我嚇了一跳，只好小聲對曉鈴說：「我爸爸要我約妳出來，可不可以？」她也不敢拒絕，只有點頭。因為她拍戲忙，後來我們約在台北希爾頓飯店的咖啡廳聊天，從深夜十一點半聊到清晨四點，打破了我有史以來的紀錄（大概她也是），也從此改變了曉鈴的人生。在曉鈴的眼中，我正直又幽默，很會照顧人，凡事都替她設想周到，讓她有十足的安全感，是可以信賴的良人。明知道到國外「陪讀」，生活可能很清苦艱難，不像在影劇圈有那麼多喝采和掌聲、被人捧在手心，曉鈴還是毫不猶豫地做了抉擇。

當紅女星嫁為人婦，急流勇退，成為那時很大的新聞。曉鈴是我唯一的「知名親戚」。結婚時，很多人因為不認識我，都稱呼我為「邵曉鈴的先生」，也有人乾脆叫我「青年才俊」。

4 在牛津找到最好的自己

在美國讀了兩年書，我準備寫論文，卻因父病返國。返國前申請到波士頓繼續讀博士，得到入學許可，連保證金都繳了，卻因父親病故，在台多停了一年，美國學校的入學許可也失效。於是我轉而申請英國頗負盛名的倫敦政經學院，孰料枯等簽證又蹉跎四個月，待飛抵英國時學校已開學，不願破例收我，請我明年再來。我只好臨時改到蘭卡斯特大學改修政治學碩士，誰知又因政治哲學沒考好，沒拿到學位。學業之途顛簸不順，讓我陷入泥沼，進退兩難。

幸好我國際關係的成績不錯，教授熱心推薦我到南安普敦大學專攻這門課。我苦讀一年後，終於得到碩士學位。因為我表現尚可，教授不藏私心地建議我申請牛津大學博士班。

擠進牛津的窄門

牛津大學是世界級的頂尖學府，歷史悠久，學術地位崇高，也出了許多著名的校友。進入牛津大學的窄門，是全球無數莘莘學子渴求的願望，多次面試後，我幸運地成為國際關係理論界古典學派大師赫德利·布爾（Hedley Bull）教授的門生。我初次和指導教授赫德利·布爾正式見面時，談論的話題正是將來的論文題目。

他的學術成就極其卓越，是當代國際關係學界赫赫有名的古典派大師，但為人親切、沒有架子。可能我是他所收的第一位「中國」學生，因此他希望我能做與中國有關的研究，例如「義和團與中國人的仇外心理」。

但是我之前在南安普頓主修的是國家安全、軍事戰略、核武管制等科目，我對世界的安全與和平等題目更感興趣，加上早年也寫過這方面的論文，因此想以美蘇兩國或其他西方國家的「限武談判」為研究主題。

赫德利·布爾以為，若要研究西方國家的武器管制，西方多的是人才，我應該善用自己能充分使用中文資料的優勢，研究中國問題，他期望我能幫助西方人了解中國。談了半個鐘頭，兩人各有立場與堅持，我靈機一動，婉言向他提議：「既然您是古典學派的領袖，所以，我們不如採取最『古典』的妥協方式：兩人各退一步。」老師保留他的「中國」，徒弟保留自己的「武器管制」，論文的題目就訂為「中共的武器管制政策」。

教授最後接受了我的神來一「議」，幽默地對我說：「這個決定是歷史性的，因為它雖然不是你喜歡的，也不是我喜歡的，但對世界和平有幫助。」他還建議我應盡力探討如何吸引中共參與國際間談判，讓中國大陸更進一步了解國際情勢、融入國際社會，以利世界和平之維持。

這個古典的妥協，成為我牛津生涯中最美好的出發點。不過，這才只是挑戰的開頭。

是榮耀更是挑戰

「對於一個像我這樣在台灣長大、成績平凡的學生而言，能夠到牛津大學深造，當然是一種難得的福分。不過，它也是一項艱難的挑戰，是成是敗，全難預料。」我曾在我所著《向塔尖尋夢：我在牛津的日子》一書中剖析：「有人要我簡單形容牛津，也許正是因為這種患得患失的茫然。我常常說，到牛津念書好比探險，或至少像是在黑暗中摸索。牛津像極了一個深奧奇妙的迷宮，充滿了吸引力，也讓人心懷無限的企盼與期許。它總讓人著迷般的進入，卻不知會不會全身而出。」

牛津的學制第一年是「試讀生」，通過試讀階段之後，才能進入碩士班，再通過後才得以進入博士班。論文研究方向定下之後，我正式開始了牛津的求學生涯。第一學期，我結識許多新老師與新同學，並四處聽自己想聽的課。最重要還是定期見指導教授，一章一章寫博士論文，一章一章送給指導教授看，教授逐章批示修改後，師生再好好討論。真正的學問或進步，就在如此一對一的互動之中，逐漸凝聚累積。

我感覺在牛津求學，大約歸納成四種方式：一是上課聽講，其次是研討會，此外是與老師一對一的對談，最後是正式管道以外的「自我鍛鍊」，如在學校內參加學術性的社團活動，參加校內、校際或國際間的學術研討會（包括爭取發表論文的機會），至於和老師同學在小酒館或其他場合你來我往的辯論，也涵蓋在內。

在牛津念書和台灣完全不一樣，指導教授兩、三個月才見一次面，指導幾句後就靠學生自己去找書讀、找資料和思考，找一切相關乃至不相關的東西，來支持論文的研究與寫作。

這種差異，讓我倍感衝擊，也開始深入思考自由與傳統的定義和意義。牛津給我的獨特感覺，是一種「自由」與「傳統」的奇妙組合！

牛津從十一世紀就開始有教徒授課的活動，所以任何人走到牛津，一定會強烈感受到歷史和傳統，處處皆是近千年以來的歲月刻痕，無論是巍峨莊嚴的學院建築、藏書浩瀚的圖書館、芳草碧色的花園，甚至一張古樸的書桌、一把斑駁的長椅，都能讓人微妙感受到早年前輩舉手投足的動靜，也湧現與他們精神交流的快意。每一個牛津大學的學生都必須同時隸屬於一個學院，我的學院是牛津最老的學院之一：貝里歐學院（Balliol College）。有時我坐在學院圖書館的古老書桌前，難免會幻想學長亞當・斯密斯（Adam Smith）或湯恩比（Arnold Toynbee）是否也用過這張書桌？

找到最好的自己

因為身在牛津、因為有傳統，而很容易感受到學術大儒代代相傳的尊嚴與責任，我更認為因為有自由，因此必須找到屬於自我且源源不絕的動力與創意，繼而還要能夠收放自如，兼顧科學與藝術的要求，才能真正成就學問與修養。自由是盡在自我，傳統是薪火綿延。不同的人來到牛津，有不同的感應與收穫，最理想的就是各自找到「最好的自己」（one's best）。探索牛津，就是探索自己！

一般人感覺，自由就是沒有拘束、沒有限制，海闊天空。但是儘管自由，能否有所得？一切仍要靠自己去感受和掌握。有時太自由了，反而會失去動力，停滯不進。在牛津做研究生如果學不好，責無旁貸，很難把責任推給別人。

和台灣很不一樣的是，在牛津要尋找、發揮自己，老師的教導並非最大關鍵，因為牛津的老師不會「手把手」帶學生一步步前行。在牛津尋得良師固然很好，但如果不知如何找到自己，仍無法成功。我深深覺得：除了課堂上老師的啟發、同學的辯論之外，聽講座、參加社團、廣交朋友，都是尋找自己和學習的良機。

牛津出名人，除了聲名遠播的畢業生與師長，事實上還有近在咫尺的身邊同學。如曾任美國國務院副國務卿特別助理、美國駐北京大使特別助理、華府「策略暨國際研究中心」（CSIS）等多項重要職務的江文漢（Gerrit Gong）；曾任美國國防部主管國際安全事務副助理部長及副國務卿的坎博（Kurt Campbell）；曾任《紐約時報》華府主任暨美國暢銷書《了解全球化》（*The Lexus and the Olive Tree*，暫譯）作者佛里曼（Thomas Friedman）；曾任倫敦國際戰略研究所所長的齊普曼（John Chipman）；及在柯林頓總統（Bill Clinton）在任時擔任副國家安全顧問的史坦柏格（James Steinberg）等，都是我當年多少會聚在一起的傑出同學。這學生時代培養的深厚情誼，也在日後發揮了不曾預料的助力。

談笑有鴻儒，往來無白丁

此外，因榮獲諾貝爾和平獎而名聞全球的人權鬥士翁山蘇姬（Aung San Suu Kyi），也是曉鈴與我在牛津的好友。生於緬甸的翁山蘇姬那時在牛津攻讀哲學、政治與經濟，她先生是牛津的教授，夫妻倆和我們住得很近。

有一年冬天，我在牛津街上等著過馬路，眼見遠處翁山蘇姬戴著滑雪毛線帽，罩著臉、只露出眼睛，騎著腳踏車迎面而來。等到她騎到身邊，我大聲叫了她的名字「蘇」！她被突來的聲音嚇了一跳，猛然從車上摔了下來。「蘇」小小抱怨了一下，並好奇問我自己蒙著臉、怎麼認得出來？

「妳有這麼美的眼睛，我怎麼會認不出來？」翁山蘇姬聽了很開心，差點騎不上她的腳踏車。事隔多年，我們通電話我才向她招認，自己的眼力其實沒那麼厲害，當時不可能看出她的眼睛，只不過是認出她那輛破腳踏車罷了，她聽了也是大笑。翁山蘇姬是位了不起的人權鬥士，命運不能如人意，真是令人嘆息。

你相信嗎?在吃喝玩樂中摸索與體驗，也是牛津人的日常。提起牛津的酒館（pub）體驗，其重要性絕對不亞於上課。學校研究所的課多半開在傍晚五點到七點，下課後大家就前呼後擁一起到酒館「續攤」，數杯啤酒咕嚕咕嚕入喉，就足以炒熱一個話題，大家百無禁忌，盍各言爾志。大夥兒不一定要在當下尋得共識，重要的是能聽到無數奇言怪論或閎言高論，人人莫不喊爽。所以，牛津人都會承認，啤酒是了不起的學術「燃」料!

學生們在上課之外，相聚爭辯、演戲玩耍、喝酒聚餐、喧譁鬧事，乃至惡作劇戲弄他人，在牛津都很稀鬆平常。這些自由可以幫人延伸自己、考驗自己，學習與他人相處，拓展人際關係。當然，也有不少人因為在自由中太過放縱而迷失了自己。

我到牛津的第五年，雖然自認用功，仍足足有一整個學年沒交任何論文進度報告，不停地在英國國內或法、德、荷等地參加國際會議。有一天我在學院巧遇平常對我極友善的指導教授，竟嚴厲警告著：「我曾經多次看到有潛力的學生在自由放縱中荒廢學業，一事無成，你千萬別走上這條路!」這不啻當頭棒喝。因為根據非正式的說法，牛津歷來的研究生有三分之一半途而廢、三分之一失敗，只有三分之一成功過關。

我不到光明之路

在牛津研究的日子非常孤獨，我常覺得自己在一個黑暗的屋子裡，一點兒光都沒有。我在裡面摸索，找門、找窗、找任何一道可以開啟的道路，可是我摸不著、尋不到光明之道……。沮喪和疑惑的情緒就這樣地日夜糾纏，幸而在大多時候，個性不服輸的我還是打起精神意志，勉力閱讀，並搜集相關資料。

另方面，也許我的個性中具有急公好義、「將別人的滿足快樂，當成自己滿足快樂」的ＤＮＡ，所以即使在「苦學」時期，仍盡可能的幫助他人。

由於我去牛津的時間早，有時新生來報到，舉凡註冊、銀行開戶、找房子等諸多雜事，都需要人幫忙，我總是開著老爺車替人四處張羅。

太太有時會嘮叨，說我博士論文拖了這麼久，應該用功些，不要成天往外跑。自己都需要幫助了，卻老是幫助別人。我卻想，如果幫人處理這些事只要花三小時，人家自己去辦三天也忙不完，我若幫他，讓他有時間去忙別的事，不是很好嗎？

我在國外念書時已結婚成家了，到了南安普頓，太太也來陪我。因為單身同學多，我們是倆人，到了週末，太太就很辛苦。牛津是個旅遊勝地，加上許多在英國其他地方（包括倫敦）的台灣留學生多是單身，久不知中國菜之味，到了週末接近之時，有時打電話告訴我說五、六人來吃飯，最後竟出現了二十幾人。曉鈴與我都是笑臉迎賓，全部接受。前僑務委員會委員長焦仁和、前勞工委員會主委詹火生等，當年都是「吃客」之一。曉鈴還常常殷勤相問：「明天想吃點什麼？」

一九七八年十二月，美國和中共發表《中美建交公報》，美國和我國斷絕邦交消息傳來的時候，正好有十多位留英同學在我家聚會。為了當晚的聚會，我特別在前幾天就去買了一隻鴨子，掛在屋外風乾，打算晚上做風乾烤鴨以饗眾吃客，曉鈴也做了不少家常菜。正好也有客人從巴黎回來、帶來許多瓶酒，其中有七瓶 Johnnie Walker。不料一群人聽到斷交的消息，國仇家恨頓時湧上心頭，令人悲憤莫名，有人潸然淚下，也有人喝了酒跑到雪地裡呼嘯發洩。絕大部分同學很快就喝得酩酊大醉、不省人事。

我的記憶猶新：這個慘烈而難忘的結果，當然是因為大家在海外憂心國事，心情鬱悶，而與個人的酒量無關。那一晚，很快喝醉的人，都是比較愛國的。

焦仁和清楚記得當時有人跑到廁所去嘔吐，還把垃圾桶套在頭上，然後迷迷糊糊睡著了。最後是靠我拿螺絲起子把整扇廁所門拆下，才英勇地把人救了出來！

當時，我壓住滿腔激動的情緒，心中非常篤定地下決心，國事不幸，人心惶惶，可是我成長於台灣、求學於台灣，我最親愛的家人好友都在台灣，倘若台灣沒有了，我不是也就一無所有了嗎？所以將來學成之後，一定要回到台灣，不論是成功、是失敗，我要為這塊土地及民族的前途盡心力，盡其在我。

用青春與黑髮換來的學位

牛津的修業年限只有七年，我在最後不到一年的期間，沒日沒夜，每天平均只睡兩、三小時，七個月後終於交出了論文。接著是決定生死的口試。當天我隨身帶著一口裝滿重要資料的箱子，全身緊繃準備應戰。孰知英雄無用武之地，主考官連問都沒問，就愉悅地告知我論文寫得很好，並向我握手道賀，恭喜我獲得了博士學位。我驚喜之下，全身鬆懈，好像是奔赴戰場的戰士，突然被告知戰爭結束，打贏了！茫然之中，不知下一步何去何從。這也造成牛津的一個傳聞，說有一個來自台灣的留學生，從「試讀」到碩士、到博士口試，都沒真正口試的奇事。

畢業後，我有一次回到牛津，在聖安東尼學院，遠方有一位學生一直對我喊：「Hello! Hello!」我停下來，他說他是日本人，正在念博士，我是不是那個一次都沒有考、卻拿到博士的 Jason Hu？我本來不知道這個傳聞，這下才知我成了牛津野史的一小段。

雖然七年有成，其實我也付出不少，最無法反駁的證據是，我本一頭濃密黑髮，因此去了大半。爾後政壇和媒體都常常形容我「絕頂聰明」，其實我知道，他們只是想彰顯我的髮型。

我所歸屬的「貝里歐學院」也非常出名。多年以前，聽說英國人形容一個人的智慧可以用「貝里歐智慧」來形容。

牛津是一所極富傳統的學府，無論在外表或形式上，對學生有限制也有壓力。然而，在牛津的生活，我除了學到人與人彼此的尊重外，更能深刻體會雖有外表的傳統和束縛，卻永不會影響到你內心的創意與自由！在拿到了博士學位之後，我對未來的生涯規劃是教書。我自認個性和能力都適合任教，也很喜歡教書，一直很想成為一個「很好很好」而且對學生「真正有用」的老師。

如果有人問我最喜歡身處在何處？我的答案是「校園」。我覺得校園是年輕人、創造力、努力、進步、充實的綜合體，生活不鬆也不緊，教學相長的樂趣非常明顯，腦力激盪和體力負荷也適當的平衡。而且從學生身上，可以感受到他們的進步，這種快樂絕不遜於學生自己。有時，我覺得當一位部長或代表，也像在帶研究生，希望同仁能進步，好好處理事情。事實上，我到國外旅遊時，最喜歡的不是觀光名勝或購物餐飲，而是訪問著名的校園。後來我上了幾次陳文茜與趙少康的節目，也有在研究所上課的感覺。

取得博士學位時，我已三十六歲，可謂「老大不小」了。我也曾感嘆：求學之路，失敗太多，費時太久；但是又想，如果人生一定會失敗，那失敗來得愈早，是不是更好？年輕人不能怕失敗，重要的是能不能在跌倒後又站起來，迎上前去。更何況年輕時遭遇挫折，也是砥礪、磨練和進步的機會。人總不可能一輩子不會遇到失敗與挫折，既然如此，這些挑戰來得愈早，我們愈能學習克服它們；年紀大了再失敗，也許就不容易再爬起來了。

在牛津的恩師和同學身上，我很能體會到英國人一絲不苟的治學修養與擇善固執的認真態度。畢業後，我因為已取得聖安東尼學院研究院士的聘書，可以續留牛津，但我千思萬想：留在牛津或英國教書，只不過是成千上萬個牛津學人之一，若回到國內，就可能成為首位返台服務的牛津博士，把牛津所學奉獻給國內學子，提供不同的觀點和角度。何況我也不太希望自己的子女，長大以後變成「外國人」。

5 加倍奉送的教學熱情

一九八五年，曾偶然與我在餐會中認識的國際組織「世界反共聯盟」（前身為「亞洲人民反共聯盟」，簡稱「亞盟」；現為「世界自由民主聯盟」，簡稱「世盟」）祕書長杭立武，誠心三顧英國，親自邀請我回國擔任他的副祕書長。

心繫家鄉，落葉歸根

我最早很單純的想回母校政大教書，但學成返國之時，原先的計畫有了變化。加上我留學英國的最後三年，時任中山大學校長李煥多次來信邀我到中山任教，甚至還誠意十足數次託朋友來牛津的時候代轉名片。此外，中山大學中山學術研究所所長楊日旭也非常積極，表示將協助我在學校推動設立「政策研究中心」。我以為政策研究中心可以結合理論與實務，很有意義，便欣然接受了聘書，返國擔任副教授，並向中山大學報准兼任世界反共聯盟的副祕書長。後來，淡江大學美國研究所所長，也是外交系老學長李本京教授邀我去淡大兼課，我也接受，以至於工作相當繁忙，但心裡很充實愉快。

那時國內的學術界非常活躍，接著我又受聘身兼中華戰略協會的副祕書長。有一天晚上八、九點，太太接了一個電話轉給我，我問是誰，太太說不知道，「但說話很有威嚴」。我接了過來，對方說：「我是許歷農，我們常常領教你的學問，希望有機會請你定期到軍中演講。」我嚇了一跳，一位上將怎麼會親自打電話給我？

另外在國際合作方面，我得到楊日旭所長的支持，奉命在中山大學創辦一個「中共軍事問題研討會」，邀請全世界研究中共軍事最頂尖的專家每年來開會一次。我想把它變成全球研究中共軍事問題最重要的論壇，每次開會的人數不必多，十五到二十人即可。這樣的會只要連續開五年，沒獲邀請的專家學者就都會覺得有損失，而希望共襄盛舉，如此自然能夠確立台灣及中山大學在這方面的學術地位。

在這會議之後，我當然會把國際頂尖專家發表的論文整理出版，以中共軍事年報的方式每年出版一次，深受國際間的重視。

我雖在杭立武先生的辦公室任職，但少不更事，同時還在大學教書，忙得不可開交。有一天在辦公室看杭先生在寫信，這通常是幕僚的分內之事，不勞長官費心，我很不好意思地說，這件事交給我就好。杭先生答道：「不行不行，你太忙了，我不要麻煩你。」讓我覺得很愧疚，也顯示了杭先生為人的高度。

杭立武是我國學養豐富、德高望重的國之大老，也是外交界的「巨人」。他年輕時赴倫敦大學深造，獲政治學博士學位，早年曾擔任教育部長，當時四十六歲；來台後曾任我國駐泰國、菲律賓、希臘等國大使，並出任聯合國教科文組織會議首席代表，後期仍積極從事國民外交、保障人權和救助難民等工作，歷任教育、文化、外交、社團等要職，一生精采絕倫。杭先生做事用心、為人清廉，他著有一本英文傳記，記錄當年運送故宮國寶從中國大陸飄洋過海到台灣而絲毫無損的始末。他很器重我，要我幫他想書名，凸顯寶藏的遷移過程和他值得珍惜的一生，我將書名取為《*A Life to Treasure*》，語帶雙關且有深意，深得杭先生之心。杭晚年因病住院，我前往探視，看到昔日神采飛揚的外交界巨擘已完全無法講話，不禁潸然落淚，那是我第一次探病時痛哭流涕！我非常感念杭立武的知遇之恩，也深摯懷念兩人共處的點點滴滴。

福氣啦，紅字加倍奉送

有一天，中山大學楊所長很好奇地問一個我指導的學生：「胡老師那麼忙，真的有空指導你們嗎？」學生沒有講話，次日就默默把我改的論文拿給楊所長看，結果所長發現，我改的紅字比學生寫的黑字還多，只能以「逐字加倍奉送」來形容。

我可以說：「我十分盡心盡力在做！」研究所的課多半是研討會，我會盡量把在牛津的所聞所見搬回教室來，學生一樣要寫論文，彼此間要相互討論批評。國內的學術資料比較不全，因此我在每學期上課前，不但事先逐一規劃好課程，還把每個題目的子題、中英文參考書目、甚至雜誌上的有關文章，都交給班代影印給大家。針對每個題目的子題，我要求學生有人負責寫論文、有人負責評論。結果同學在相互討論、批評的過程中，實力突飛猛進。

一九八五年左右，現任戰國策傳播集團董事長張美慧就讀中山大學碩士班一年級。當時我剛從牛津大學回來，對於這些年輕、有想法、桀驁不馴的研究生來說，是還不錯的碩士論文指導教授人選。由於她當時已有指導教授，因此無法成為我的學生，但因為常在校園看見我或曉鈴拎著遛小孩的繩子，讓兒子丁丁在校園裡跑來跑去，作風新潮，因此曾和朋友分享說我反應很快，而且還是他們所謂的「三快」——暢快、痛快、愉快！。

當時美慧班上有十四個人，分為政治組和經濟組。上國際政治，有一個同學是外交系出身，口才好、自視甚高、很臭屁，但他也認同我見過世面，眼界不凡，不只是講理論、掉書袋而已，必須對各國有所認識，還深入了解其文化、思想、生活民情，才會有這些想法。

其後我建議美慧以《海基會的ＡＩＴ模式研究》作為博士論文的題目，海基會是「財團法人海峽交流基金會」的簡稱，是我國半官方組織，為了打破海峽兩岸之間的隔閡而進行交流。

面對包括美慧在內的任何一名學生，當他們走進我的辦公室求教，我都會在茶几上放置十數本參考書，給予協助。除了參考書目外，我也會建議他們，可尋求馬英九、焦仁和、劉必榮等專家學者請教。美慧對此深受感動。她認為我們之間並無利害關係，我卻願意忙裡抽空，花心力為他們準備和著想，這點令她相當難忘。

由於我經常到海外開國際會議，跑遍全世界，有些學生的碩士論文稿是我在飛機上改的，一下飛機就馬上寄給他們。有些同學後來彼此詢問，原來很多論文是一章一章從全球各地的機場翩翩寄回國內，他們老師在飛機上的忙碌程度絕不亞於地面。

選課教室大爆滿

我在淡江大學美國研究所（以下簡稱「美研所」）開課時，由於反應熱烈，口耳相傳之下，選課學生由原來的個位數，加退選後增加到二十幾人，又變成四十幾人，最後只好換到大教室，對我是很大的鼓勵與壓力。我告訴自己，只有做到更好，教得更好！

曾任東森電視事業公司董事長兼總經理的張樹森，是我在淡江美研所國際關係課程的關門弟子。他提及對我的印象，是充滿活力，風趣又不八股的。他回憶當年我在課堂上，經常將國際現實環境分析給大家聽，旁徵博引，隨手捻來都是例子，把理論生活化，不僅同學們容易吸收，這樣淺顯易懂的方式，也讓有興趣的人能在短短一個學期內了解何謂國際關係。

不久之後，我又受聘在空中大學開設國際關係課程，需要研究助理，我特別麻煩了張樹森，請他來幫忙。張樹森自認成績不算頂好，問我為何選中他？我當時回應道，因為我覺得他有潛力，想讓他多接觸不同領域的東西！身為他的師長，我希望盡量給予他鼓勵。

在錄影時，我特地向節目部的工作人員介紹，說這是我最優秀的學生，「開賣拉費司」（camera face）好，你們可以找他播新聞。後來張樹森真的進入華視工作，試鏡時的導播就是那時負責空中大學節目的導播。

因緣際會走上政壇

一九八八年，「世界反共聯盟」在太平洋島國帛琉舉辦大會，由我統籌主辦。當地電訊、場訊、設備都不甚理想，連影印機、電動打字機都是工作人員自己去洽借的。但是應邀與會的世盟理事長趙自齊卻暗忖，不但會議的流程井井有條，連資料的提供、飲食的安排、晚會的設計等都很周全，於是向祕書長杭立武打聽是誰在主導。沒多久，我就被「挖角」進去擔任趙自齊先生的祕書長，業務範圍從亞太變成全球。

隨著時代潮流的變化，「世界反共聯盟」其「反共」的字眼顯得太直接、強烈，對會務的推動愈來愈不方便。趙自齊先生於是責成我協助把下列事項做成提案和負責執行，包括：修改憲章，把所有「反共」字眼改成「自由民主」；成立總會，會所設在台北：由一百四十五個會員國選出首屆會長；並以「世界自由民主聯盟」名義和「非政府組織」的身分申請進入聯合國。這些任務並不簡單，因為牽涉到各會員國的既得利益，眉眉角角很多，需要分別去說服、溝通。

結果我在兩年內，把趙先生交代的大部分任務一一達成，成功圓滿。到了一九九三年，「世界自由民主聯盟」也終於成為聯合國非政府組織的會員，也是當時我國參與聯合國的唯一組織。

1994 年任職新聞局局長期間，陪同行政院院長連戰接見蘇聯前總統戈巴契夫伉儷。

第二章——總統府、新聞局時期——任職中央，築夢踏實

1 空降在總統府的小凳子

有一個總統府的工作，地位不算高，而且工作時都是坐在會客室中一個最小且矮人一截的位子，那就是翻譯官。按照慣例，翻譯官在總統府都坐在總統和主賓之間的小凳子上翻譯，這個矮凳子被人稱作「小凳子，大發展」。之所以有此一說，就是因為前監察院長錢復、前省長宋楚瑜、前總統馬英九都是曾先後坐在小凳子的翻譯官。

我的生涯規劃中從來沒有高官或財富，最希望有機會在大學任教，這才最符合自我期許，好像也是「光宗耀祖」，必定怡然，也對得起自己十幾年的求學生涯。我從英國返台後，一方面教書，另一方面參加許多國際會議與活動，不算離

開本行，工作雖然繁忙，卻非常充實，心情極為快樂。

一九九〇年底，總統府的英文傳譯郭岱君請產假，我被指定暫代總統英文傳譯，想不到踏出這一步，就此展開我後半生的「政治生涯」。

在這之前，我還在牛津讀書時，有一次舊識馬英九打電話叫我回台灣跟他聯絡。我那時快要讀完學位了，馬英九調離總統府，到中央黨部當副祕書長，有人傳說他推介我接替傳譯，但他從來沒有明說，後來我返國之期一延再延，此事也就沒有下文了！另一回是邱進益先生即將調到新加坡時，李登輝總統（以下簡稱「李總統」）請他吃飯，來賓大都是出身外交系的人，我是其中最年輕的陪客，我也不知總統是否因此對我留下印象。

我對入府工作並無期待，心中也沒有任何想法。後來聽說李總統的民間友人劉介宙先生向總統推介我去擔任英文傳譯。總統說有好幾個人提到我，他也見過我，那就用我吧，他也就交辦下去。過了一陣子，劉先生見沒有動靜，又問了總統，總統回覆：「他們說有去問胡志強啊，可是他嫌總統府薪水少，不願意來。」劉先生一聽便匆匆來找我，告訴我說：「志強，你若覺得錢少，我可以補助你，你不要拒絕嘛！」我聽了大驚，告訴劉先生從來沒有人跟我談及此事，我更沒有說過「嫌錢少」！劉先生再處理後，我終於受邀到總統府上班，擔任第一局副局長兼英文祕書。

我大概是總統府第一位仍可保留原職的借調官員，這一點，我很感激總統府祕書長蔣彥士先生。因為總統府要找我的時候，我表示自己很喜歡教書，可否保留中山大學的教職。蔣先生認為一個年輕教授為了到總統府工作就必須辭掉教職，十分可惜，他說應該要愛護人才、保護人才，不要影響年輕人的志願，所以允許我以「借調」的方式到總統府工作。

我在總統府第一個翻譯的外賓是約旦親王哈山（Hassan Bin Talal），我記得很清楚，他也是牛津大學畢業，與我同屬貝里歐學院，兩人有很多共同的話題，因此我們相談甚歡，直到總統進來才停止。

翻譯工作的事前準備：細節決定成敗

由於多次擔任重要外賓的傳譯，我逐漸磨練出翻譯工作上的技巧，與自己高中時期的「土法煉鋼」煉英文大有不同。現在我最基本的功夫就是：每一次都在事前做好準備、妥搜資料。

有一天我在準備次日總統接待外賓的資料，一位府內同仁路過，看我「太過認真」，問我在忙什麼？我說準備明天的翻譯，他就笑我說：「這還要準備嗎？反正別人說什麼，你說什麼，講來講去都是那一套。」我笑了笑，還是將外賓背景、國家等資料全部準備好，深怕到時候總統要談的東西我不知道。

後來時任國科會主委夏漢民帶了二、三十位高溫超導體的國際專家晉見總統，當時我擔任翻譯。夏主委要離開時，拍拍我的肩、拉著我的手說：「志強兄，我都不知道你學過這個東西？」

其實我哪有學過這門科目，我是事前花了一個禮拜的時間把兩本中文和英文著作看完，快速地了解了什麼是「高溫超導體」，因為我真的不懂。為世界級的專家翻譯，萬一「出包」，那真的是「出洋相」了。

我做什麼都準備！我常常講，一個人一輩子有很多機會，沒成功的人，不是因為沒有機會，而是機會到的時候你沒有準備好。坦白講，「準備」是一輩子的事，你必須隨時準備好，因為不知道機會什麼時候來臨。我就是無論做什麼都在事前盡力準備。有了準備，雖然仍可能有疏失，但多少會增加一點信心。全力準備的東西，後來有沒有用到並不重要，反正很快會忘掉。

有一次經驗讓我印象深刻。李總統接見《國家地理雜誌》的記者，這記者是一位鯊魚專家。我於是翻開萬用英文辭典，將當中一、兩百種鯊魚的名字，全部背起來。隔天這位記者和李總統交談四十多分鐘，賓主氣氛融洽，卻只用了一個鯊魚名字。她建議總統我們台灣人要少吃鯊魚，總統問她是哪一種？「豆腐鯊」，英文是「Tofu Shark」，原來我不用「大背一番」也會翻，不過這不是損失。如前所言，準備而沒用到，不算做白工，因為這是我的本分，如果派上用場了，就是賺到。

在總統府獲得了碩士學位？

我在總統府擔任翻譯期間，府裡開始設發言人，訓練年輕人接棒。邱進益副祕書長兼任發言人，焦仁和是祕書處主任，郭岱君副局長及我（也是副局長）都擔任副發言人，同時兼新聞祕書。一年多的英文傳譯，我同時擔任總統府第一局副局長，再加上四個月的新聞祕書，使我獲益良多。難得的經歷，彷彿又讀了一個極為難得的碩士學位。

我的摯友焦仁和在李總統身邊多年，是我極為敬佩的人，正直誠懇，學識過人。總統會客時他都在場，他曾告訴朋友：「總統前後有幾位翻譯，我覺得胡志強做得最好。」焦仁和舉例，「總統會客時，偶爾一時興起會高談闊論，一講就是十幾分鐘，突然想起來還有傳譯，這中間早已講了不少，胡志強總能馬上重組整合、前後連貫，不失本意且很有邏輯、言簡意賅地翻譯出來。有時總統的用詞比較尖銳嚴厲，他會翻得比較幽默，或用問句的方式表達，語氣委婉，不讓人覺得冒犯。我以為，一般人實在不容易做到。」

以上都是焦仁和對別人說的話，我並不負責，但著實感激。

當時傳譯負責翻譯，焦仁和負責記錄。有一次某國駐台代表進謁總統，拿出一封文件，是該國高層囑咐面讀給總統，內容直來直往，可說是極為失禮，指責我方的政策與總統發言不妥。我從未見過此種狀況，對方唸完之後，我真的不知該如何接續。總統見狀即對我說：「你不必翻了，我都知道！」隨即雙方嚴肅告別，仁和兄與我也面色沉重地魚貫而出，我心中感慨萬千，真是「小國無外交」。

當然在傳譯生涯中，我也有犯錯的時候，並遭總統指正。有一位友邦元首來訪，總統在面會時知道他們以農業為主，當場建議他們重視精緻農業，因產值較高；而且還表示，若對方有空，可以前往中山北路到士林的「台大蘭園」參觀一下。我就把它翻成「Orchid Farm of National Taiwan University」，不料總統立刻打斷我說：「不是 National Taiwan University，它與台大沒有關係，它就叫台大！」我立刻改正，還好我只錯一次。聽說有其他的代班傳譯，被總統更正了幾次，當場緊張得無法繼續。

還有一件讓我略感無奈的事，早期政府剛開放兩岸互訪，上海國際關係研究所請我以教授身分訪問中國大陸。就在簽證、機票完全備妥準備上路的前一天，我在總統府兼職英文傳譯的身分，因為替約旦王儲翻譯而在電視上曝光。立刻有人因電視曝光而勸我不要前去大陸，說是「會引起各種臆測或抗議，對總統有負面影響」。其實我已向總統府報備獲准，但誰也不敢預測外界的政治反應，就臨時決定放棄了。如此錯失赴中國大陸學術交流的時機，我也覺得惋惜。可見人在江湖，真的有點身不由己。

學者從政：理想與實務的結合

學者從政的例子在台灣很常見，因此我從學術轉而從政，不能說毫無心理準備；不過我可以很坦然、負責任地說，我從來沒有積極追求或經營任何位置。我只是不排斥，因為我一直認為學社會科學的人，應該不要永遠做觀察者、不要排斥實務的參與，參與實務將有利於理論和實務的印證與結合。

反觀外國學界、政界交流的情形最初並不普遍，一直到一九九〇年左右才熱絡起來，尤其是學「國際關係」的從政者似乎較多，如美國的季辛吉與布里辛斯基（Zbigniew Brzezinski）等人。外國學術界的頂尖人物，常常是持續在學術界鑽研，最後才能有所突破。我不敢說我從學界到政界來，是不是能夠回饋學界更多的了解和貢獻，但我覺得學術界的人參與政府工作，至少可以把學者的理想、理論架構帶進來，多少可以對政界有所助益。蘇起就是一個極為成功的例子，黃介正也是一位後起之秀。

我相信，如果學者從政一段時間後能再回歸學術界著書立說，以利經驗回流，應該很不錯，我曾經期望自己未來也有重回學術崗位或著書立論的機會。

也有人好奇問我，如此一來，離我原本教書的路會不會愈來愈遠？我倒不覺得，因為你不曉得它是圓線還是直線，我也認為自己一直沒有離開本行。如果只是在「象牙塔」裡面，有理論而無實務經驗，很可惜；有理論再加上實務經驗磨練，功力就不一樣。從外面看金魚缸，和在裡面游一游再出去，畢竟大不相同。

我就這樣從學術界「游」入政壇，其中有成功有失敗，有甘也有苦，有一帆風順也有驚濤駭浪，恰似人生的百般滋味。但我總覺得，「人生」真的是「以服務為目的」，如果能回到家園，每個工作崗位都是一個服務的機會。我暗中期許自己在每個崗位上都能做到日新又新，不斷出題、燒腦給自己做，時時求進步及突破，好讓別人覺得我的服務——值得按個讚。

2 傳真機與化妝師

一九九一年，我在總統府擔任第一局副局長時，研考會主委馬英九調到陸委會，研考會主委一職出缺，行政院郝柏村院長曾約我面談，希望我自府調院，繼而出任，並在春節後發布。然其後沒有下文，我知曉了其中變化，亦坦然接受。

同年九月，郝院長又找我擔任新聞局長。我自認和郝院長其實並不熟，覺得有點奇怪。唯一的淵源可能是之前我在中山大學時，曾辦過兩次國際性的軍事研討會，郝院長時任參謀總長，曾約我見面。那時我書生論政，在報上發表了一篇有關中共與美國軍事關係的文章，提醒政府不要忽視美國與中國大陸的軍事交流

一九九一年我擔任行政院新聞局長時宣布，行政院願以最大誠意與民進黨溝通，但由於民進黨籍立委對晤面日期有意見，晤面一事又告擱淺。（中央社提供）

日趨密切。沒想到此文引來參謀總長辦公室的電話，說郝總長希望與我一談。

總統形容我「很好用，很奇怪」

當時台灣絕大多數人認為中共與美國的軍事關係不應改善，否則會傷害到我們。見面之時，郝先生非常親切，要我思考一下中共若了解美軍的進步，兩國似乎比較不容易衝突，和平應該對台灣有利。郝先生提醒：「你們也要想想，美國人的影響進入中國後，也可能改變中共，中共就可能比較不會那麼極端。這一點影響我們也不能忽視。」

郝先生被公認是一言九鼎的「軍頭」，也被視為不言而喻的「保守」力量代表。我完全沒有想到他的眼光如此深遠，毫不保守，反讓我這「書生」自嘆不如。而地位這麼高的人，居然看法如此「開明」，且對一個年輕學人這般客氣，真是讓人意外！而今，郝院長表明希望我接下新聞局長之職，新聞局長執掌機要，我也不是「自己人」，確實令我遲疑。然而由於事情來得突然，我雖感詫異，但也沒有特別需要考慮的狀況，所以「沒有意見」。他說，因為我仍在總統府任職，所以他下週二要去向李總統報告。

郝院長報告後，李總統找我談話。總統頗堪玩味地表示：「郝院長跟我提，要你去當新聞局長，我雖然有點捨不得，但這一次，我覺得這個工作很適合你，所以要放你去！」我只有敬謹接受，雖然心想他說「這一次很適合你」到底是什麼意思？接著李總統又說：「你去了以後，把電台、電波的管理做好，一定要推動媒體的開放。」

李總統說捨不得我走，讓我很感動，而且我也聽說他跟別人形容我「很好用，很奇怪」。因為，他其實並不那麼了解我，卻覺得我「很好用」。

行政院新聞局後來已經裁併，但當年是政府的第一線單位。每天要面對新聞界的媒體人士，是行政院長的發言單位，也是面對國際媒體、推廣國家形象到國際上的權責單位，同時又負責廣播、電視、電影與出版事業等工作（金馬、金鐘、金鼎、金曲等獎項的主辦單位）。

新聞局重視國際文宣工作，期能在國際間積極宣揚國家的政策與提升國家的形象。而且新聞局與外交部的業務具有許多同質性，高層的交流亦極為頻繁，包括沈昌煥、錢復、丁懋時等「我的新聞局長前輩」，都曾先後轉任外交部長。

新聞局是國內政府單位成員最年輕的單位之一，當時同仁平均年齡只有三十

八．七五歲，在民間的印象中，新聞局充滿了活力與幹勁。由於它的任務是傳達政府政策、建立政府和人民溝通的橋梁，因此一直有人將「新聞局長」喻為政府的「化妝師」。

「誠實」才是最好的政策

我進入新聞局之前，除了在國際文宣略有實務經驗外，老實說對新聞局的其他業務可說是「白紙一片」，也沒有任何職前訓練，沒人教我怎麼做局長。更何況，宣誓就職兩個小時後，就要為郝院長的活動開記者會。

會前，當時的國內處長（後來出任副局長）吳中立善意提醒我，在會中應該如何對記者說明。他指著文件說：「這部分是『要對記者說明的』，那部分是絕不能說的『機密』，另外一部分則是『有人問起才講』。」

我問他：「可以說的，如果記者不問呢？」

「那就不要講！」吳中立很嚴肅地回答。

我想，如果記者不問的不講，那麼這一部分可以講的訊息就傳遞不出去了，而我們給人家的資訊也就少了。所以我乾脆把所有可以講的都講了，不要被動的等記者來問。記者有工作上的需要，你若不給他們，老是說「無可奉告」，結果寫出來的文章和事實有出入，那究竟是誰的責任和損失？

我曾仔細思考新聞局長的定位，覺得「誠實」才是最好的政策，就是不欺騙、不利用、不誤導。我希望能因自己的努力，改變大家對這個職位的刻板印象：假如「化妝」是掩飾或誤解真相的話，我可以說——我要做政府的「傳真機」，不做「化妝師」。一個發言人可以不說，但他如果說了，就必須是實話，才會得到信任與尊重。

我的學生張美慧當政治記者時獲悉一則新聞，一個叫做「眾星專案」的多元外交專案，就是請李總統到中美洲召開中美洲各國元首與會的高峰會議。當時我對該計畫有一點了解，她來向我求證。我說：「既然妳問了，我不會騙妳，不過妳一旦寫了這條新聞，計畫可能就沒了，妳可以得到獨家新聞，然而妳要自己去考量和判斷大局。」她後來做了明智的抉擇。（最後這個計畫的「原版」並未執行，而是多年後在台北由外交部辦理，結果還是我辦的）

我心中有一把尺，絕不說假話。有位記者向我抱怨，「局長啊，自從你當新聞局長以後，我們跑新聞很沒有挑戰性，我們再也無法各憑本事搶到獨家新聞了。」以前媒體和新聞局彷彿相互依存又像「諜對諜」，媒體需要新聞，新聞局需要資訊的露出與傳播，中間卻產生了期待值的落差；我上任後，可以說的我絕對全部說清楚，不能說的一個字都不提，尤其是政府人事與高層外訪等事項。我國的外交局勢艱難，元首或院長出國訪問常因中共抵制而功虧一簣，一般政治人事也多會「見光死」，偏偏記者常針對相關問題向我求證，我只說：「我不能回答，你們當我是傻瓜嗎？」結果大家笑成一團。

我的原則是：我盡量多說，說的一定是實話；不能說的，打死也不說。發言人的服務就是盡力配合，不過記者朋友通常也能理解我有「四兩撥千斤」的必要。正因如此，我和媒體間建立很好的互信，記者不必再四處打聽漏網新聞。由於我們提供很豐富且前後一致的資訊，每家媒體報導出來的內容也不會因消息不足而南轅北轍。良好的互動與默契漸漸形成後，政府過去對新聞界迴避或對立的想法與做法，慢慢有了改變。

因為我真的相信新聞媒體是政府與民眾間的一座橋梁，沒有這座橋梁來溝通，媒體頂多沒新聞，但政府卻失去了民意的了解，所以政府比媒體更需要這座橋梁。

3 發炎的發言人

離開總統府，出任新聞局長的同時，我還出任行政院的政府發言人。這個政府「發言人」，也是常掛耳鼻喉科的「發炎人」，因為我實在是太「多話」了，喉嚨承受不了，經常發炎。

在政府工作，大部分是沒有「新生訓練」的，我有些誠惶誠恐。最初總以為發言前應該先向長官請示重點，比較穩妥。經過幾次磨合，郝院長語重心長地告訴我：「你當發言人之後，不要什麼都來問我；什麼該講，什麼不該講？你是政務官，應該自己做判斷，也要自己負責任。」

這真是一針見血的「當頭棒喝」！我終於了解：作為一個部屬，不要永遠等長官命令你做什麼，要主動替長官設想一切，設身處地想像自己若居其位，應該做什麼、說什麼，都要設想周到，這也包括要先預測與準備記者的提問與應對。有把握的，不要去問長官；真的沒把握，就不要亂講；一定要問長官的，就不會太多。如果到後來什麼都不敢講，或講了老出錯，那就辭職吧！

發言人的必修課：誠實與幽默

有人評論我在擔任發言人時「重大政策的擬定均深入決策核心」，這真的太誇獎我了。我自己感覺除了嚴守分際、拿捏分寸之外，「在誠不在辯，在精不在多」是發言人最重要的精神。

廣義來說，政府和企業都需要「經營」，當然也都需要「公關」與「發言」，以獲得社會的認同與支持。發言人不是工具，他要了解自身、協助媒體、爭取民意，這也是一場全方位的努力。我很重視誠實，一個發言人可以選擇是否發言，但絕不能騙人。記者也很聰明，遲早會發覺被騙，發言人也就失去了媒體的信任。所以，凡是可以講的事情我就盡量講，不能講的，很抱歉，還是不能講，絕不要騙。

有次在立法院備詢，一位立委很不客氣地說：「新聞局的形象壞到極點，民眾都討厭你們。」我說：「我不相信，我覺得新聞局的形象很好，我常常接到民眾的來信，認為新聞局很努力、很誠懇，形象也不錯。」立委接著說：「你喔，真是不知廉恥，連謙虛都不懂。」我回答：「世界上有很多事，在重要關頭，誠實比謙虛重要。」畢竟，誠實是我全力捍衛的原則。這位立委也不簡單，後來當了總統。

若遇到危機，務必掌握黃金時刻，臨危不亂，主動解決問題。就像電影《危機倒數》，發言人的工作就如同拆炸彈，任務就是要負責協助解除危機。老實說，「平時不說謊，遇事快速反應，不推卸責任，助民眾了解」，大概就是解除危機的主要原則。

除此之外，發言人如果發脾氣、情緒激動，就很容易說錯話，引起不必要的事端，因此常懷「平常心」和「適時的幽默感」也很重要。

所謂「平常心」，就是指一個發言人即使在面對危機處理的關鍵階段，也不能心煩氣躁，必須維持理性鎮定。只有維持平常心，才能在危急時刻穩住陣腳，比較不容易出錯，不會講出事後後悔的話。

有個小故事，或許可作為一個註解。據說當年邱吉爾訪問美國、住在白宮，有一天晚上羅斯福總統（Franklin Delano Roosevelt）因臨時有事跟邱吉爾商量，匆匆跑去邱吉爾的房間，因敲門不應，試著推門再叫，不巧當時邱吉爾正好浴畢出現，衣不蔽體，羅斯福總統尷尬轉身想離開，邱吉爾不慌不忙地說：「別走，別走，英國首相在美國總統面前是沒有什麼好隱瞞的。」

我深感這就是得體的公關發言，無論在任何情境，都必須有氣定神閒的平常心，放輕鬆，這是基本的修養。

我在新聞局長任內，曾有一位記者拿我的禿頭大作文章，我不以為忤地回應：「是應該戴一頂假髮啦，但要報公帳，因為這是執行公務。」其他記者為文指稱，我這番幽默回應「拉近了與新聞界的距離」。

捨不得關上的門

不過幽默也要有分寸，不能過火，否則「發言」就成了「發炎」。我深深體會，記者是朋友、並非敵人，媒體是鏡子也是橋梁，要了解媒體、服務媒體，我沒有拒絕與媒體為友的權力。誠懇、誠實、誠心，才能真正達到雙向溝通。我認為：服務媒體，也就是服務社會；因此，我在新聞局工作時認識的記者們，三十多年後，還是時相往來，成為交心的好朋友。

如何服務？我為媒體準備的新聞說明稿，重視「一刀切入」。我很明白，如果前三十個字的「破題」不富創意、不吸引人，就沒有新聞吸引力，會被丟到垃圾桶去。想讓自己的新聞上報，不是拜託來的，必須讓新聞有刊登的價值，因此務求自己的資訊兼具知識、創意和吸引力。我常告訴新聞局的同仁，一篇新聞稿，要有清楚而吸引人的主旨，等於是間接為媒體準備的標題，不然，這篇新聞稿等於失去了作用。

為了方便晚報的記者發稿，我盡量趕在行政院院會還沒結束前，在上午十一點召開記者會，十一點之後發生的要務可由副局長補充。由此也可看出發布新聞時間點的重要性。時機未成熟，說得太早不會引起注意；如果時機過了，說得太晚就會失去時效。有回李總統到印尼、菲律賓、泰國等地訪問，一下飛機就馬上舉行記者會，雖然當時已經是深夜十一點半，但會讓人感到總統的務實作風和懇切之心。如果改到次日，太早的話媒體也不方便；中午左右，就實在太不像「新」聞了。

至於媒體的詢問電話，我一定有問必答，連下了班也不例外。平常晚上平均每十分鐘就有一通電話，我的最高紀錄是在晚上九點到十一點間接聽三十二通電話。我常自稱是「二十四小時營業全年無休」的「便利超商」。不過，因為報紙有截稿時間，大約晚上十一點後，幾乎就沒有記者會打來了。

記得《聯合報》曾刊登一則標題為「胡局長是『華僑』？」的花絮，在我的同事間廣為流傳。記者描寫我「常以一種非常緩慢的語調轉述行政院公布的重要政令，但與外國記者溝通時卻能說非常流暢、快速的英文，不明就裡的人不免納悶他是不是『華僑』？」

我當時的解釋是：因為考慮到文字記者筆記的速度，如果不放慢一點，許多重要新聞可能會因此產生誤差。但也有不少電視記者抱怨我說話速度太慢，「占用」他們太多錄影帶了。所以我有時還會講兩次，一次快的、一次慢的，讓大家各取所需。

「媒體服務」與「新聞發布」是我原先毫不熟悉的領域與學問，擔任了近五年的新聞局長，比念一個大學還久，讓我充滿感恩與懷念。離開新聞局的最後一晚，因為整理、搬遷自己的東西，到晚上十一點多才離開，連司機都放走了。全樓似已無人，漆黑之中，我竟不捨關門，因為知道關上後，我就不能隨意進出了。後來，我也為這段心情寫了一篇關於自己在新聞局歷練的文章，題為〈捨不得關上的門〉！

4 在美國公視遇見李辛吉

我在新聞局工作之時，對每項業務都極為重視。「國內新聞」時效急、需求大，壓力也最大，廣播、電視、電影與出版，和民間距離最近，不容輕忽；而「國際傳播」與外交離得最近（後來業務併入外交部），也是對外交專業最有興趣的我，最想發揮的領域。

凡是我國駐外館處，不論有無邦交，幾乎都設有新聞組，由新聞局派員進駐。新聞局駐外同仁平日的工作主要是聯繫在地媒體，也會邀請外國記者或媒體人士來台訪問。由於他們工作努力、「業務興隆」，我幾乎每天早上都要與外國記者吃早餐；也因為駐外人員的勤奮，有時我還要與外國影星交際。記得好萊塢大明星伊麗莎白．泰勒（Elizabeth Taylor）來訪，就是由我的新聞局長前輩宋楚瑜先生接待，在國內造成轟動。我自己則是與李安導演互動較多，他先以劇本《推手》得獎，後來又以《喜宴》及《飲食男女》更上層樓，最有趣的是《少年Pi的奇幻漂流》後來在台中拍攝，我恰好是台中市長，自是「緣分再生」，大力支持」。但我也跟李安開玩笑說：「我現在又不是新聞局長，你怎麼還找我？」他人很老實，笑了一下說：「我還是要你跑腿。」我很好奇，問他這次要拍什麼片，他說是一個有名的故事，有關一個少年與一隻老虎在海上漂流的傳奇。我聽了大感憂心地說：「這個片子沒有好萊塢流行的要素——性、血腥與暴力（Sex, blood and violence），怎麼賣座呢？」其實我真的為好友擔心，但他還是標準反應微微一笑，不說話。結果後來他因此片勇奪奧斯卡金像獎的最佳導演獎，顯然還是他比我內行太多！

我很榮幸因為工作的關係也結識李行、吳宇森、楊德昌、侯孝賢、蔡明亮、張毅、朱延平、王童等諸位導演。李行導演長期協助新聞局辦理金馬獎，發揮導演功力，掌握全場節奏，事必躬親，鉅細靡遺，對流程與實境之付出與掌握，實在令人敬佩。

李行導演在退休後也致力於兩岸導演交流，有一次他邀兩岸四地（中國大陸、香港、澳門和台灣）的導演訪問台中，我欣然設宴款待。席間大家提及在座的香港大導演陳可辛即將開拍一部大片，預期票房必定非常成功。我很無知的問：「片名是什麼？」他們說是《刺馬》，我聞言趕緊提醒：「明年我們要選總統，馬先生要競選連任，你們偏偏要拍《刺馬》，豈不是觸我們霉頭？」眾人一陣大笑，遂轉移話題，不再談此事。

沒想到此片上映之時，製作單位竟從善如流改名為《投名狀》，水準甚高，還是大賣。

重返聯合國！

再談國際宣傳，不論是駐外人員參訪，或是邀請外賓與媒體來台灣訪問，皆不外乎是為台灣博版面。很多人不知那時的台灣「好事不出門，壞事傳千里」，外國人都知道「Thailand」卻不知道「Taiwan」。所以身為新聞局長，我也必須常常出國：到智庫演講、拜訪各大媒體、爭取出現在國際媒體，尤其是上廣播電視節目。

拜訪各大媒體，不一定能上報，但至少能爭取拜會高層或舉行「編輯部座談」（Editorial board meeting），總是不會白費功夫，讓他們多了解台灣。那時也有先進好意勸我少上電視現場訪問，因為對方總想激怒你，而你可能會生氣失態，如此節目會對觀眾更具吸引力。

後來我想我不能「怯場」，否則國家要我何用？結果我不斷在舊金山、洛杉磯、波士頓、紐約、華府及亞特蘭大（CNN總部）受訪，上的電視愈來愈多，也漸漸有了自信。

那時我國在國際傳播的重點是「重返聯合國」。我替新聞局設定的目標是：每天日出之時，在地球上不論何地，都要有一則新聞報導支持台灣重返聯合國。後來時值一九九五年聯合國成立五十週年，我們要鎖定一個有影響力及對談人士是世界一流知名人士的節目，宣揚我們的立場。結果一揭曉，我們可說是中了頭獎——節目是美國公共電視（PBS）的《火線》（Firing Line），會在全美三百多個地區巡迴播出。主持人是資深又頗負盛名的小威廉・巴克利（William F. Buckley Jr.），與談來賓則邀請到美國前國務卿季辛吉，與我們討論兩岸情勢及我國重返聯合國之事。

雖然沒有把握，但我們確實一開始就鎖定季辛吉為對話者，以增加節目的吸引力。他是美國數十年來「中國政策」的主要設計人，在美國外交界深具影響力。早年《紐約時報》刊登一張漫畫，內容是季辛吉被任命為國務卿——這是我們的「新船長」，意指他是美國對外關係「教父」級的大師。季辛吉是大材，出任國務卿，甚至還被有些人認為是屈就、大材小用。

當時有人以為與季辛吉對話是自討苦吃，因為他名氣太大，而且對我們一向不友善。我主張即使是挨罵或吵架，也會引起大家注意，值得一試。這將是季辛吉首度在電視媒體與我國官員面對面交換意見。當然，我也知道我若屈居下風，自己辭職事小，國人丟臉事大。

這項安排經過幾個月的努力，終於達成。所以，我把當年在牛津念過的季辛吉名著及新論述，花了將近一個月時間，一一溫習。老實說，愈讀愈不安，他可是國際關係大師，和我的牛津導師是至交，我是徒子徒孫，如何與他相提並論？到了錄影前一夜，我更是心中忐忑，在紐約陌生的旅館房間內，幾乎一夜未眠。

錄影前坐在化妝室，態度有點傲慢的季辛吉帶著防備心問我：「你是不是想把我當惡徒好好批判一番？」

我立刻回應：「怎麼會呢，我念的很多書都是你寫的，我在牛津的指導教授也是你的朋友。我是來請教你台灣如何能突破困境的！」季辛吉一聽，知道我赫赫有名的老師，確實是他好友，態度立刻有了轉變。

季辛吉問我要他指教什麼？我就很坦白地說：「你的問題是從沒造訪過台灣，也不了解台灣人。台灣人可能不喜你造成台灣的困境，但台灣人是非常善良的，你若來訪也會對你友善。何況你從沒想過，台灣是如何在世界上被不公平對待，聯合國衛生組織、世界銀行，連國際紅十字會都不能參加，實在既無道理又不符基本人權。希望像你這樣有學問的人，應該很公平地站出來看這世上的事，不讓世界歧視台灣，才符合國際關係的一切基本道理。」

上了「火線」卻能「生還」

經過事前的溝通，錄影時間終於到了。季辛吉走在前頭，氣勢如虹，現場兩、三百名觀眾熱烈鼓掌。由於他鼎鼎大名，許多人還帶了他的著作請求簽名。我隨後出場，走在他之後，沒人認識我，更沒人為我鼓掌（可能以為我是他的跟班）。我心想：完了、完了，自己的氣勢太弱了，這樣下去根本不必開口就輸了。

上了台之後，我沒入座，反而站在舞台中央，面對大家說：「You don’t know who I am, do you? Well, I am Hu (who). When people call me on the phone, they will say “who” is this? I will say this is Hu.」全場大笑。

我又接著說：「I am Dr. Hu from Taiwan. I come to tell you a very unfair and unhappy story about Taiwan.」大家又給我一番更熱烈的掌聲。我覺得已達暖場效果，才微笑落座。

想不到坐定後，季辛吉趨身向我說，他覺得很奇怪，自己是美國人，講話有德國口音，而我是外國人，講話卻沒有口音。我笑著回答：「Do you want me to talk like a “Chinaman”, I can do it.」因為「Chinaman」有貶抑華人之意，他馬上說：「你別誤會，我不是這個意思。」兩人一笑，氣氛於是輕鬆起來，台下也看得出來我們相互友善。

正因季辛吉對台灣了解有限，他的談話素材完全從我剛剛告訴他的資料中發揮。我則代表兩千一百萬善良的台灣同胞，告訴大家台灣如何在國際間被孤立、被歧視。最後季辛吉鬆口表示「台灣應該要進聯合國」，但這要讓海峽兩岸的中國人自己去談。只要兩岸透過協商取得共識，即可以所謂的「兩德模式」加入聯合國。

我強調：「現在中共的態度是全力打壓我們，根本沒有談的空間，必須國際社會都有支持我們的共識，中共才可能讓步。」

這次對談效果很好，非常成功，有的地方台還應觀眾要求重播。我國的媒體則報導：這場對話中，胡志強不但和季辛吉「化敵為友」，也順利地完成了「第一階段任務」——讓國際知道我們受到不公平的待遇，有效提升了美國民眾對我國參與聯合國訴求的認識、了解與支持。

在我看來，這場「對談」不是「辯論」，季辛吉雖然是大咖，卻不與我對立，也不用「主權論」說台灣不可參與聯合國，北京一定大感意外！後來我擔任駐美代表，想再拜會季辛吉，就不能如願了。

我上了《火線》卻能「生還」，心中已經很滿足，只要對台灣有利，夫復何求！後來聽到有人說：「季辛吉這麼老，胡志強這麼年輕，也算勝之不武。」我真的不知此語來自何處，不論是國內或國外，我都不介意。

與季辛吉同上《火線》，看起來普通，新聞局卻爭取籌辦了很久，很多同仁都花上不只一年半載的心血。

過了好幾個月，在台北一個酒會之中，一位英俊瀟灑、器宇軒昂的年輕人走到我面前，向我伸手致意，自我介紹說：「胡局長，你不認識我，我叫嚴凱泰，我在電視上多次看到你被國外記者訪問，尤其是跟季辛吉對談，你表現真好，我非常佩服，應該代表台灣人謝謝你！」

他真不知我受到這位傑出年輕人如此的肯定和讚美，心中有多麼感激與撼動。年輕人這樣主動稱讚他人，印象中真的不多，尤其他自己出身名門，又十分優秀。後來我與凱泰成為好友，時相往還，卻不料他英年早逝，令我心痛異常。現在看到他的夫人嚴陳莉蓮承繼大業，表現優異，也非常祝福她！

5 嚴父與慈母

對我而言，在新聞局工作的日子充滿挑戰、充滿鍛鍊，真是一段快樂又有收穫的時光！像在大學主修自己喜歡的科目一樣，新聞局的工作內容，都讓我深感享受。但我任內最具爭議性的業務，當屬廣電媒體的開放。

繼一九八七年解嚴、一九八八年報禁解除，廣電媒體的開放備受社會各界關注。憑良心講，這也是言論自由的一部分。

廣電媒體的管制有其時代背景，從一九四九年到一九八七年的戒嚴時期，人民在集會、結社、言論、出版、旅遊的自由與權利受到限制。解嚴後，新聞局檢視廣播頻率使用的分配狀況，經由跨部會與黨政協商，檢討終止「遏制匪波」

（遏制中國大陸廣播）政策。一九九三年一月底，我和交通部長簡又新召開聯合記者會，宣布政府將開放十三個地區計二十八個廣播頻道，供民眾申設電台，接下來即展開廣播頻道開放的行政作業。同年八月間，《有線電視法》公布實施，受理有線電視系統申設、非法第四台轉型為有線播送系統等新興業務。一九九四年，受理第四家無線電視台申請，在一九九五年有線電視已經開放。

以上每一件都是台灣廣電媒體的歷史大事，我有幸躬逢其盛，擘劃開放方向，邀請社會賢達組成審議委員會，公正地執行評選事宜。

取締的艱辛與犧牲

我常說，隨著時代的變遷，政府更應朝向務實、民主與開放的方向施政。新聞局的業務不能以「意識型態」為主，而任何措施都不應該違反上述的原則。社會客觀環境的改變愈來愈開放、愈來愈多元，政府必須趕上社會進步的腳步。然而，法律規章的改變往往沒辦法那麼迅速，因此在推行政策時，必須站在法律的立場來維持執法的公權力。

也有人對新聞局取締地下電台有意見、有爭議，任何意見我都尊重，不過我取締的基本理念是為了「維護法紀」。更何況，地下電台的氾濫，不但可能影響民眾生活權益（如販賣非法藥品……），也很可能影響合法電波（包括航空頻道）的安全運作。

有人批評取締地下電台是政治手腕，主要是消滅反政府的言論。我就公開聲明：「寧可在合法的頻道聽到你對我做最嚴苛的批判，也不願在非法的頻道聽到對我慷慨的讚美。」

我在行政院多次研議「如何處置地下電台」的內部會議表示：執行政府的公權力，新聞局多做是逾越，不做是失職。我也曾強調：如法令規定沒有檢察官在場或無搜索票不能進入民宅，我就不進去，即使總統、院長要我進去，我也不能進去。

一九九四年七月底，新聞局會同交通部及各地警察單位分赴台北、新竹、台中、台南、高雄地區取締十四家非法廣播電台。媒體如此描寫：「……拂曉陸空合作，取締行動一舉讓每家地下電台變成了啞巴！」事後我召開記者會，詳細說明執行經過及我們開放頻道的做法，同時亦呼籲非法電台提出申請。

沒想到八月一日，部分遭新聞局取締又復播的非法廣播電台，透過廣播鼓動群眾到行政院及新聞局抗議，由於不少抗爭民眾手持棍棒、鐵條，並以丟擲石塊、硫酸彈、汽油彈等物向執勤憲警施暴，引爆焚燒採訪車，翻毀軍車，造成數十位憲警人員、記者及無辜民眾受傷。

八月三日，新聞局負責執行取締任務的廣電處第四科同仁張台安，早晨上班前在住處樓下突然遭兩名男子持刀從背後砍殺，經送三軍總醫院急救，並施行手術十數小時後，傷勢才比較穩定。

當下我覺得非常難過，同事因執行公務遭到殺傷、險些身殉，自己身為上司卻不能保護他，深感自責，便口頭向長官表達了辭意，但長官不准。

在新聞局大學的洶湧歷程

其實那段期間我也成為箭靶人物，遭到民代與業者的左右夾擊。行政院的交通車被人刻上恐嚇胡志強的字眼；也有人打電話到地下電台 call in 說：「我知道胡志強小孩在哪個學校讀書。」為了家人的安全，我還報警處理，也叮囑孩子千萬要小心謹慎，別讓人家知道自己的身分。

可是沒過幾天，女兒婷婷因為腳扭傷，我太太帶著她和兒子一起到中醫診所就診。在掛號的時候，護士可能認出曉鈴了，對著女兒說：「你是胡志強的女兒嗎？」兒子丁丁一聽便馬上捍衛姊姊，鄭重否認：「她不是胡志強的女兒，我也不是他的兒子。」

我的工作，連當時還是小學生的兒子都感受到壓力。丁丁在學校學到「世襲」這個新詞，回家後很憂心地問媽媽：「老師說世襲是『兒子必須做爸爸做的工作』，萬一我將來也被逼著當新聞局長，那該怎麼辦呀？」

說沒有壓力那是騙人的。回顧當年，同仁為了執行公權力取締地下電台，夜以繼日、犧牲奮鬥的辛苦，歷歷在目，對此我內心充滿感動與感激。

我的同仁在新聞局的內部刊物中寫道：「本來白天剪線及查察影帶出租店、MTV已夠辛苦了，現在又要在半夜爬電線桿對第四台進行側錄，以作為取締的依據。在某家電視台復行干擾後，廣四科的工作已是日夜不分，而其艱難度更已超乎想像，無怪乎大家都說：『第四科的工作真不是人幹的。』」

我們的稽查同仁曾三度帶著藍波刀、對講機及手電筒等器具，於三更半夜深入北投大屯中正山區的蠻荒芒草叢，劈棘開路，爬登大樹，拆除非法電視台的轉播站，圓滿達成任務。同仁不僅徹夜未眠，還傷痕累累。

種種做法，民眾不見得會諒解，在推行上可能比較困難，有時也有風險，但只要我們做的事情對國家社會有正面意義，我就會覺得心安理得。

我深深體會政府單位除了「取締」之外，積極的「輔導」更為重要。時代在變，我們的政府角色必須由「嚴父」再兼具「慈母」功能，才能順應民情民心。由於獲得長官的支持，我推動工作堪稱順利。媒體報導，我在任期間，是中華民國行政院新聞局送立法院審議通過法條最多的時候，同時建立了中華民國在通訊、新聞史上現代化的元素。

這段波濤洶湧的歷程，也算是我在新聞局大學中，修習了進階的一門課。

6 重返綺色佳

一九九五年五月，美國參眾兩院分別以壓倒性票數通過決議案，呼籲美國政府同意李登輝總統赴美進行非官方訪問。

六月七日至十二日，睽違美國多年的李總統重返母校——位於「綺色佳」（Ithaca，又譯「伊薩卡」）的康乃爾大學（以下簡稱「康大」），並在歐林講座發表演說。一九七九年之後，從沒有中華民國的元首到過美國，此行被國內外媒體視為我國突破中共外交孤立、展現台灣地位並宣揚台灣民主化的絕佳機會。

「今天是一個非常重要的日子！」時任康大校長羅茲（Hunter R. Rawlings）在致歡迎詞中說：「《綺色佳紀事報》一篇報導說得最好，無論對台灣、對民主、對康大而言，這都是一個偉大的日子。」

李總統的康乃爾世紀之旅

一九六八年獲康大農經博士的李總統在「歐林講座」的題目為「民之所欲，長在我心」。李總統指出，這是源自於中國古籍《尚書》「民之所欲，天必從之」的名句。當年他到美國求學之際，正是美國社會經歷民權運動與反越戰風潮的不安年代，但美國的民主制度即使歷經動盪，仍舊屹立不搖。他深刻體會到：充分的民主是促進社會和平轉變的動力，只有以更民主的方式去推動民主、以更自由的理念去推動自由，才能促成民主自由的早日到來。

演講結束，國內外媒體咸認這次「世紀之旅」可說是我國推動務實外交一次很重大的成就，並以「訪美意義深遠，為外交及兩岸關係開創新契機」、「以真情成功闡揚了台灣經驗，引起廣大共鳴」、「完成一場成功的外交演說」……，來形容這次演說的成功與迴響。

《亞洲華爾街日報》稱李總統在康大的講詞可媲美半世紀前邱吉爾在西敏寺的著名演說。邱吉爾當時提出警告——「鐵幕」正席捲歐洲；而李總統的講詞則包含另一個訊息——共產主義即使在亞洲也正在衰敗之中。即使是中共政權，也必須以「民之所欲」為行事準則。

美國《國際前鋒論壇報》強調：「李總統美國之行反映出台灣存在的事實，在台灣被認為是鼓舞民心士氣的偉大作為。……他已經掌握了在動與靜、目標與務實之間，取得平衡點的好方法。」

日本《產經新聞》則直言：「日本國會應從李總統訪美記取教訓。」比較特別的是，日本重要媒體這次出動近二十位日本記者，眾多記者組團隨著一位外國元首到另一個國家進行採訪報導，在日本是破天荒的紀錄。李總統訪美的新聞在接下來的一週天天大篇幅在日本媒體登場，照片被刊登在大報頭版，也打破有史以來日本媒體的常規，因為他們通常不會在頭版刊登外國元首的新聞照片。

李總統被康大校友選為「克服最大困難返校重聚的人」，我有幸在這次演說擔任撰稿小組的一員，也承受了極大的壓力。接到這個緊急任務，正是我在澳洲坎培拉「國家記者俱樂部」演講的當天清晨，因為時差的關係，我夜裡睡不好，清晨五點在旅館花園散步，接到台北來電，要我立刻返國——「因為總統『要出國』」！

我立即聽懂，大概是要去康乃爾了。可是我當天馬上要去澳洲國家記者俱樂部演講，這是我非常重視的創舉；隨後又要飛赴紐約，在公視的節目中和季辛吉對談。這兩場活動，好不容易才到手，要是放人家鴿子，我們就會在國際間名譽掃地了。好在最後台北同意我維持紐約之行，但一結束要立即返國，終於讓我完成了心願。

引發台海緊張局勢

自紐約匆匆趕回台北已是四月底，那個夜晚，我被交代下飛機後直赴大溪晉見李總統，參與康大之行演講的工作。總統六月初就要出發，我奉命擬初稿的時限只有三天，我決定以總統面授的意思為主旨，先英文再中譯，最後再訂題目。

外界以為我是總統與行政院長的「文膽」，事實上論文采與學識我都遠不如焦仁和，他常負責總統的文稿，我的參與好像只有康大這一次。後來總統表示對文稿滿意，其實因為都是照他的意思而成。這就是後來很多人談及的「民之所欲，長在我心」。

李總統「康大之行」，新聞局駐紐約辦事處多名同仁亦前來支援，同時協調康大公關室開設「新聞中心」，以方便數百名國際媒體記者大陣仗的採訪報導及發稿。

由於康大所在的綺色佳是大學城，不是觀光勝地，很難提供足夠的住宿旅館給大批湧入的媒體記者，新聞局便協調校方開放學生宿舍，供各國媒體記者入住。我們的支援同仁也很開心能趁此機會「搭便車」，他們笑稱自己雖沒讀過這所常春藤名校，卻是有幸進住康大宿舍的幸運兒。

康乃爾世紀之旅歸來，餘波盪漾不已，引發了台海第三次危機。中共以文攻武嚇等方式威脅我方，美國隨後派遣第七艦隊巡弋台海，此一事件撼動全球，國際媒體紛紛報導與評論相關消息。李總統突然若有所思地向我說：「不是已經講好了，怎麼會這樣？」我沒回話，因為我聽不懂他的話。但我懷疑兩岸之間可能有溝通此事的管道，不過我從未參與過。

一九九六年，我國舉行第一次總統直選，由李登輝及連戰先生當選正、副總統。美國《新聞週刊》以封面故事報導此事，同時肯定我國的民主化發展，並稱譽李總統為「Mr. Democracy」（民主先生），多少顯示康大之行的餘溫。

7 寧靜革命

早在赴新聞局工作之前，我就注意到西方的民主改革運動，會被西方主流媒體冠上響亮醒目的名詞，如捷克一九六八年的「布拉格之春」（Prague Spring）及一九八九年的「絲絨革命」（Velvet Revolution）。而我國在一九八〇年代後期一直進行的民主憲政改革，卻沒有任何西方媒體多加注意及報導，於是新聞局推出了「寧靜革命」（Quiet Revolution）這個觀念。

有人質疑：革命怎麼可能寧靜無聲呢？我們的立論就在此處。世界各國如果想要完成與台灣一樣的改革，大多付出暴動衝突、甚至流血革命的代價。而台灣經歷過改革，沒有暴動、沒有流血，就能進行總統直選、解除戒嚴，這是相當了不起的政治變革，可是全世界都沒有人注意到。其實這是一場「革命」，但是因為太安靜以致沒有人注意，國際仍繼續忽視台灣。新聞局為此出版了一本英文書，叫做《*The Quiet Revolution*》，後來在世界得到很大的迴響，政治學者也都使用這個名詞了。

台灣經濟奇蹟背後的改革歷程

在我成長的年代，生活給我的感覺除了是經濟匱乏、大家都極為節儉之外，就是台海危機。這片土地有很多養分，可是那個年代物質極為匱乏，我小時候常以為自己家很窮，其實大家都窮，穿衣飲食都不能浪費，那是沒有名牌、沒有奢華的年代，雖然我們都還是快樂地成長、快樂地生活。

一九六〇年代開始，台灣在以中小企業為主的出口帶動之下，整體經濟飛快成長，再加上實施如十大建設的經濟建設，一九七〇年代台灣的平均經濟成長率高達一〇・二%，一九八〇年代則為八・一%。這個階段被稱為「台灣經濟奇蹟」，台灣與新加坡、香港、韓國被外界並列為「亞洲四小龍」。

經濟崛起之時我正在海外念書，沒有親眼目睹這個歷史性的階段。但我印象很深刻的是，在我四十歲左右，台灣政治改革愈來愈成形，經國先生還沒過世之前開放老兵探親、解除戒嚴，其後解除黨禁、報禁，以及國會全面改選、停止動員戡亂、總統直選等，我很榮幸親身經歷這一段變化。

也許對不少西方媒體記者而言，「愈是血腥的事件愈好」，或是「破壞愈嚴重，新聞價值愈高」，可以贏得更多的票房和注目。然而對黎民百姓而言，有實質助益的「不流血革命」才稱得上是「正道」。

台灣從未曾發生過任何一次的流血政變。台灣人民在過去幾十多年間曾經流汗或流淚，但是不曾因流血及嚴重衝突而達到今日的成就。台灣現今政治多元化的發展，尤其是反對運動和新聞界成為「第四權」，皆以和平穩定的方式演進。我們的作為應值得世人更加注意，而且我也深切認為我們已創造的成就，應該得到更多的肯定——包括經濟、社會以及政治等各方面。

為了宣揚我國的民主化成就，新聞局進行國際文宣，除了籌組學者團宣講、邀請國外學者撰寫專文專書及邀請國際媒體記者來訪等之外，一九九五年八月，我曾委託我國「國家政策研究中心」及美國「全國民主基金會」合辦《全球第三波民主化之發展與鞏固》國際研討會，我親往波士頓邀得哈佛大學民主理論權威學者杭亭頓（Samuel Huntington）教授來台，另外也有二十七國、六十餘位政治菁英及權威學者參加。

當時《中國時報》社論指出：「與歷年類似性質的國際會議相比，這次大會堪稱規模最大、出席人士學術地位最高之一次，在國際學術會議亦難得一見。」

以創新與傳播展現台灣的光明面

我在新聞局時，是第一個決定少印總統或行政院長言論集的政府官員。我的理由是，每個國家的總統、總理本來就「偉大」，無須特別介紹。我覺得台灣的偉大與善良都在社會基層，高手在民間，於是請外國記者去採訪那時外國人還不太認識的證嚴法師，並請美國的華人英文作家到花蓮慈濟住三個月，寫一本介紹證嚴法師的書，頗受好評。

在我任內，為了呈現社會的光明面，新聞局先後出版了《智慧的薪傳》、《和風煦日》、《杏林和風》等數十冊專書，而且拍成紀錄片，在電視黃金時段、晚間九點至九點半播出長達一百多集，這也是開創性的措施。

以前晚間九點到九點半是「政令宣導」時段，也有人取笑是「全民關機」的時間。我想想這樣下去真的不行，既然要做就要好好做，必須把政令宣導靈活化、現實化，才能接地氣。於是責成時任國內處專門委員的孫大成主導，在中視策劃一個週一到週四同時段的帶狀節目《飛越姍海關》，由當紅的新聞主播葉樹姍、綜藝節目主持人趙樹海搭檔主持，討論民眾關心的補教、檳榔等民生問題，結果收視率竟然與TVBS李濤開創的 call in 節目《2100全民開講》有得拚，實在很不簡單。

此外，新聞局也請名主播李四端主持一個電視節目《有話要問》，由我們出面邀請行政院長和各部會官員上節目，談及如何為民服務及重要的政策與便民措施。我們常找平時不太曝光的主管談所屬業務，無論內政或經濟議題，無所不談。由於這個節目效果很好，頗為「長壽」，尤其是在李四端主持的期間，收視率特別高。

很幸運地，我腦中的點子和想法，能在新聞局服務期間一一化為具體的行動和成果。我很感謝素質優異且充滿向心力和榮譽感的同仁們，和我一起推動各種政策和相關業務，離開新聞局之後，也有機會在不同場合與老同事相聚見面，大家仍然情同一家人，當年那份深厚的「革命感情」，絲毫不因時空的距離有所改變。

後來行政院新聞局的業務及人員分別被併入外交部（國際傳播）、文化部（出版、電影）及NCC（廣播電視），但我覺得此舉削弱政府的國內與國際溝通功能，所以公開反對，可惜沒被接受。但新聞局這個大家庭有太多讓我難忘的回憶和難以割捨的情誼與懷念，是我生命中最珍貴的紀錄，我將永遠以新聞局的一分子為榮。

8 請陳文茜喝咖啡

我在新聞局工作期間，陳文茜也自美返台，擔任民進黨文宣部主任兼發言人。她的出現，引發全國注意，不但為民進黨加分，也成為我這個政府發言人的對手。與我相比，她比我漂亮，髮型也比我時髦，口才不輸任何人！

她的確是我難纏的對手，我們也互不相識。直到有一天，中鋼總經理趙耀東（後來的經濟部長）打電話給我，說要請我安排與陳文茜見一面，並表示她是個難得的人才。我只好硬著頭皮打了一通電話給她，先自我介紹，再向她說明趙先生想見她。

陳文茜也很爽快，答應一起喝杯咖啡，趙先生也欣然同意，三個人就第一次一起聚會。結果氣氛非常好，談了一個多小時，趙先生也公開表示他對陳文茜的讚賞。

我當然也很感激她，讓我對趙先生有所交代。此事外界無人知道，也與她後來離開民進黨無關。想不到的是，後來我與陳文茜成了知交摯友，與她為友，真正是獲益良多。

9 永遠的郝伯伯

第一次見到郝伯村先生時，他是參謀總長；後來我到行政院新聞局工作，他是行政院長。他離開行政院後，反而視我為家人，不論在辦公室、在家中，或甚至他來台中，都會找我見面。

郝先生入主行政院之時，他請我擔任行政院新聞局長和發言人，也要我自行判斷和決定發言內容，並說：「我當然會信任你，也會支持你！」這一席話啟發了我其後從政生涯中最重要的原則：要果斷，要負責，才能獲得信任及信心。

請我妹妹吃兩大塊牛排

也許是因為出身軍旅，加上兩道濃眉，外界總覺得他是一位不怒而威、非常嚴厲的人；但實際相處，才會發現他是「望之儼然，即之也溫」。有一次我陪他到金門視察，路經一個規模很小的前線醫療站，位在山洞中。陪同的部隊長官說是一位預官在負責，郝院長興致一來就走進去看看這位預官，和藹可親地問他是否一切都好？是哪個學校畢業的？

這位醫官見到郝院長，立刻站得筆直、滿臉通紅，竟答不出一句話來。院長也不勉強，笑一笑轉身而出。我好意地留在最後，跟醫官說：「院長問你話，就是聊聊天，關心你，其實你不必緊張，有問就答沒關係。」

想不到醫官回說：「喔，我不能回答，因為我是學獸醫的呀！」

其實與郝院長相處久了，就深深覺得，他真的不是一位嚴厲的人。我在局長任內曾陪一群記者到他家吃飯，只見他回家之後坐著陪我們說話，小孫女在他身上東摸西摸、爬上爬下，他不但不以為忤，反而怡然自得、充滿慈愛，完全不像「郝大將」。

他若是到英國，會找我旅居在倫敦的妹妹小莉吃飯。妹妹跟他開玩笑，他也不以為意，只是笑著罵她：「妳比胡志強調皮！」他請妹妹吃牛排，妹妹很有禮貌地說：「真好吃！」他就吩咐廚房再加碼一塊給妹妹，然後很高興地看她為兩大塊牛排「奮力而為」。

我的太太曉鈴出車禍，他更極度關心，後來見面之時，他心疼地摸著她的頭說：「乖乖，現在過關了！」就這樣，也不知從何時起，郝長官也成為我的「郝伯伯」，就像自己的長輩一般，我們全家都覺得很有福氣。

慈愛與溫暖永遠在我心

在政府做事，如果牽涉到長官，我絕不會做傷害長官的事。我可以做的是：盡量去推廣不會傷害任何人的觀念或做法，並且絕不會傷害任何人。

記得所謂「李郝政爭」氣氛比較凝重的時候，我因為是郝院長的新聞官，也曾是李總統的翻譯，所以我向郝先生報告：「總統要的就是面子，行政院真正有的是裡子，我們就把面子多讓給他一點，反正事情我們盡量多做、做好就對了。」我只講了一次，郝先生笑一笑沒說話。我倒是沒有機會跟李總統講，後來也未能參與此事。

郝先生晚年健康不佳，尤其是郝夫人去世，更讓他悲痛逾恆，據說當天他獨自站在郝夫人床前，將近十多個小時。後來我聽說郝先生出院後又回去住院，我至為關心，每隔兩週都會向郝龍斌兄探聽。之後傳來郝先生離開的消息，我心情無比沉重地寫下紀念他的文字：

「我知道郝媽媽稍早辭世，讓郝伯伯心碎不已，我們心中也有了一道陰影。可是我在掛念之間，真的居然沒想到郝伯伯竟會去世。他是郝伯伯耶，怎麼會離開我們？在很多人心中，他不會離我們而去。在很多人心中，他是永遠的郝伯伯！」

第三章

駐美時期——為民思考，廣結善緣

1 一場演講改變命運

除了參與選舉之外，我從來沒有去謀求任何工作，做任何事就是全力以赴，怎麼會去想別的工作呢？我沒有「騎馬找馬」，更不會逢迎長官，以求升職。我從未想過在長官生日的時候到他家去簽名或送花拜壽，也不會一天到晚送禮物給長官。這絕對不是自大或自傲，而是我在一個職位工作時，只想把任務做好，我認為一個認真的人，不會「吃碗內看碗外」。

我追隨過不同典型的長官，從杭立武先生、趙自齊先生、李登輝總統到郝柏村、連戰、蕭萬長三位行政院長，他們都是公爾忘私的人，也一直對我很器重。

「胡局長怎麼寫，我就怎麼講！」

李總統、連院長都曾經親口對我說：「哎呀，沒想到你能幫我做這麼多事情！」也有些長官沒對我說，像郝院長，卻告訴別人：「本來跟胡志強沒有淵源、也沒有特殊關係，怎麼這個人來，居然如此拚命做事？」

我也記得，有次連院長在演講之前，被記者圍住，問他今天要講什麼？他半開玩笑地笑道：「胡局長怎麼寫，我就怎麼講，你問他就好了！」這段話，其實對我是一種很大的肯定。有時候，在連院長演講前十五分鐘，我還送上再度改過的稿子給他。雖然他不一定完全照我的意思講（沒有一位長官會百分之百照你的稿子講），可是他對我的「努力程度」很了解，因此也對我格外信任，知道我不斷在求精求好，這就是我的「被用哲學」。

我在新聞局總共工作四年七個月之久，超過讀一個大學學位的時間。一九九六年，距離總統大選約兩、三個月之前，聽說已離開公職的前美國駐中國大使李潔明（James R. Lilley）來台灣向總統建議：「我們AEI（美國企業研究院，是位於華府的智庫）要辦一個演講會，以貴國總統大選為主題，你一定要派一位可以說清楚的人來美演講，在華府會很叫座。」

總統府決定派新聞局長出任務。府裡通知我這件事時，我有點遲疑，因為那時我正在競選國大代表，而且選完次日就要上飛機，不會有時間準備資料。

那是台美之間風起雲湧、雙邊關係很低潮的時期。最後，我還是奉命趕赴華府。選完第二天，上午謝票，傍晚搭飛機赴紐約，同天抵達。上了飛機，身上沒有稿子，只有剪報，長夜星空，別人睡覺，我在準備演講。我記得很清楚，我坐在走道的位子，走道的另一邊坐著一位女士。很奇怪，她帶自己準備的食物上飛機，快到美國的時候，雖然機上供應早點，她還是把自己的早餐拿出來，還拿幾塊豆乾請我吃。

「局長啊，我從來沒有近距離看過政府大官做事情，我上飛機，在睡覺以前看到你在寫東西、看資料，睡了一覺起來，你還在寫東西、看資料。你到底睡了沒？」

我對她笑一笑。她說：「啊，我們國家的官員都像你這樣就好了。你太勞累了，這是我們家的豆乾，請你嚐嚐看！」

後來我才知道，她是國內知名餐廳「秀蘭小館」的老闆，難怪帶自家的食物上飛機。

「只有你去——我才放心！」

到紐約時已是晚上，我堅持馬上趕夜機到華府，因為第二天早上六點排了一個CNN的訪問，我抵達華府已是凌晨兩點，新聞局同仁還來接機，讓我又感激又不安。

為什麼不在紐約過夜？我深怕若不早點到華府，第二天萬一天氣不好、趕不上，豈不是失信於CNN。我寧願提早到達，坐在人家大門口等，不要人家都上班了，我卻因為天氣不好還留在紐約。

到美國演講之後，據說很受肯定。演講時現場有一位年紀很輕的女士，提出意見：「國民黨當然會選贏總統，因為壟斷了媒體。」我說：「台灣變化得很快，媒體已經不會很容易壟斷了，因為現在還有地下電台和很多其他各種傳播管道，難道要國民黨失敗，才算真民主嗎？」

那人不再爭執，這是我第一次見到當時在民進黨駐美辦事處工作的蕭美琴（現任副總統），也是場內唯一提出質疑意見的人。

演講後，另外一個智庫CSIS（戰略暨國際研究中心），立刻安排我參加一個給美國參議員的祕密簡報與座談，當時有好幾位極有分量的參議員與會。聽說在我演講的各個場次，其實都有若干美方國務院的官員在場，但沒有人跟我接觸。

回台灣後兩、三天，李總統就找我，我以為他會問我有關演講的事情。「這次任務你很辛苦，大家的反應都很好！」總統稱讚慰勞我之後，神色謹慎，緩緩地說：「我希望你去美國擔任駐美代表。」我非常意外，只能說：「我才剛當選國代，這四年，不要出去比較好吧！」

「我也剛剛當選啊！」總統強調：「我也很想做很多事情。沒有一個良好的中美關係及兩岸關係，國家發展將受影響。想來想去，只有你去——我才放心！」

總統希望我一定要去，我說不過他，他的態度很懇切，最後我只有答應。

回頭想想，我之所以外派美國，可能是因為「一場演講」的緣故。據說，我派駐美國的官方照會是歷年來回覆速度最快的，此事我也無法證實。不過我到美國以後，孜孜矻矻，很認真努力做事，倒是覺得美國官方真的對我很友善！

2 奮戰第一線

一九九六年我赴美的重大任務，就是要修補李總統訪問康大所導致的「裂痕」，加強與美方的對話，改善與美國行政部門溝通的問題。

我到華盛頓之前，美方已連續三個月不與我駐美代表處見面。據悉因我駐美同仁配合公關公司的運作，透過國會向行政部門施壓，要求美方讓李總統訪問美國，否則國會威脅要修改《兩岸關係法》，才造成行政部門讓步，當時在美國也有上百篇媒體評論支持李總統訪問美國。

後來李總統成功訪問美國，外稱北京至為不滿，也導致美國與中共雙方關係緊張。美方必須修補與中共的關係，因而促成一九九五年柯林頓和江澤民的會面，柯林頓邀江澤民訪美，為中共美國密集交流會談打開大門。在此同時，我駐美代表處有數月無法依例見到美國高層，台美接觸中斷，關係陷入低潮，我方十分為難。

首次在外交第一線的挑戰

緊急銜命到華府，是我這輩子第一次在外交第一線上工作。那時兩岸的關係非常嚴峻，完全敵對，我受到很多中共外交人員的打壓，也只有想盡辦法突破。

在美國推展外交，我們希望能達到所謂台美「關係正常化」，並非推動建交，而是強化「實質外交關係」為目標。以前美方對我有諸多限制，例如我們不能去白宮、國安會、國務院及國防部，助理國務卿是我們正常互動所能見到的最高層級；我國部長級官員赴美訪問，國防部長與外交部長不能到華盛頓，總統及副總統則只能過境美國。

我努力的目的，不是想試探美國政策的底線，也並非製造政治渲染與運用，或者增加美國和中共交往的困難。所謂力求雙方實質關係的推展，以ＡＰＥＣ為例，就是期望有關經貿、文化、科技、環保等非政治性的美國閣員，可經常到台灣訪問；美國國安會負責亞洲事務的資深主任（在白宮上班），也可以私人方式、不公開訪問台北。這一切因事關敏感，必須充分保密。若能持續成功進行，台北與華府間的互信，自然水漲船高。那時候我也想過，我不過是一個「挖水溝的工人」，如果能夠在台北與華府間挖很多水溝，讓雙方相關部會能夠順暢互動，我的任務就會逐漸成功了！

要修復我方與美的關係，必須勤快主動、為人設想，一定要讓對方覺得和我見面獲益良多。每次與美方對談的時候，我的同仁都會為我準備資料。不過我的基本要求有兩點：一是心中要推測駐台辦事處一定經常分析我國政情、回報華府，我們的資料不能比他們差，否則美方覺得與我見面無益，相見不如不見，我們就失去了對方的尊重；第二是不要只抄報紙或社論，那是表面功夫，人人都會，美方也早就看過了，我們一定要「深入分析」（read between the lines），提出有價值的內涵，才能博得對方重視。

真誠互信，改善台美關係

當然，與美方行政部門（甚至國會）進行溝通的重點是：不要騙人、不要誇大失真、不要失去對方的尊重。慢慢地，很奇怪，很多部門都很想跟我見面，他們傳開了，說跟台灣來的胡代表講話有好處，他講話很坦白，聽了也有用，大家相處愉快，彼此不浪費時間。後來我們台北跟華府官方的關係，改善得很快，有幾次連主要管理販毒、移民、勞工、洗錢的單位都要求與我見面，我很詫異，因為前所未見，但我還是配合。而且若有機會跟柯林頓見面、打招呼，也不能曝光，不要惹麻煩。

這種以真誠出發、建立在「互信」為基礎的關係，日久自然博得美國官員的信任，進而順利打開溝通之門，建立起超乎官式的互動。我非常誠懇，承諾也絕不馬虎。終於做到：從白宮到國務院，甚至國防部，只要拿起電話，我絕對可找到想找的人，其實國防部次長與助次，都是牛津同學，我們往來自然、歡笑不斷。

雖然礙於我方與美國無邦交，美國官員不能現身我們的正式場合，私下也刻意迴避我方官員，但美國前國家安全顧問安東尼．雷克（Anthony Lake）曾拿電影《北非諜影》中的對話「我希望這是一段美好友誼的開始」，來形容我們的會面。主管亞太事務的美國助理國務卿溫斯頓．羅德（Winston Lord）每次陪同柯林頓出國，回來都會跟我做簡報；有一次從北京談判結束回美國後，他也即刻來找我說明。我見他沒穿西裝，只穿一件毛衣，就問他怎麼沒換衣服，他說：「你不是急著要聽嗎？所以我下了專機就直接來見你了！」害我有些感動。

我國擁有的雙橡園，在美我雙方斷交以後，雖然保住產權，但駐美代表卻不能以此為住所，多是利用此地應酬，極受客人歡迎。早在羅德決定辭職的前四個月，他就告訴我他要提前退休。我打趣道：「我正開始喜歡你，為何要走呢？」羅德聞之大笑。我又說：「那麼，我會成為你失業後第一個請賢伉儷吃飯的人！」

到了吃飯那天，他才告訴我，他與華裔妻子包柏漪（也是《自由論壇》「Freedom Forum」的重要成員），當年就是在雙橡園締結連理的，並由蔣夫人宋美齡女士證婚，此地對他們很有意義，但限於規定，雖然近在咫尺，也幾十年沒回來了，如今舊地重遊，兩人甚為開心。他退休後住在紐約，我每次去紐約，都會請他出來餐敘，他一定來，還說：「紐約有千百萬人，你卻來找我吃飯，我多榮幸！」

不是為了選票，而是為了民眾

外交工作，在國外不跑不行，我幾乎每天都到參眾兩院「蹲點」，每個週末都盡量勤跑參眾議員的選區，這樣才可了解全貌，不能只從首都的觀點來切入；也要對未來潛在的領袖有所了解，一位州長，他未來很可能是部長，也可能是聯邦參議員，還可能變成總統。

「大使又出城了！」代表處的同事相互告知，心知肚明我又出城到某位國會議員的家鄉拜訪。因為民意代表在自己的選區是最客氣的，我要利用他們這個「特點」和「弱點」。我往往在當地請華人教授學者吃飯，一下來個三五桌。參眾議員到場後常常嚇一跳，「喔，這麼多教授我想請也請不到。」

據聞有位外交界人士指出，「胡志強一出城，中共駐美官員個個神經緊繃，不知道胡志強又在哪一個州，與哪一位會談出什麼樣的結果？胡志強讓中共外交官永遠難以捉摸，他們對胡志強的評價也不低。」

除了參眾議員的選區，我也勤跑僑社，期能增加彼此的凝聚力。我不是只跑紐約、洛杉磯、舊金山這類華人較多的大都市，連有些大學城都跑，絕不會有大小眼，住在紐約的資深電視廣播節目主持人江漢曾說我「沒有僚氣，而且在僑界只要見過一次，下次見面就叫得出對方的名字」。

我推動公務，是為了整體著想，不只是為了政府；不是為了選票，而是為了民眾（people on the street），我們要讓「走在路上的人」都知道，我們是為民眾而為。外交也是如此，用了納稅人的錢，你要的是無論國內外、走在路上的人都知道你在做什麼。以我而言，不但希望美國人愈來愈認識台灣，連走在台灣路上的自己人，我們也希望他們知道外交部很努力在為國家打拚。只有在這種情況下，國人能夠明白外交工作的意義與價值，外交工作才會得到國人的支持，外國人也較容易認識台灣、肯定台灣。

如今有人說：美國似乎把台灣當成一個很好用的「棋子」，拿來對付大陸，駐美工作的性質也許跟以前很不一樣了。

3 行動或不行動？

在美國從事外交工作，我覺得有時「不行動」（Inaction）比「行動」（Action）更重要。拿捏分寸時，宜保持以大局為重、不卑不亢的心態。

不在那裡的大使

眾人皆知，無論我工作如何賣力，凡我方舉辦的任何官式場合，現職高階美國官員為了怕得罪中共，多不願公開現身。《華盛頓郵報》有次曾在國慶晚會隔日刊登一篇報導替我抱屈，說我明明是大使，卻不存在於華府外交圈內，標題就是〈不在那裡的大使〉。

我只好補充說明：「他也許不在『那裡』，但卻在其他地方，他仍然是無所不在的。」只要對國家有利，我沒有不可去的地方。

中美台三邊外交關係極為敏感微妙，因此我與美國議員、行政部門官員交友時，必須懂得設身處地體會美國人的立場，不做過分的要求、不增加對方的麻煩、不濫用國會及行政部門的善意——這就是「雙贏」原則的價值。

「不行動」的必要

有一次華府慶祝中國農曆年，我應邀前往中國城參加一場華僑餐宴，席間得知美國總統柯林頓夫婦正在華府中國城進餐，將順道以「偶然」方式向我們僑界致意。當柯林頓走進金國酒家的新年聚會和僑胞打招呼時，造成全場的轟動和驚喜，華府中華公所主席王燕怡女士也到門口恭迎。

我本可以隨王主席上前迎接，次日台灣報上一定可以見到我與柯林頓同框出現的照片，回來之後也可以向台灣炫耀這個「業績」。但是我也深知，如果真的這樣做，不但會讓美國國務院困窘，也會傷害柯林頓前來參加我方活動所暗示的善意。儘管表面上這是千載難逢的外交良機，但我並未上前去握手致意或搶鏡頭，因為我很清楚，日後美方政府必會適時回報這份情。據聞，事後美方果然十分欣賞，對我愈來愈親切。

我的謹慎也使中共大使館得知這件事後，或許疑神疑鬼，卻抓不到任何把柄，也無法向美國政府抗議。柯林頓明知我參加了這場聚會，仍然前來拜年，已經展現了高度善意與信任。我去握個手、拍合照，不過是表面的光彩；但如果我為此去傷害柯林頓最高的誠意，未免也太淺薄了吧。而若每次我有一點小小的收穫，就向國內大肆渲染，就是所謂的「大內宣」，美國人就會躲遠了。

在這種時候，爭取往後的互信比握個手重要得多，這就是「不行動」的必要。

「出怪招」的台灣大使

但有時，積極的「行動」又是必要的。在美國，各種財團法人、智庫、協會、政黨經常舉辦需付費的餐宴、演講活動，由於邀約的來賓或講者多屬重量級，每每吸引上流社會人士前往參加。我駐美代表處衡量餐宴性質如值得「投資」，皆樂意繳款出席。

一九九六年十一月，駐美代表處認了一桌由美國「尼克森和平自由中心」（一九九八年改稱「尼克森中心」，二〇〇三年改為現名「國家利益中心」）主辦、以新加坡總理李光耀為主客的盛大募款宴會。晚宴席開近百桌，美國前國務卿季辛吉、海格（Alexander Haig）均參與盛會。

當晚主持人介紹貴賓，逐一唱名感謝與會的各國大使及參眾兩院議員，卻刻意略過我和我邀來同桌的眾議院某委員會主席及某國駐美大使等人，我心裡立刻明白，這很可能是主辦單位凜於中共外交人員在場才如此失禮。我心裡想：「那你可以不請我呀！現在拿了我們捐款，又假裝我們不在，未免太過分了。」我當下決定必須有所行動，便去向李光耀敬酒。

外國人沒有敬酒，但李光耀懂啊！所以，我帶著一位同仁，兩人舉杯走向第一排第一桌的時候，逐漸引起全場人士的注目（我的桌次在最後一排，一共約三十排），也聽到不少人悄悄說：「他是誰，他要幹什麼？」也聽到有人回覆：「他好像是台灣新來的大使！」我們走近主桌之時，李光耀立刻禮貌地從座位起身，跟我說：「我好像見過你！」我說：「您到台北訪問時，我們見過兩次。」他又說：「那你現在來美國工作了，很謝謝你送水果到我房間，我太太要把水果籃帶回去。」我們熱絡地交談了五、六分鐘，並舉杯互相祝福。華府的外交圈也開始流傳不要惹我這個人，我不但不會接受，而且還會出怪招。

「無人能忽視他的存在」

我們與美國之間有所謂「過境外交」，非常敏感，所以曾經發生所謂在夏威夷「穿睡衣接見美方官員」的不快事件（一九九四年李總統參加哥斯大黎加總統就職，在夏威夷過境，美方只准許專機在「軍用機場」加油及上洗手間等服務，不予過境簽證，我方形同被矮化，李總統因此穿睡衣、拖鞋在機上接見美方代表，以示抗議）。其實「過境外交」在世界上似乎是唯我獨有，似乎沒有另一個國家有此「待遇」。如果要思考「過境外交」的價值與目的，那更值得玩味，其價值應該是「促進美台互動」，意義在公開展示兩國關係的友好與進步，得到台灣人民的肯定。

然而，自實施以來，夏威夷的「睡衣接見」並不理想，台美雙方都不樂見。美方曾親口多次告知，高層過境的原則是「安全、便利、舒適」，說來不是沒有道理，但沒說的第四點是「不要傷害華府與北京的關係」。所以，當大陸與華府的雙邊關係順暢的時候，美方對我們過境就相當緊張，否則也可能略微放鬆，但應該不會越過美方「一個中國」的底線。

可是我們的外交部與駐美代表處，也許是為了業務考量，也許是來自國內媒體的壓力，每次總是努力衝撞，希望每一次的規格都比上一次要好一點。我當然不知現在狀況如何，但是如果過境外交都是為了國內需要，而不顧慮外交影響，那我國外交的重心，是不是走偏了呢？

其實在一九九七年上半年我返國述職、晉見總統，他給了我一個任務，說台美之間的領袖間應該要有一個溝通管道，最好是每年一度，互派「特使」相訪，對外絕不公開。在當時來講，這是一個有如「天方夜譚」般的 Mission Impossible（不可能的任務），我也只有轉達並力爭。美方則在半年期間，毫無回應。一直到七月間，確定總統過境在夏威夷國際機場（非軍用）加油休息，回程走美西，美方才通知我「高層特使」方案可行，但先採美方單邊，我方暫不必派人，再視情況調整。這位「特使」，此次會飛到夏威夷致意。

美方顯然對我們過境夏威夷是比較能接受的。一九九七年九月初，李登輝總統過境夏威夷，到中南美洲訪問，美方對總統過境的規格不是全無限制，但也提供李總統高度的、近似元首級的禮遇。在停機坪鋪紅地毯、警車開道歡迎，並出動多組特勤人員貼身保護。

李總統抵達夏威夷的第二天，我到機場迎接這位「特使」。他算是美國總統

「私人」代表，不具官員身分，社會名望很高。我在機場等候時非常緊張，怕他們萬一食言，我如何交代？結果一切順利，他與李總統相處甚歡，還帶了一封所謂的「非信函」（non-letter），就是不會被承認的信函，雙方都不署名；第二年，特使先生還依約來台訪問，與李總統歡敘。第三年（一九九九年）發生了「兩國論」事件，特使先生就不見了。

我的媒體朋友江漢曾對人提及，說我的成功之處在於總是殫精竭慮、全力以赴，無怪乎健康受到影響。當時的我既跑外交也跑僑界，周旋在參眾議員之間，不乏有人拍拍我的肩膀稱讚「You are the best!」正是這些鼓勵，讓我在面臨中共打壓時仍然衝鋒陷陣，捍衛中華民國。我駐美代表處國會組長沈呂巡（後亦出任駐美代表）對我在美國衝外交的行動，甚至用「過癮」兩個字形容！

4 有關哈維爾的一二三事

在國際間，我有機會與許多知名人士見面。其中印象最深刻的，當屬捷克前總統哈維爾（Václav Havel）。哈維爾是享譽世界的知名文學家、劇作家及堅持人道理想的政治家，畢生奉獻捷克的民主改革，他曾前後入獄二十餘次，最後當選總統，二〇〇三年也獲得地位極為崇高的美國總統「自由勳章」。

在李總統赴康大演講「民之所欲，長在我心」的講詞中，就引用了哈維爾所言：「解救人類世界的唯一之途，就在人類的心中。」

與哈維爾總統的外交交流

大約在一九九四年間，我首度出訪布拉格，就有幸蒙哈維爾總統召見，而且是在他的辦公室中。他雖不會講英文，但有一位傳譯。他非常平易近人，與我一見如故，也首次了解台灣的國際處境。

第二年，我陪行政院連戰院長訪問捷克，商談加強兩國經貿合作與學術交流事宜，哈維爾又接見我們。柏林《每日鏡報》報導：「哈維爾在他的辦公室接見連院長，並有總統府發言人作陪。姑且不論連院長的訪問是正式或私人性質，捷克總統府事實上對於這項訪問非常重視。」

會間，哈維爾說他見到新加坡總理李光耀時，曾問李光耀為何不對台灣好一點？李光耀回答：「我們與捷克不同。你們好運，距離中國那麼遠！」

自連院長到訪後，台灣與捷克關係快速發展，在經貿、學術、科技及文化等各領域的雙邊交往大為提升。一九九五年底，哈維爾夫人訪問我國，對台灣的風土人情及文化經濟有了深刻印象，雙方的商貿投資與觀光旅遊也有了更進一步的拓展，其友好情誼雖經政府更迭，還是一直維繫下來。哈維爾卸任之後的總統克勞斯（Václav Klaus），是原來的總理，其夫人也曾訪台。

後來我赴美出任駐美代表，哈維爾不但要捷克駐美大使與我多合作，而且在他受美國邀請赴美接受贈勳時，還表示希望邀請我與內人去參加美國為他舉行的歡迎酒會。由於酒會是在國務院舉行，而當時的「潛規則」是：因我們與美國無邦交，我不能進入白宮、國務院及五角大廈。所以我在收到美國國務院的酒會邀請卡後，國務院一位和我交情很好的高層就打電話給我說：「我們歡迎你來，但我們知道你很忙，不來也沒關係。」我當然聽懂他的意思，馬上就謝謝他說：「謝謝你的好意，可惜我不克參加！」

不料，我雖然沒參加酒會，哈維爾卻盛意邀請我與曉鈴次日赴其下榻酒店，共進早餐，且只有他們伉儷及我們共四人，實屬殊榮。當時我注意到周圍很多客人都像祕勤安全人員，我知道他們是為哈維爾總統而來，不是為了我。只是這一天是英國黛安娜王妃（Diana, Princess of Wales）巴黎遇難次日，曉鈴突然瞥見當下全世界媒體都在尋找的卡蜜拉（Camilla Parker Bowles），穿著一件風衣正走過大廳，忍不住喊出「卡蜜拉，卡蜜拉！」我轉頭一看，果然是，真巧！還好我不是記者。世事多變，二十多年匆匆過去，她現在已經是英國皇后了。

在捷克，意外成為他人的「恩人」

後來有一次過年期間，我和太太去英國，也趁機到布拉格一趟。在布拉格接待我的是以前新聞局的同事，那位同仁一見面就稱我為「恩人」，嚇了我一大跳。

在我擔任新聞局長時，那位同仁是第一位被官方派出去學捷克文的新聞局官員。過去被派到捷克的駐外人員，大多以德文和英文溝通，不容易真正融入捷克當地的社會，為了訓練我國稀有語言人才，我決定派一位同仁去進修。

爾後我到捷克開會時，在當地打聽那位同仁的情況，得知他已結束三年的學習返國。按照當時新聞局規定，在外進修期滿必須返台工作三年後才能再外派，派往何處則是聽天由命了！我當時就想，這位同仁如果返台三年又再外派至其他國家，他的捷克文不是白學了嗎？國家不是也浪費了培育人才的資源嗎？因此我主張將他再派回捷克服務。多年的歷練之後，現在他已成為中華民國數一數二的捷克語人才。對我的「破格」決策，他非常感激。

這次到捷克，因為哈維爾總統的身體不佳，我不忍心去叨擾。但有一位捷克的女教授，特地來找我。她以前到台灣的師大語言中心學中文時，因為經濟窘迫，在最需要幫忙的時候寫信向我求助，我交辦下去，但承辦同仁說，外國學生並非他們的業務範圍。後來我還是以其他方式幫助了這位女學生，現在她變成一位有名的漢學家，也視我為恩人。

我雖然沒去見哈維爾總統，但透過這位女教授，仍深入了解當時的局勢與內部的狀況，也算不虛此行。

結果這兩個和捷克有關的例子，變成我日後的「教材」，我告訴我的同事：在工作上都要有積極而有效的思維，不要被固有的、傳統的規定所限制及束縛，固有的規定不一定能面對特殊的狀況和變化。

我認為，儘管自己的意見有時候與大家不同，但我的意見既不違法，也非不應該做，為什麼不能稍稍突破，即可在合情、合理、合法的範圍內，替國家做更多事情，提供人民更多的好處。

5「雙橡園」變身「雙向園」

建於一八八八年的雙橡園，是我國歷任駐美大使之官邸，位於華盛頓的西北區，占地十八．二四英畝，幅員較美國白宮更具規模。屬喬治亞復興時期英式風格的主屋共有二十六間廳房，原是「國家地理學會」創辦人赫巴德（Gardiner Greene Hubbard）所蓋的夏日別墅，並以屋前兩棵美麗的橡樹而命名。

我國政府在一九三七年向赫氏家族承租雙橡園作為駐美大使官邸，十年之後，於一九四七年改為購入。雙橡園典藏多件古董，諸如清光緒皇帝落款祝壽慈禧太后的畫作，及據傳清朝廷送至一九〇四年美國世界博覽會參展的龍紋桌椅。多位美國總統如艾森豪（Dwight D. Eisenhower）、尼克森（Richard Nixon）、福特（Gerald Ford）與小布希（George W. Bush）在擔任總統前，均曾造訪雙橡園。第二次世界大戰期間，蔣夫人訪美至華府，也是宿於此處。

後因我與美國外交關係生變，一九七八年底，我國政府將雙橡園產權轉讓給美國的一個非營利組織。一九七九年四月，美國制定《台灣關係法》後，我方對雙橡園的原有產權也獲得保護，政府於一九八二年購回。這期間雙橡園因疏於照顧，險些淪為廢墟，後經錢復代表整建修復後恢復昔日光華；一九八六年，雙橡園更正式被美國內政部冊列為國家古蹟。

華府的中華民國國慶酒會

一九九六年十月九日晚間，我與曉鈴主持了赴任後的第一次中華民國國慶酒會，那時是在一家旅館，不能在雙橡園。數千位嘉賓盛裝赴會，可謂冠蓋雲集。美中不足的是因為「潛規則」的限制，酒會上看不到任何一位現職美國高階官員（官員另外辦一場不公開的），這的確是我國對美國的外交困境。我雖不意外但感觸良深：唯有繼續努力推展和美國的實質關係，才對得起自己的國家。

此外，我第一次參加國慶酒會的時候，因為沒有經驗，所以提前兩個小時到場探視。結果發現參加賓客排隊很長，從會場大門一直排到路上，可能有近千人。十月的華府有點寒冷，我眼見穿著大衣的年長老僑在寒風中排隊，實在於心不忍，當場要求即刻開始入場。同仁立刻阻止我，說他們排隊就是為了要跟大使伉儷握手祝賀國慶，若現在入場，他們就不能握手了。我說我與太太會走到每一間廳房，與大家握手，但我不要他們受寒。

古典優雅的雙橡園，見證過中華民國外交史的重要時刻，一般人卻鮮少有機會一窺堂奧之美。我想：雙「橡」園如果成為雙「向」園，將更有意義！我上任後，決定有效運用這歷史建築的空間，讓雙橡園變成「活動中心」。我經常邀約各社團負責人、僑胞，與美國參眾議員等，來雙橡園參加各式各樣的活動，一段時日下來，雙橡園如我所願，漸漸達到「雙向」的功效。

台灣藝術表演與琉璃工藝贏得讚譽

為了增加雙橡園的活動機能，我在園內的一個草坡角落，順著地勢以原木搭築一座舞台，一旦國內有舞蹈團、國劇團前來表演，或當地中文學校辦活動，舞台就能派上用場。我還找來原本不屬於華府的周邊資源，例如國內的「明華園歌仔戲團」、「朱宗慶打擊樂團」和我的好朋友知名歌手蔡琴到此地演出，在重要的節慶日畫龍點睛。藝術文化的活動向來吸引人，無論美國民眾或我國僑民都反應熱烈。

曾任香港光華新聞文化中心主任的傑出媒體人江素惠，曾應我之邀來參加過年期間雙橡園舉辦的蔡琴演唱會，多年後她始終念念不忘，還說：「辦得有聲有色，是我度過最美好的農曆年。」

「國慶酒會」是我在華府擔任駐美代表時每年最盛大的活動，我覺得這其實是展示台灣文創的最佳時機。於是曾厚著臉皮向「琉璃工房」的張毅導演和楊惠姍開口，請他們赴美展覽，他們二話不說爽快地答應免費贊助，後來連令人頭痛的運費問題，也承華航優待協助，順利成行。

當年展出的琉璃工藝，精緻典雅、充滿禪意，眾人讚嘆不已，大獲成功，十足為台灣爭光。後來琉璃工房還借一些精品給駐美代表處來布置雙橡園，吸引了美國參眾議員及各界人士絡繹不絕前來參觀，為駐美代表處增添文化的光環。

我離美前，雙橡園還舉辦了一次盛大的中華文化推展慈善演出活動，邀請了史密森尼學會（Smithsonian Institution）的會員及許多貴賓蒞臨雙橡園。那天從早上十點到下午五點，眾多憑票入場、仰慕中華文化的來賓，在戶外舞台欣賞國劇、民族舞蹈演出，到了室內又有書法、中華古代服飾展可細觀，甚至還有中華美食可品嚐，被稱為是一次成功而豐富的藝術饗宴。

還有人將此次活動說成是我返國前的「臨去秋波」；其實我的雙眼，並無魅力，還有點近視！

6 人在公門好修行

我記得在擔任駐美代表時，有一天下大雪，上班時我在車上看到三位老先生在領務組服務中心門口默默等候。我們是上午八點上班，但按規定是八點半才開門收件。我進辦公室後，看到承辦同仁都已經到了，而且坐在有暖氣的室內好整以暇，我就去問承辦同仁：「既然已經到辦公室，可否開門讓外面的老先生進來？天寒地凍，不要讓他們在雪地中站著等，請他們進來喝杯熱茶或咖啡，看看我們出版的宣傳刊物吧！」

承辦人員面無表情地說：「我只是依例行事。」

我上樓後，請主管業務的組長來面談，問他同仁都已經到了，為何不能提早開放接待民眾？組長表示：「欸，以前沒有想到。不過這些同仁是海外當地找的約聘人員，在這邊工作十幾年，因為無法升遷、心情很壞，不要煩他們比較好。」

「他們升不上去就心情壞，那你請他們另外找一個會升遷的工作，不要待在我們這裡好了！」我說。從第二天開始，接待室準時八點開門，請辦手續的人入座，我也告訴組長：「如果還不能做好，我要麻煩你親自坐鎮服務中心，落實我的要求。」

「為民眾思考」的便民做法

無獨有偶，類似的事情也發生在洛杉磯領務組服務中心。有一位僑民想要辦理護照延期，打電話詢問服務中心下班時間，工作人員回答是下午五點三十分。僑民因此開了兩小時車程於五點十五分抵達，誰知五點就停止收件了，他相當錯愕：為什麼承辦人員不在電話裡說清楚，讓他白跑一趟？當然領務組會說：「你又沒問收件時間，你只問下班時間。」結果這位僑民還是寫信到華府，向我抱怨。

其實，我認為當時同仁如果不能及時辦理，也應該收下資料，辦好後再郵寄回去，別讓老遠開車來的人多跑一趟，這樣應該不會困難，也更便民。後來在我要求之下，全美各處都採取了「為民眾思考」的便民做法。

我常覺得，人在公門好修行，在公家單位做事，尤其在第一線面對民眾時，就應該要替像那幾位站在雪地裡的老先生設身處地想一想，讓他們來辦事可以高興地開始、舒服地等待、滿意地離開，這難道不是我們該做的嗎？這樣我們有什麼損失呢？人入公門好修行，就是要為人設想、與人方便呀。

同仁們習以為常的奉獻

我駐美時，常常在雙橡園舉行宴會，每當重要公文送達，我一定馬上離席批公文或修改會談紀錄稿，改好了之後簽名，再回去宴會招呼來賓，如此我的同仁就不用等到宴會結束再作業，可以提早回家。

而我們與美方會談，通常在下午進行，時間至少一個鐘頭。根據往例，有一位同事負責逐字記錄會談內容，掌握時效當天立即回報外交部，通常從下午四、五點要一路忙到晚上十一、二點才能下班。我的同仁劉志攻組長（後曾出任駐英代表）建議會談時再增加一人記錄，兩人分工合作可以提高效率，節省一半的時間，也能早點收工，我覺得很有道理，欣然採納建議。

國會組的同仁，也是同樣辛苦。他們上午在辦公室、下午跑美國參眾議員辦公室，與議員助理們「博暖」。等到人家下班，他們也會回辦公室一邊吃三明治，一邊趕寫今日工作情形報部，寫完了要到處找組長、副代表及我簽核，此時已經晚上十到十一點，我也許還在應酬，也許剛回到家，批改電稿後，由代表處電務組（仍在加班中）再報呈台北。

我國的外交官極為優秀，在惡劣的環境中全力以赴，真的讓人佩服感動。我到華府赴任以後，眼見他們習以為常的犧牲與奉獻，就要求把公文依重要性分為急件與普通件。急件電報才要趕辦，但一定要在晚上六點前（我大概還在辦公室時）送給代表簽核，電報到台北時間正好外交部上班，不耽誤時效；同仁也盡量在晚上七點下班回家，享受天倫之樂。

7 談笑風生結善緣

儘管華府行政部門對美台互動設下許多所謂的「潛規則」，但也留下一些不可能限制的空間，尤其是行政部門不可能限制我國駐美同仁與國會間的互動；也因此，參眾兩院自然成為我們活動的重點。尤其是俗話說「見面三分情」，人與人之間有見面的機會，就可實質為美台關係加分。所以只要可能，我就保持平均每天至少拜訪兩位國會議員的原則，以廣結善緣。有人描述我這是「高密度、多層次的推展對美國會外交」。

其實我赴美前已經有參選國大代表的經驗。我確實是把選舉經驗帶到外交工作上：外交，也就是敲每一扇可以敲的門、握每一雙可以握的手。

每一次拜會當然要力求良好互動，賓主盡歡。記得有一位議員，因為在議場公忙，臨時讓我等了很久。陪同我的同仁就向我抱歉，說安排失當，讓胡大使枯候。我告訴他，真的沒關係，議員若因遲到而讓我等愈久，將來就會心存歉意而對台灣更好，那我就快樂地等下去！

十九朵玫瑰彌補遲到的「罪過」

無獨有偶，還有一次我拜會參議院共和黨黨鞭唐．尼科爾斯（Don Nickles），他比約定的時間晚了十分鐘才出現，急忙對我致歉解釋：「因為新婚的兒子正好從蜜月地點來電，所以我非接不可。」

我打趣問：「度蜜月的兒子打電話給你幹嘛？難道你該教他的，事先沒講好嗎？」尼科爾斯聞言大笑，並熱情的與我擁抱，我們之間的距離立刻拉近。

有時無意中得來的情報，不費功夫，卻常能派上用場。前外交部長程建人曾告訴我，他任職駐美副代表時，夫人何友蘭曾以科班出身的設計專業，精心為聯邦參議院民主黨領袖戴修（Thomas Andrew Daschle）的夫人縫製新娘禮服，大獲好評，新人也充滿喜悅和感激。

我在拜會戴修時，一見面就告訴他：「我還沒有機會見到您的夫人，不過我能想像當年她穿著那襲新娘禮服有多麼漂亮！」戴修眨了眨眼笑道：「你一定是程建人的好朋友，難怪他會告訴你這個故事。」

接下來我們的談話輕鬆愉快，程夫人的用心很明顯「加持」到我身上，讓我此次拜訪收穫滿載而歸。

我上任之初曾前往拜會一位聯邦參議員，參議員向我道歉當日會面的時間太短暫，因為那天正逢他的結婚紀念日，必須趕赴餐館和太太一同進餐。我打聽到這是參議員結婚十九週年，便交代同事盡速送上十九朵玫瑰花到餐館，並附卡片寫著：「承你好意與我會面，你可能因為與我會談而來不及為尊夫人買花，請容我以這十九朵玫瑰在今晚為賢伉儷祝賀！」

參議員接獲後感動萬分，打電話向我道謝，並表示玫瑰花果真大大發揮作用，彌補了他遲到的「罪過」。其後在我任內，參議員夫婦每年都會在結婚紀念日收到我的一束玫瑰花，而且每年增加一朵。後來這位參議員在成為州長之時，訪台正逢九二一大地震，還特別提起這段往事，向我致意。

第一流的推銷員

我就這樣一路交朋友，在我卸下駐美代表職務返國接任外長之前，美國阿拉斯加州參議員穆考斯基（Frank Hughes Murkowski）發動參議院通過一項決議案，肯定並推崇我在任內的表現。稍後在一九九七年九月二十日，包括美國國會參眾兩院兩黨領袖在內的多位參眾議員，於國會圓頂大廈的詹森總統廳為我舉辦歡送酒會。

當天，與我時相往還的助理及美國友人逾四百人，難得的齊聚一堂。會中，參議院共和黨領袖洛特（Trent Lott）代表兩院議員送我一個紀念牌，穆考斯基更以參議院通過的該項決議案紀錄相贈於我。

與會的許多美籍友人和賓客誇獎我是國家第一流的推銷員。

當場我也致詞感謝：「我每次拜會參眾議員友人之後，常常承蒙諸位盛情稱讚我為一流推銷員！但是我一直相信，各位對我的肯定與支持，多半不是因為個人的因素，而是因為台灣兩千兩百萬善良人民的成就，它不是靠任何一個推銷員的行銷能力，而是由於產品本身好，所以經得起考驗。」說完之後，有位重要人士來與我握手，眨著眼說：「你又在推銷了！」

還有一則耳聞的國會議員評語，辜公亮文教基金會執行長辜懷群於多年前的夏天，一家人到美國黃石公園度假，在飛機上巧遇一位白髮蒼蒼的老紳士，對方問：「你們從哪裡來？」

「台灣！」辜懷群答。

「喔，我是一位國會議員，向來很支持你們！」老紳士很熱情地說。

辜懷群客氣地謝謝他的支持，兩人一路上就此聊開了。老紳士問：「台灣最近的外交官我都不太熟識，是不是因為政黨輪替，所以有了新的做法？」

「啊，我也不太清楚！」辜懷群有點被問倒了。

老紳士繼續說：「你們有一位外交官是我們非常稱道的人，他的外交藝術非常嫻熟，就是 Jason Hu。我很少看到這麼優秀的外交官，真是恭喜你們！……但是，現在他到哪裡去了呢？」

辜懷群和她先生屈指算了老半天，外交部駐美的「胡姓官員」應該就只有

「胡志強」，但她不很確定，就籠統回答：「現在也在台灣。」

老紳士真誠地說：「希望他能在外交舞台上繼續發光發熱，他來自妳的國家，你們應該感到很驕傲！」

辜懷群猜對方講的人是我，但沒把握，後來也一直沒機會告訴我。直到某一場合我們相遇，她才問我：「我在飛機上到一位美國的國會議員，他很稱讚Jason，你是那位 Jason 吧？」

我點頭稱是，她說：「喔，那麼那位好人就是你啦。」

這位美國國會議員的話讓我很感動，雖然我不知道他是哪一位。但是能得到肯定，一切的辛勞與付出，都值得了。

8 最美麗的蔣夫人

其實我在駐美代表任內，還被交付兩次任務，感到光榮與難忘，就是要代表政府與總統，在宋美齡女士壽誕之時，從華府飛往紐約，去向蔣夫人拜壽。我第一次去的時候，事前接到蔣夫人辦公室的電話，說我既與內人同往，可否請內人穿得亮麗一點，蔣夫人高齡，喜歡看多采多姿的服裝，內人自然從命。果然是日蔣夫人心情極好，見面就說：「你們來看我，我好高興！你看胡夫人這麼漂亮，這個世界如果沒有女人怎麼辦！」

我可能看她高興，自己也高興！就說：「夫人您最美麗，而且我們能來為您賀壽，我們比您還高興！」我如此回應，以一個面對巨人的小輩而言，不知是否失了分寸。蔣夫人笑著回應：「如果你真的比我高興，那你何不每天都來看我！」

我愣了一下，一位一百零二歲的人瑞，如此迅速而幽默地回應，讓我真的不知如何回應。她看出我的「笨拙」，沒等我回答，反而用手示意要我們用一下桌上的點心，嘴上說：「用一點，別客氣！」

第二年給她拜壽，正好碰上國內來團賀壽，團長是沈資政昌煥，團員有辜媽媽嚴倬雲等人。蔣夫人還為我介紹沈資政，這是我第一次聽到有人稱呼我們眼中的外交大老為「This Young Man」！

第四章

外交部時期——接軌世界，面向全球

1 我是胡志強，今天來報到！

一九九七年，我在駐美代表任內，回國到世貿中心出席國民黨之全會，行政院蕭萬長院長把我找到一個小房間，告知想請我當外交部長。我很驚訝地回道：「報告院長，據我了解，不是這樣的安排吧！」因為李總統日前召見我，曾親口告訴我，這回內閣改組將換外交部長，但我仍需繼續留在美國，我當然表示接受，而且以為這件事幾乎已成定局。

我確實願意續留美國，因為我在美工作的時間不到兩年，感覺愈來愈順，很多事情還在努力當中。後來據傳原定外交部長人選在立院和民間出現不同聲音，連副總統與蕭院長一起去找李總統說明外界的反應，才有了新的決定，易人而出。

蕭院長臨時找我接外長，我表示很意外，他堅定地說：「現在就是這樣的安排！」

「報告院長，你可不可以請比我資深的前輩，我在美國繼續打仗，他來當部長領導我？」我問。

「現在已經沒有辦法了！」蕭院長的意思是，我可以說是在最後關頭同時被府院接受的人選，現在已經沒有別的決定：「只有麻煩你來幫我的忙。」

「黑馬中的黑馬」讓媒體跌破眼鏡

在這一波曲折的人事變動中，我被比喻為「黑馬中的黑馬」，跌破政壇和媒體的眼鏡。媒體記者指出：「胡志強在毫無任何外交官資歷的情況下，出任駐美代表要職，又在蕭萬長組內閣之時，再獲擢升，膺任外交部長。胡志強總是獲得重用，這已非運氣所能解釋，一語道破就是讓老闆感覺『有你，真好』的管理上司哲學。」

「有你，真好」的確是我的一種理念，希望大家都能把這句話放在心中，說在口中，讓這個世界更溫暖、更有人情味。但是說實話，我怎麼可能有「管理上司」的本事？更沒有這樣的動機。

我一向做事的原則是：認真工作，而且力求成功。不過，我還希望自己付出的結果，要給別人「不一樣」或「進步」的感覺。如果感覺都一樣，又何必要我來做？更重要的是，只要能成功，我從不與人計較功勞。與人計較功勞，只會破壞團隊精神。讓基層同仁的積極付出不被忽視，把所有功勞歸於同仁，是我的「官場哲學」。

一九九七年十月二十日，我正式上任外交部長，這是我當天的致詞摘要：

「對一位三十年前以第一志願考進政大外交系的人來說，今天接任外交部長將是我一生中最光榮的時刻。我迎著晨曦，驅車由中正機場到台北途中，看到路上許多上班、上學、買菜的人們，心中有股衝動，想停下車，跟大家說：『我是胡志強，今天來報到！』

在本人確定接任外交部長後，美國的朋友都以同情的眼光來恭喜我。一位朋友說本人接新聞局長是做了台灣最難做的官，而駐美代表一職是在美國最難做的官，現在台灣的外交部長又是全世界最難做的官，因此表面上雖然恭喜我，但也對本人即將面臨的艱鉅挑戰表示同情。不過，本人強調，雖然外交環境不易，但本人一定全力以赴。

關於外界關注務實外交與兩岸關係孰輕孰重的問題，這種說法好像兩者可以分割開來比較，事實上，在實務層面上兩者完全無法分開來談，在運作上更要考慮兩者牽扯的複雜關係。在這樣的狀況下，討論哪個位階高、哪個位階低，對外交部同仁眼前的工作似無幫助。事實上，務實外交與兩岸關係同等重要，我們應盡力尋求務實外交和兩岸關係的平衡點。

我也想強調，我們推動外交工作絕不能自我設限，我們當然要走出去，做該做的事，為所當為。面對中共打壓台灣，本人認為，『以戰止戰』的重點在最後『止戰』兩字，也就是不要再打了，不要造成對立，目前我們為了兩千兩百萬同胞的生存與發展，不可能脫離國際！我寧可相信，中共打壓台灣是出於不必要的誤會。中共該思考，有時候連接待我國高層前往訪問的國家都說，與我國進行高層互訪，不會影響其所謂『一個中國』政策，但中共硬要說我國拓展國際空間的作為是製造『兩個中國』、『一中一台』，是助長分裂的活動，造成中共自己也麻煩，真有必要嗎？

我是溝通的信徒，未來應加強對中共的說明與溝通，不能因為中共不信、不愛聽，我們就不講！我也支持有人主張兩岸外交休兵，但前提應該是先溝通，溝通過後中共不再打壓才是真正的『外交休兵』。對於未來高層首長出訪，我必須聲明，辦外交不可能不出門，中共要習慣台灣一定要走出去。至於邦交國的數目也非常重要，唯設定一安全係數是不實際的作為，因為目前台灣邦交國數目太低，尚非安全範圍，應該要再多一點，也就是說，台灣應有更寬廣的國際空間。」

這些都是我的心裡話，也是工作的心得。而今接任外長，對一個外交系的畢業生來說，有如夢想成真，接下來，我要做的就是一步一腳印，築夢踏實！

2 新官上任三把火？

我小時候看電影，看到在正式的社交場合上，席間杯觥交錯，女士們衣著豔麗，男士們穿著瀟灑的燕尾服，一邊喝著雞尾酒，一邊談笑風生，心生嚮往。那時我讀中學，自然沒有嚮往喝酒，當時最大的願望就是想嚐嚐可樂的味道。如果當外交官就可以喝到可樂，那我長大後一定要成為外交官。之後竟夢想成真，考到第一志願政大外交系，也成了真正的外交官，當然也喝到了可樂。

接掌外長，雖不在我的生涯規劃之中，但從我教書，出任新聞局長、駐美代表到外交部長，一路走來，我覺得我做人做事的一貫原則，並沒有太大的改變。我總是覺得，我還是原來的我。主要的依傍還是幾個基本信念，而這些都和我的成長、待人處事、求學念書有關。因此，與其說是一貫原則，不如說是「生也平凡，長有堅持」！

四大原則：認真、誠意、接納別人、正能量

首先就是「認真」（do my best）。我小時候在父親嚴格的軍事管教下成長，凡事只能滴水不漏、全力以赴。因為我知道，做不好罰得凶，做到好就可能罰得少。後來我用跑選舉的心辦外交，也是如此。我不會怠惰敷衍，要做，凡事都認真做，好像已經成了自己的個性。

其次，要有「誠意」；但它的前提是必須「誠實」。我當新聞局的發言人，從來沒騙過人；當了部長，還是不說謊，大不了不講。但若要讓人感受到你的誠心和誠實，需先無私或去私，不能老是為自己的利益著想。有了以上的前提和基礎後，我對於該做的事，就能義無反顧、沒有包袱的執行。我本來的自我要求是「利他」，但是友人提醒，格局若要大，就要「利眾」，把自己的責任看成是一棵大樹，甚至是一大片森林。

第三，我的努力方向是要能「接納別人」。我在幾個服務的單位設置信箱，就是希望和同仁及外界多溝通。什麼事情我都很願意聽，聽完了，如果你說錯了，我會解釋給你聽，消除誤會，如果你提的意見有道理，我願意接納，馬上改過。

第四，我總是希望自己或自己的團隊，能代表「正能量」，也釋放出正能量。社會中的正能量愈多，大家就會更快樂、更幸福！

做任何事情，到任何單位服務，我都秉持這四大原則。

不放棄每一雙可以握的手

外交部是我國負責外交事務的最高主管機關，我在上任後提出了外交工作的四大原則：「以民主為號召、以民意為依歸、以合作為準則、以和平為宗旨。」

在中共步步進逼我國國際活動空間之際，我堅信必須人人站起來、個個走出去，不放棄每扇可以敲的門，更不放棄每一雙可以握的手！而我要拓展經營的，不只是與邦交國的關係，更包括非邦交國家；不只是政府對政府，也包括人民對人民。

如何落實呢？我在部務會報中告訴同仁：

「我認為推動外交工作要有『全球性戰略』觀念——有無邦交關係應有不同策略，不同地區需有不同做法，工作計畫應更有優先次序與近程、中程、長程目標。每一個館處也宜掌握雙邊關係的實際狀況，了解自己在不同階段的不同目標，並且隨時檢討目標是否達成。

而客觀環境一直在變化，現今是民主時代，務必重視民意與保僑、護僑工作。新的工作愈來愈多，有些傳統性欠缺實效的業務，例如出席典禮、社交應酬，不能只重形式，要力求實效，否則人力會不勝負荷。同時，在新環境中要啟發新觀念，積極思考增進雙邊關係的新做法，才會得到民意的肯定。

外館工作績效需每四個月評估一次、重視公文時效，駐外單位主管新舊任銜接之『空窗期』，不宜過長，不論有邦交或無邦交地區均以三日為原則。

此外，必須加強運用民間資源，例如積極聯繫與外交部業務有關的民間團體或公司行號，對熱心協助外交部業務的人士與團體宜適時表示感謝，特別是『禮賓司』及『地域司』尤其需重視民間資源。

另一方面，要注意新聞處理和保密，對外發言均由新聞司司長負責，其他司處長及同仁原則上皆不對外發言。」

嚴禁人事關說與送禮

而我到任何單位都會耳提面命：嚴禁人事關說。我認為人事必須透明化，升遷以工作表現為主要考量，在客觀公平的評鑑下，苦幹實幹的同仁必能出頭。我把之前部裡的「意見箱」改為「部長信箱」，移至五樓，由部長室開啟處理。如有人事意見，歡迎來函部長信箱說明，或自我推介，不必請託外人關說。爾後人事、總務、會計單位也應以「為同仁服務」為宗旨，不要被同仁視為「找麻煩」的單位。

任何單位都應該「求賢若渴」，也追求公平，努力的人要被肯定。我總覺得在任何一個單位裡，都有很想做事的人。而我最重要的任務就是讓這個單位活躍起來，讓同仁們感覺受到信任，如同我被長官信任一樣。

作為工作單位的負責人，有人很努力而我不知道，這是我的錯。我到任何單位都說得很清楚，不要關說，不必經營個人關係，更不要給長官送禮。曾在某個單位，我一到任就有部下來看我，送我手錶，一只勞力士滿天星。理由是：「身為一位首長，怎麼戴便宜的錶？」原來他嫌我的手錶太舊。

當時我並不知道是什麼東西，看過後覺得實在很為難。後來我請一位合適的同仁親自當面退回，並且致謝；我沒想到，不久他就辭職了。這是我這輩子第一次收到部下的禮物，後來還有一次有人送了個諸葛亮的木雕到我家，按鈴放下就跑了，只留下一張卡片，說他是外交部同事，覺得我像是國家的諸葛亮，所以買了送我。

要比逢迎、拍馬、送禮，我都比不過別人；而如果一個單位要靠這些用人，它也就沒有希望了。

我的信念是：如果我要謀一件事情，還要去求人的話，我就失敗了。像這樣的事，不謀也罷；像這樣的長官，不要也罷。我認為要靠逢迎、拍馬、送禮才會給你位置的長官，根本不值得追隨。一個工作要靠你去關說或送禮才得到的話，我不可能比別人更會送禮、更會關說。換句話說，有一天有一個比你還會送禮、還有關係的人出現後，你就什麼都沒有了。

我一再強調：「人生有時不是機會來不來的問題，更重要的是：機會來的時候，你準備好了沒有？」全力準備，是一輩子的付出，終歸自己努力最重要。

3 跑外交如跑選舉

務實外交，對台灣像生命一般重要、像呼吸一樣寶貴、像陽光一般自然。可是，它絕非憑空得來。

我國的國際處境困難，眾所周知，外交工作的艱辛超乎想像，即使邦交國，也常會因該國領導之變化，對我產生異見。面對此困境，我們必須透過出國訪問和接待訪賓，所謂「你來我往」，建立深厚的友誼，以維繫我國和友邦的外交關係。

以誠為本的「鐵人行程」

務實外交必須以「誠勤」為施行原則。誠，就是誠誠懇懇；勤，就是勤勤快快。我剛上任時，我國約有三十個邦交國，我想在最快的時間內訪問一遍，希望讓對方感受我們的極度重視和真誠關懷。以非洲地區為例，我曾數度分訪史瓦濟蘭、馬拉威、查德、甘比亞、賴比瑞亞、聖多美普林西比、塞內加爾及布吉納法索等非洲友邦。

我對出訪安排有嚴格的要求，希望行程緊湊而有效率，寧願節省休息時間，提前趕赴下一站。根據我的媒體好友陳鳳馨統計，我曾在兩年間去過非洲四次，最高紀錄有一天跑了九個行程，從早上的早餐會報到晚上宵夜。有一次返國後還得到菌血症，從生死邊緣搶救回來，她說我出訪堪稱「鐵人行程」，把跑外交當成跑選舉。

出訪務求使命必達，其中也有令人難忘的插曲。

井水與幽默交織的外交之旅

有一次出訪西非內陸的邦交國「布吉納法索」（以下簡稱「布國」）。一早我與布國水利部長共同主持我國贈送水井的開井儀式，由於布國位於撒哈拉沙漠南緣，起先大家很擔心荒漠中挖不出水來，誰知我輕輕按鈕，一股巨大水柱倏然從地底沖天而出，不但井口整個分裂，吊槓也被強大的水柱沖得彈開。旁邊的人及時閃躲，但我就站在井旁，無從迴避，當場被淋成落湯雞。

我穿著濕答答的西裝，神色自若上台致詞：「中國有句俗語『遇水則發』，相信現在這道水柱不但會為貴國帶來蓬勃的發展，也會讓今晚布國足球隊大大發威，贏得非洲盃足球資格賽。」頓時掌聲四起，化解了賓主的尷尬。

我追加一句：「其實我也很會踢足球，若貴國要徵召我，我真的樂意下場一搏，貴國一定獲勝，因為我是參加對方的足球隊。」全場大笑，歡聲雷動。

當晚布國與突尼西亞爭奪進入非洲盃足球四強之賽，布國果真在最後關鍵贏得勝利，「遇水則發」的好兆頭帶來幸運，布國民眾也興奮熱情地擁抱我。這次我雖然被井水淋到感冒，但深感值得。

與巴拿馬總統涉水而行

另外一回，因中共揚言在一九九九年他們建政五十週年的十月一日以前，要

「拿下」我中美洲兩個重要友邦，其中一國就是巴拿馬（以下簡稱「巴國」）。為鞏固邦誼，我趕緊出訪巴國。

巴國的女總統莫絲柯索（Mireya Moscoso）非常重視農業發展，並計畫在五年內成立三千個合作農場，以改善基層農民的生活。由於我抵達時正逢巴國第一個示範合作農場啟用，莫絲柯索總統想分享她的喜悅，邀我一同參觀農場，並親自擔任我的嚮導。我欣然答應，馬上更改既訂的行程。

當天巴國三十多位重要官員，分乘數架直升機抵達卡帕拉農莊。回程由於天候不佳、風雨交加，直升機不能再飛。可是貫穿農莊的河道水流高漲，巴方只好為我們備妥馬匹渡河返回首都。但我看只有兩匹馬，為總統及我準備，其他部長都需步行，我怎能獨乘馬匹？當下二話不說一腳踏入泥濘中，走在滿是青苔的河床上。巴國總統見狀也立刻棄馬走路，與我攜手涉水而行。這趟訪視我們邊走邊聊，整個行程花了五個小時，熱絡的氣氛和互動早已超越一般官式的往來。兩國邦交危機的傳言，也雲消霧散！

超越外交：友好的無形連結

我每次出訪，因為關切邦交關係的冷暖，都會希望對方外長能來接機。人同此心，心同此理，所以便決定若是友邦外長來訪，我也要親自赴機場接送，而他們抵華的時間常常是清晨五、六點。在外賓密集訪華期間，我曾在一天往返機場三次，並在機場利用等飛機的空檔看公文。

每逢重要外賓來華前，禮賓司循例由司長向我面報整個接待流程與節目安排，我會一一核對細節，也仔細考慮宴會的菜單。我非常尊重外賓的飲食習慣，但也不希望菜色過多形成浪費。為幫助稻農朋友，我要求所有外交部宴會菜單中，一定要加上炒飯等米食。節目中如果安排外賓赴中南部，我會盡量親自陪同，必要時還會在職務對等的原則下，設法說服總統或行政院長一起南下，讓外賓覺得有面子。

此外，為了拉近與外賓的距離，除了正式宴會，我往往也會另外安排不穿西裝、不打領帶的餐會。這種場合，往往讓外賓有如釋重負的輕鬆自在。

例如巴拉圭總統龔薩雷斯（Luis González Macchi）訪華時，我知道他喜歡唱歌，就一連兩個晚上為他準備那卡西樂隊，陪著他們開心地又唱又跳，時至午夜。

薩爾瓦多（以下簡稱「薩國」）新任總統佛洛瑞斯（Francisco Flores Pérez）及夫人來訪時，我也請禮賓司在日月潭安排了一場卡拉ＯＫ之夜。夜深了，禮賓官上前提醒薩國總統是否回房休息，總統竟「懇求」再延三十分鐘，才盡興而返。

還記得巴拿馬外長里特（Jorge Eduardo Ritter）來訪時，在一個非正式餐敘中，大家酒酣耳熱之際，他突然問我：「你比較討厭禮賓官還是記者？」他的意思是在各種行程中，我們一直被禮賓官控制，而記者又老是問問題。

「當然比較討厭禮賓官！」我說。

里特笑問：「但如果要除掉禮賓官與記者，你會先幹掉哪一個？」

「我會先幹掉記者，因為這樣就不會有人報導我把禮賓司長幹掉了！」我如此回答，巴國外長開懷大笑。

賴比瑞亞外長開普頓（Monie Captan）訪華，我知道他喜歡抽雪茄，就利用一個假日上午親自陪他去選購雪茄。那家店有一扇面向人行道的落地窗，我破例陪著他坐在窗前，邊飲白蘭地，邊抽雪茄。孰料來往的行人認出我之後都主動打招呼，我當時擔任董氏基金會義工，這下子想藏酒或藏雪茄都很尷尬，只好面不改色繼續陪著，以免掃了客人的興致。

對駐華使節和代表，我也常會留意他們的近況和感受。九二一大地震當天，我指派了禮賓司同仁到使館專用區逐戶探視與問候，後來在林口舉行的「九二一大地震全國追悼大會」，我也與駐華使節及代表同乘遊覽車往返，希望他們都能感受我們的重視。

在我任內，中南美洲及加勒比海計有十四個國家與我維持邦交關係，是我邦交國最多地區，與我雙邊關係均呈穩定友好，各友邦在國際場合對我支持甚力。

默默奉獻的外交同袍

不過，我也經歷過充滿無力感的接待經驗。一手主導東加王國與中共建交的東加大公主最後一次訪華，雖經我與她數度懇談，也在台北賓館安排了一場卡拉ＯＫ餐會，但最後東加還是沒能抗拒中共的誘惑，承認了中共，還告訴我：「你晚了五年。」外交陣線上的同仁，都清楚保衛國家外交利益之間的折衝，多麼不易。

有一陣子我們常常收到外館資訊，獲知中共不斷派人到我們邦交國「挖牆腳」，讓我們不堪其擾。次長歐鴻鍊兄跟我說：「最佳的防禦，就是攻擊。」他有許多老關係，如果讓他以不公開的方式，到中共的邦交國會老友、喝咖啡，一定會讓中共緊張，就不容易有餘力亂跑我們的邦交國了。他就真的這樣不辭辛苦跑了很多次拉丁美洲。後來有一次，他在羅馬尼亞出任務，我又請他繞道中美洲貝里斯再返國，不料他實在是太勞累了，返國路經美國時因猛爆性肝炎生病住院，醫師不肯放他再飛行。

後來，他終於可以返國了。他萬里奔波、日日辛勞，都是為了國家，以致健康受影響。雖然沒人知道和感激，但至少我應該親往機場接機，表達我的心意。當時，接機者還有鴻鍊兄的家人，機門打開，鴻鍊兄剛對我說了聲「部長好」，那年才六、七歲的歐家小兒子一見到父親，立刻衝上前去，鴻鍊兄雙手將兒子緊緊抱起，熱淚盈眶。我對他那種「恍如隔世」的不捨，真正感同身受。

外交部的同事們，就是如此任勞任怨，一次又一次完成不可能的任務。兩年多來，同仁形容我因操勞國事，日漸「諸髮皆空」，如今想來，那美好的仗我已打過，真是無比榮幸與驕傲。

4 愛心外交無國界

一九九八年，我國的中美洲友邦受颶風米契肆虐，災情慘重，外交部在國內發起對邦交國的賑災活動。南部一位市民響應號召，捐贈五千美元到外交部。他打電話到外交部，但是電話卻轉來轉去，最後接電話的人以「外交部沒有收受此種捐款的帳戶」為由婉拒了。我在了解設立帳戶並非不可能時，立刻指示同仁在一日內辦妥捐款帳戶。

我在會議中直言：「凡事稍動腦筋，就能找到出路。」民眾熱心支持我們，我們卻不能順利接納，反而澆他們冷水，這樣好嗎？民間就算是送來一頭豬、一盒蛋糕，我們都要設法將它拍賣換成現金，援助友邦。就算民眾只捐一隻母雞，我們都要感謝他！

從人道援助到義診行動

有回主祕楊進添學長告訴我「明道文教基金會」多年來在甘比亞等非洲國家從事人道援助工作，我深受感動，立即指示國際組織司有計畫的統合民間團體參與對外人道援助，並提出「全民外交」、「民本外交」及「愛心外交」等工作方向。讓民間慈善團體在政府的配合下，發揮更大力量。

一九九九年二月間，我國與馬其頓建交，未幾鄰國科索沃發生戰爭，難民紛紛湧入馬其頓。為了對新邦交國表達「人溺己溺」的誠意，外交部決定，與其捐輸物資，不如派遣醫療團馳援。

事實上，海外義診是民間組織「台灣路竹會」會長劉啟群醫師發想的點子。一九九五年成立的路竹會，每月定期號召醫護人員、志工在台灣偏遠山區的原住民部落義診。劉醫師本想在第一時間組團到馬其頓的難民營行醫，但因是首次海外義診且缺乏聯絡管道，洽詢外交部之後，雙方決議攜手合作，我當然樂觀其成。

四月中旬，就在外交部籌組義診團之際，我致電國防部唐飛部長請求他大力襄助，後來等於向軍方買了一個「野戰醫院」。我們籌組包括醫護人員、民間慈善公益團體代表等共計九十一人的「馬其頓境內難民救援團」，攜帶野戰醫院器材裝備、藥品、帳篷、毛毯、睡袋等計約十五噸重的物資，包租專機由次長李大維率隊前往馬國，「整軍」成行前後不到九十六小時。

「Love from Taiwan」的力量

然而專機正要起飛前，外交部竟接獲專機的馬其頓降落權被取消的通知。由於首都機場由北約管理，而北約當局認為我方專機的優先權不及北約各團軍機，因此臨時取消我專機的降落權。這時整裝待飛的成員面臨進退失據的困境，如果放棄不飛，所有人員物資齊備，箭已在弦上；若勉強飛，風險不小。這時我決定依照原訂計畫進行，讓專機先飛了再說，剩下的難題交給我負責。我還請人做了一幅寫有「Love from Taiwan」的紅色橫條，囑咐同仁在適當時機展示出來。

其間我連續打了十個小時國際電話，尋求各方協助，終於解決難題。專機在中東停留一晚後，得到飛往馬其頓的許可，順利安抵，並在馬其頓搭建野戰醫院，進行義診。

當時聯合國、以色列等組織與國家的醫院都派人進駐，他們每天開溝通協調會，因我國在外交上被孤立，一開始並不歡迎我們團隊加入。但我們的醫療隊人才設備齊全，連牙科、婦產科都包含在內，可以處理各種疑難雜症，到後來，他們還是非常歡迎我方代表出席。

此為我國政府首次派遣醫療團赴國外從事義診服務，美國CNN新聞網曾多次報導，亦有媒體形容我國為「愛心輸出國家」。這一次的「醫療外交」，在各界人士的努力下，為台灣掙得一張漂亮的成績單。連日本外長赴難民營探視的時候，都被誤認是台灣的外長。這使得捐款超過我國數倍的日本外務省官員，到處打聽中華民國的外交部到底是如何辦到的？

愛心和善意是流動的，當我們不求回報、對他人付出之時，最後受益的可能是我們自己。

九二一：共八十三國的關切與慰問

一九九九年九月二十一日台灣發生大地震，震驚全球。世界各國迅速派遣搜救人員來台，並提供技術和財務援助，其中最早抵台的是美國、日本及新加坡團隊。當天，俄羅斯救難隊計畫從莫斯科經蒙古飛越中共領空赴台救援，卻遭中共阻撓，拒絕提供俄方申請的航道，迫使搜救隊飛機輾轉到西伯利亞加油，因繞道日本而晚了十二個小時抵台，延誤救災的黃金時機。

在台灣發生大地震期間，中共除了刻意阻撓國際救難隊和救援物資飛抵台灣，還透過聯合國等國際組織發言打壓我國，影響國際救援隊伍來台，居然還代表我國向各援助國致謝，令人難以接受。

當時外交部新聞司擔任聯絡窗口，且臨危受命在最快時間推出一部短片，發動全國捐獻，希望大家共體時艱。短片旁白本來規劃由同仁錄音，但他們「建議」由部長親自上陣，說我的聲音辨識度高，迴響將更大。我責無旁貸，半夜十二點多到錄音室錄音，直到兩點多完成，結果二十四小時後影片就出來了。勸募短片播出之後，效果甚佳。據聞我的同仁跟朋友說：「如果是一般長官，誰敢如此建議？」

愛心不分國界，外交部統計，有八十三國政府透過各種管道，向我們政府及人民表達關切與慰問，更有二十國、三十八個國外緊急搜救隊（含兩個醫療團隊）加入援助。日本紅十字會捐助新台幣十二億元，占國外捐款六成。其他如以色列、約旦、瑞典、馬來西亞、土耳其、西班牙、墨西哥等國，也都捐助不少物資。

這段非常時期，為了全力救災，外交部人手不足，只有請還在外交官訓練所受訓學員到災區陪同國外救難隊救災，在現場擔任翻譯。我想，年輕的女學員，陪著受難者家屬認屍，恐怕晚上連睡都睡不好，但她們都沒有訴苦。當下全國民眾手牽手、心連心，只期待早日度過難關的氣氛，真是令人難忘。

5 叫我帶動唱老師?!

前外交部次長吳子丹曾形容我是外交部的「帶動唱老師」，這個說法很富創意。事實上，我到任何單位任職，尤其是公家機構，的確希望能「帶動」一些觀念和風氣，好提高同仁的工作效能，讓服務品質加分。

早期，外界咸認外交部是公家機關中比較「注重層級」的單位。我到外交部後，發現只要部長、次長公出回來，警衛會按鈕通知，然後祕書便早早等在電梯口迎接。我之前在新聞局服務時，局長有一扇專用門可自行出入，既方便又不會干擾他人。我深深以為外交部沒有必要讓同仁放下手上的工作來「迎接長官」，就明令取消這條內規。

我也定期與各單位主管見面，業務上可以當面解決的問題，馬上解決。我更督促人事單位舉行外交部有史以來首度的巡迴座談，提供「走動式服務」，每週定期與部內一至兩個單位同仁舉行人事諮商午餐座談，解答疑問並接受革新建言。這個座談增加了同仁間互相了解與溝通的機會，反應熱烈。之後有二十多名同仁連署，要求會計、總務、檔案資料室也能依照辦理。一位外交部同仁表示：

「在這之前，這種事不可能發生！」

部會協作新局：從高層開始

我擔任外長後的工作重點之一，就是加強與民間援外機構的聯絡。在一次座談會中，許多民間團體負責人抱怨他們過去在和外交部打交道時，經常不知該與哪一個司處申辦，有時被甲單位推到乙單位，完全不符合「單一窗口」的概念。我當場裁示，日後「國際組織司」就是外交部對民間團體的單一窗口，不能推給其他單位，也不能將民間團體的要求再推給另一個部會。我強調：「單一窗口就是單一窗口，你們可沒見過會移動的窗口吧！」

以往，政府各駐外單位常覺得外交部老是「高高在上」、有「本位主義」，以致在執行任務時發生不少協調、整合的困難。我－不－逃－避這個問題！

我認為改善部會協調的關鍵，不在規定，而在「觀念」和「心理」，因為如果觀念沒有調整過來，再怎麼規定都沒有用。而且，關鍵不在基層，在高層。因為高層掌握了基層人員的考績、升遷，高層的觀念不改，下面的人無法動彈。所以，推動業務時，我也從各個方向使力，盡量先和各部會高層溝通，達成共識後，從上而下的全面配合，效果顯著。

我還認為所謂的整合，重點應在國內，而不是在海外。如果國內各部會、各單位能互相尊重、好好配合，國外館處的團結力量就會強大。

有一回，經濟部參加在非洲史瓦濟蘭舉行的「中史經濟合作會」，經濟部長王志剛本來很忙而不想去，由於我千拜託萬拜託而成行。或許因為沒有前例或疏忽，王部長出發時，外交部沒人去送機，為此我耿耿於懷。為了讓經濟部了解我真的很感激他們的幫助，王部長返台時，我雖因腸炎住院，仍親自到桃園接機，以表達我的心意。此舉大概也破了「前例」，王部長大吃一驚，此後反而成為我的摯交。

勇於打破「潛規則」

過去外交部有一條「潛規則」，駐外單位夫妻不可同館服務。有一位外交部駐美國西雅圖辦事處的女同仁因為小孩罹患重病，只好申請留職停薪，搬到多倫多去與丈夫居住（她先生派駐多倫多，也是部內同仁），以便照顧小孩。可是西雅圖的醫師以病情嚴重為由，堅持她的小孩不能出院。她先生懇請外交部同意自己調到西雅圖，以利夫婦一起照顧小孩；可是外交部的主管單位表示如此會違反外交部「夫妻不得同館」之例，而不表同意。

我把主管人員找來問：「他太太不是已經留職停薪、請長假了嗎？為什麼還說是違反『夫婦不得同館』的規定呢？」主管人員解釋說：「因為他太太的名字還留在館員名冊上，所以還算是夫妻同館。」

我說：「禁止夫妻同館本無法律依據，如今一個同仁的幼兒面臨如此不幸的狀況，我們還要從嚴解釋相關規定，豈不是一點同情心也沒有？」主管人員又辯道：「部長，如果開了例，以後就麻煩了。」

我說：「這種例子也會有人要求比照嗎？那麼我今天就決定，今後只要有同仁子女生了重病，需要夫婦一起照料，本部可以同意一律准予同館服務。」

我深信「家和萬事興」，同仁把家裡安頓好，無後顧之憂，才能在外好好做事。基於人性、人權和家庭的考慮，我在新聞局工作時已解除夫妻同館的限制，到了外交部，遂請人事部門公布：具外派資格的夫婦同仁，得調任編制五人以上同一駐外館、處服務。但書是不得在職務上有隸屬關係，也不得同時經辦會計及出納業務。

後來，我的堅持有了「福報」，這對同仁的小朋友病癒出院，一切甚好。

6 我只不過是株小草

我在外交部任職期間，有幾件事，基於職務考量，當時並沒有機會釐清，如今或許是說明的時機。

一九九九年二、三月間，南斯拉夫進軍位於巴爾幹半島的科索沃，進行「種族清洗」政策，導致大批阿爾巴尼亞裔難民湧入我新建邦交國馬其頓，造成馬其頓經濟發展停滯、社會不安，馬其頓政府亦緊急籲請國際社會予以協助。四月中旬，我國朝野籌組醫療團隊、民間慈善公益團體代表共赴馬其頓，協助處理科索沃難民困局。

我國有意金援科索沃地區的難民，以利巴爾幹半島早日恢復和平。我奉命在高層會議前，向立委說明本案，以求各方支持。立委問我要花多少錢？因為當時尚未經高層定案，而且相關單位答應送來的資料也未到手，實在沒把握確定最後的數字為何，只好說：「不清楚全案規模，但本案初期應該不會花太多錢，約在一千萬美元左右。」

其後在高層會議中，有某單位高層提議捐款給科索沃。科索沃與馬其頓相鄰，之前馬其頓總理訪華期間，我國與其簽署了多項協定，如果我方真要捐款，我認為捐給邦交國馬其頓較為適合，希望能藉此協助其安定國內經濟和社會秩序。況且科索沃正在打仗，沒有聯絡的管道，錢根本「捐不出去」。

當時國安會祕書長丁懋時支持我的提議。我們在會中決定「金援馬其頓」，李總統還指派我到美國向相關人士說明，爭取支持。

科索沃「金援三億美元」之議

而在我剛結束加勒比海的訪問，途經美國進行說明，兼程趕回台北，預備接待來訪的馬其頓總統時，不巧罹患嚴重腸胃炎，高燒不退，只好進醫院，每天打點滴，沒想到此時發生這一樁「金援科索沃」的爭議案。

就在六月七日，援助科索沃案引起許多人揣測，因為李總統宣示：「基於人道考量，我國將提供三億美元協助科索沃地區之重建工作。」

我雖然知道最早有人提過「三億」的數字，但當時已另作他議。所以當立委問我時，我確實不知道最後的金額是多少。後來引起社會很大爭議，認為外交部被「架空」，但我還是沒把事件真正的前因後果說出來，一方面因為事涉國家機密，另一方面也不願意造成政府不同部會相互爭吵卸責的狀況，對政府的整體形象不會有好處。就告訴自己：負責任的肩膀總比推責的肩膀要可貴得多，就扛下了責任，並且不再多做解釋。但新聞界多同情我，反而攻擊政府其他單位，無論我如何解釋，也未見效果。

由於此次捐款數額龐大，為歷來之最，引發了海內外各界的關注、重視及議論。

中共指稱，這項援助案是有意製造「兩個中國」或「一中一台」；聯合國負責難民事務部門表示，基於台灣不是聯合國會員國，因此這筆款項無法以「政府」名義捐贈；學界則質疑，科索沃流亡政府仍處於內鬥狀態，我方要援助哪個科索沃？援助物資又如何落實運用於援助難民？

也因為金援對象和數字與我原先的說法不同，媒體對我的「處境」多有揣測。對於三億美元所引起的種種爭議，我沒有辯解，扛起責任，力求迅速平息。但還是有許多人說我是因為「樹大招風」，才引發這個事件。我表示：「這不是樹大招風，時間一拉長，塵埃落定，大家就知道我只不過是株小草。」（那時沒有民眾黨！）

之後回顧，可能彼時我已失去李總統對我的信任。應該是高層會議後，有人對他進言，讓他改變了心意，最後才有「金援三億美元」之議。然而到後來，此案仍不了了之。

從李總統到卜睿哲的會談

另一件事，一九九九年七月九日，李總統接受《德國之聲》專訪時，提出「特殊國與國關係」，也就是所謂的「兩國論」，這是他對於海峽兩岸關係現狀的論述方案，當時被中方視為「走向台獨的第一步」。

美方對此表示詫異與震驚，基於「一個中國原則」，不支持此言論，但也同時表示兩岸的爭議應以和平解決，意圖降溫當時的緊張氣氛。華府並立即派遣特使卜睿哲（Richard Bush）來台做進一步了解。卜睿哲訪華的對口單位就是外交部，因此第一站先到外交部與我會面。經我安排之後，他再訪總統府。

曾有媒體記者出書，指稱當時我們接待卜睿哲之事並未向李總統報告，總統不知此事，而是我和蘇起自行決定會談內容——這並非事實。

事實是李總統指示國安會祕書長丁懋時，召集我和蘇起等人一起開會，決定我們的說辭及如何接待卜睿哲。當時，沈呂巡、蘇起、金溥聰、蘇志誠等同仁皆在場，也都應該知道詳情。沈呂巡時任外交部北美司長，擔任記錄，相信會議紀錄應該還在北美司。

多年後，蘇起在他所著的《美中對抗下的台灣選擇》（二〇二四年，天下文化出版）書中指出：「卜睿哲在總統府與李登輝長談。據在場人士說，李登輝特別重提『一個分治的中國』名詞，解釋他『特殊國與國關係』的新宣示並沒有脫離『一個分治的中國』，只是為了打破中共所設定的『一個中國原則』的框架。他特別向卜睿哲表示反對台灣獨立，反對所謂『台灣共和國』。」

卜睿哲晉見總統時，我在場，但我從未參加「兩國論」研究小組的工作。

國安密帳事件

另一件「國安密帳事件」（原案是「鞏固南非邦交案」，簡稱「鞏案」），早在我還沒當外交部長前發生。一九九四年，李總統答應挹注經費給南非曼德拉

（Nelson Mandela）的政黨，支持其「重建發展計畫」，而曼德拉似乎承諾不會與我國斷交。

因為立法院對「鞏案」並無編列相關預算，頗有質疑。而且當時這筆款項由國安局先行撥付，但事後我與南非斷交，既查不出曼德拉是否有所「承諾」，也尋不回「公道」。一九九八年，國安局要求外交部「還款」，並稱這是國安局替外交部墊付的錢。

我查不到任何相關依據。照理說，政府帳目每一年都會核銷。事隔多年之後，外交部並無「墊付」紀錄，要我如何還錢？叫我用什麼名目入帳？其間，總統辦公室主任蘇志誠一直「催促」我，有一天李總統在總統府走廊看到我，還跟我說：「部長，欠人的錢要還啊！」

我「拖」了很久，到了五月才以美金歸墊，國安局本來要求我把錢匯到香港的一個帳戶，我不以為然，若把錢匯到香港，外交部如何解釋？我鄭重交代外交部主計同仁必須開國庫支票，同時要到國安局開收據，確認此事無誤。

爾後「國安密帳事件」被媒體報導，法院開始調查，我那時候已是台中市長，被傳到法院作證。我一走進法庭，有人跟我打招呼，那是國安局出納組長劉冠軍，我們沒見過面，於是寒暄了一下，當場還被法官糾正：「你們別再講話，這不是菜市場。」司法威嚴，每個人在法庭上都矮了一截。不過，這段對話也活生生地證明了我與劉冠軍是素昧平生。

後來，特別偵查組認定李總統為協助「台灣綜合研究院」（以下簡稱「台綜院」）盡速籌得創院資金，於一九九八年與劉泰英及前國安局長殷宗文謀議，涉嫌侵占國安密帳「鞏案」歸墊的剩餘公款七百七十九萬多美元，挪供劉泰英支付台綜院購置院舍價金、裝置、人事等費用。二〇一四年，李總統於二審宣判無罪定讞；國安局長殷宗文因已病逝，台北地檢署檢察官處分不起訴。二〇一五年十一月，最高法院三審宣判，劉泰英依《貪汙治罪條例》之侵占公有財物罪判處有期徒刑三年，褫奪公權三年定讞。

經歷了這些事，我雖然曾感不平，但始終自覺一顆心自在清明，我所主張或建議的，都對得起我的良心、我的國家及這塊土地上的善良人民。

7「人道外交」可行嗎？

我在外長任內，分別和馬其頓和馬紹爾兩個國家建交。馬其頓共和國，是我國四十年來首度與歐洲國家建交之國。

其間，另有一個進行中的「潛在邦交國」。有一天，我在台北和這個國家的部長會面，交換意見。那時不流行「金援外交」，如果談互惠，只能在建交以後才談，當下的談判建交階段，我是絕不談互惠援助等條件的。

會面結束，對方回旅館考慮之後，第二天他來找我，表示當天下午或次日就可以簽約建交。我們當真簽了約，並開了記者會。國內新聞記者問我方對此建交國家有多少「援助」？這位外長表示「沒有談到這一點」。沒想到他一返國，居然公開宣稱我們雙方已談到互惠援助——其實他是為了拯救他的政治前途而發布「假消息」。我得知後，馬上嚴正否認。

後來這位外長所屬的黨派下台，建交之事也就不了了之、煙消雲散了。這究竟是成功或失敗的例子呢？還是對方別有用心而我們被利用呢？

不做「金援外交」或「凱子外交」

建交之事一般都是由外交部同仁（尤其是無邦交地區的代表處人員）先觀察政局走向，再伺機全力去溝通協調，這是甚為費時費力的長期布署，有機會的話，會安排次長去對方國家接觸，最後才有部長和總理級的面會，如果成功，就簽約建交。當然，有時也會有國家來主動接觸談建交，不過其程序也大致相同。

我的主要原則是：在建交前拒絕談數字，也不會做「金援外交」。外界提出「金援外交」或「凱子外交」的說法，可能忽略了一個國際現實——先進國家對發展中國家提供經濟援助是國際社會的常態，所以在談援外時，我們的思考方向應該是：所有中小型國家都希望接受援助。至於我國援外的原則，雖不限定對方是否與我國有邦交，但仍宜以建交國為主，只是不宜以援助作為建交條件。

我國的外交處境困難，大國通常與中共來往密切，世界一百九十個以上的中小型國家，我在任時與我有邦交的只有二十八個（二〇二四年只有十一個），與其說我們專挑中小型國家，不如說尚有許多中小型國家礙於「國際情勢」不能與我建交，這二十八個邦交國有勇氣與我們交朋友，我們也應盡力去援助。

一般是雙方完成建交後，我們請邦交國提出計畫，並讓大使館先行分析，且需國內相關處室研究，絕非任何人（包括外交部長）可以專斷獨行。我方評估後再根據計畫雙方進行合作，我們可以提供邦交國民生物資、基礎建設或技術人才等協助。以馬其頓為例，我建議他們派人來台灣的職技中心學習職技教育。我也向瓜地馬拉高層分析，其國家面積雖比台灣大了幾倍，但因交通不便，影響貨物運輸，因此交通建設一定要暢通，貨物才能自太平洋和大西洋運送全球，使物暢其流；我國可針對瓜地馬拉交通建設的計畫，進行重點支援。

這類「援外法案」，意即國際合作發展方案，全部透明且合理，並由立法院及全民來監督。

其實每年我們能提供的援外資金很有限，以西非法語系國家為例，法國對此地區每年約有一億美元的援助金額，我國每年的援助金額則不到五百萬美元。

聯合國要求ＯＥＣＤ國家的援外金額應占該國ＧＮＰ的〇．七％，雖然大部分的國家還達不到此標準，但也大都保持在〇．二％以上，我國不到〇．一％的比例與之尚有相當差距。我們的援外金額比例都比那些外交處境好的國家少，如何說我們是「凱子外交」呢？沒有錢，怎麼做凱子？

外交部不玩「數字遊戲」，重要的是要讓全世界都知道，與中華民國維持正式邦交會得到我國人民真正的友誼與合作，中南美洲友邦與馬其頓都是「櫥窗」，只要互動良好，自然會有許多國家願與我們建交，如果做不好，再多的外交預算也無法解決問題。

外交界的德蕾莎修女

至於中共的競爭，我們不希望讓人有「我方是敵意的、硬碰硬」的感覺。我來外交部之後就主張「外交溝通」，後來大家都說兩岸應該「外交休兵」，這是歐鴻鍊部長的倡議，成效甚好，我也很佩服。休兵很好，但若無大陸同意，也不可能推動。其實兩岸之間最重要的還是「對話、溝通與共識」，在外交與國防等兩方面，最為重要。

兩岸需要在外交上做溝通，而不是「零和」競爭的遊戲，這是我最大的希望，雖然中共一直在打壓，但不會影響我期盼溝通的誠意。

我曾殫精竭慮地思考：我們的處境如此艱苦，在外交上長期被孤立，是否必須衝出重圍，尋求特色來行銷中華民國？

我的主張是，一方面，盡量設法維持現況，與大陸展開對話與建立互信。我們要呼吸、要生存，就不能不發展對外關係。若無與外界的互動（尤其是經貿與能源），我們如何生存？所以，應該讓大陸明白，中華民國的外交，無意傷害大陸，也非對抗或威脅，而是為了自身的生存與發展，並非為了兩個中國和台獨。

另方面，與其做「金援外交」，我認為中華民國更應該做的是「人道外交」（Humanitarian Diplomacy）。我的想法是：一年或許花三十億到五十億美元的預算，找幾件事做全球的標竿，不一定要從外交切入，例如針對海地的愛滋病，或全球震災、風災最慘重之地，出錢出力，在國際上幫助最需要幫助的人。全世界都畏懼愛滋病，其他如貧窮、教育等議題，我們可聞聲救苦，宗教界有德蕾莎修女（Mother Teresa），我們可以做「外交界的 Mother Teresa」。

我曾經向李總統報告，如果能把我們既有的〇．〇七％援外預算再提高些，只要花一點錢幫助海地改善愛滋病，就會一舉變成世界的楷模。但他沒講話，可能不太接受我的想法。

當然，也許我是太理想化或陳義過高，但如此一來，台灣的形象將會在全球大為突出。我們不跟大陸對立，大陸也沒必要打壓我們，因為我們是推動「人道外交」。台灣有兩千多萬人，不可能不與外界往來，我們對外關係不全然是官式外交，我必須重申，這是台灣人生存與發展的必要活動。這種「希望大家都好」的世界親善外交，歡迎全球加入，幫助解決「未開發國家的困境」，對世人有直接效益，別人沒有理由反對。

其次，台灣有選舉，我們可以對中共說，你們拚命打壓，台灣人民會有好感嗎？這只會讓反中勢力得到民眾的支持。

如今，我不在外交線上久矣，身為「老兵」只能盡己之力進言，「人道外交」可不可能成為我們的解方？或許要再「研議」，才有答案吧。

8 最愛與大愛

一九九九年，我在外交部任內做了一個重大決定，並於十一月十九日向我的同仁親口報告：

「此刻，我的書面辭呈已經送達蕭院長辦公室，也許在中午以前，行政院會發布這個消息。但是，因為我不願意我們外交部的親密工作夥伴，總是從媒體上看到自己部長的動向，所以我要在此先向諸位，做『第一手』的報告。

離開外交部不是一個容易的決定。從小到大，不論何時何地，人前人後，我都驕傲的表示，當一個外交官是我畢生最大的志業。我以第一志願進入政大外交系，求學以來始終專攻國際關係，其後擔任駐美代表，兩年多前有幸進入外交部服務，可以說是真正實現了一個少年人築夢的理想。理想一旦成真，果然不易割離。在這段不算短也不算長的時間裡，我與眾多海內外同仁朝夕相處，真誠以對，忘不了許多共同激盪腦力的挑戰，更忘不了長期分享的喜怒哀樂。午夜夢迴，電話鈴聲驀然響起，接電話時心中七上八下，不知是喜是憂，接完電話想到國事如麻，又難以再度入眠。想著這些點點滴滴，卻要同時向諸位告別，實在令我依依不捨，難以啟齒。

外交的確是我的『最愛』。放棄『最愛』，情何以堪！可是，今天面臨的抉擇是影響我們共同未來的總統大選，誰又能夠忽視這次大選的重要性呢？有人告訴我，協助競選是一黨之事，外交工作卻是一國之事，一個人不應該捨一國之事而從一黨之事。

很抱歉，我不能同意這個說法。總統選舉是一件嚴肅的舉國大事，關係到我們兩千萬同胞的生存與發展，更是國家安全與社會繁榮之所繫。外交固然是我的『最愛』，可是兩千兩百萬人的前途與福祉，難道不應該是每一個人心中的『大愛』嗎？像披上征衣的兄弟忍痛與親人揮別，為了『大愛』，我只有暫時捨棄心中的遲疑，毅然迎向更為艱鉅的挑戰。我衷心希望各位同仁同意並支持我所做的決定。

在這段時間，我要謝謝千百位同胞函電交加，提供我很多寶貴的意見。很多人替我分析當前政局，勸我要以前程為重，繼續留在外交部，將來才能更上一層樓；當然有人視我投身選戰為加官進爵之途。然而我要向諸位坦誠地報告，我的進退取捨之間，全無個人私利私欲的考慮，更不會以個人的政治前途作為衡量的標準。在我的生涯規劃中，除了外交，我沒有別的最愛。這一次的決定雖然曾令我為難，但確實是完全出自我個人的意願，並沒有任何外來的壓力足以左右我的去留。為此，我也無怨無悔。我會為自己的決定，負起全部的責任！

對於民眾的支持與鼓勵，對於同仁的奉獻與付出，我的內心充滿無限的感激。在過去的七百多個日子裡，我們一起走過一段既艱辛又愉快的奮鬥歷程，嚐遍酸甜苦辣。往日種種，時常在我腦海浮現。還記得去年歲末『萬花敢向雪中出』的故事嗎？聽說過五萬元一套的『胡志強裝』嗎？也有一位計程車司機曾告訴我們同仁，每當他在深夜時分經過外交部大門時，看見部內辦公室燈火通明，同仁們依然在辛苦趕進度，心中的感動便油然而生，對國家的情勢也就放心了！這兩年的民調顯示，國人對外交部的滿意度很高，有一次還名列第一，正是由於我們同仁全心奉獻與全力表現，才能使外交部普遍受到社會大眾的肯定，我有緣與大家共事，真是感到無比的榮幸。在我生命的過程中有很多階段，每一個階段都帶給我不同的際遇與成長，但是在外交部，這是一段最難得、最值得回憶的經驗之一。我要再次謝謝各位，是你們幫助我，在我的生命中譜出一段美好的樂章，我將永誌不忘。

離開外交部之後，我將全力以赴投入下一個任務。親愛的同仁們，讓我們期許再見，而不要道別！（Don't say good-bye, say see you again!）我心裡很明白，今天不願走，將來不能回。真的，如果我現在不去打完這美好的一仗，為執政黨贏得光榮的勝利，將來我就沒有機會再回到諸位的身邊，與各位同仁再續前緣。對我而言，只有完成了『大愛』，才有機會重得『最愛』。

親愛的夥伴們，我有信心，一百二十天之後，我們將在勝利的歡笑中重逢，緊握雙手，再為外交工作一起打拚！」

講完，面對同仁們驚訝的表情，我心中雖激動，眼眶卻無淚水，我深深一鞠躬，離開了外交部，走向一個不可測的人生下一階段。

※**後記**：這一篇文章，為了「保密」，不可能由他人代筆。其實，我也早就忘記是何時寫的。後來與我的籃球夥伴黃國榮（現任台中市副市長）聊到此事，他才告訴我是在週末打籃球休息時，一個人在場邊寫的。

2006 年底曉鈴發生重大車禍，住院期間台中民眾以各種為她祈福，每一份善意都讓我銘刻在心迄今。

第五章

台中市府時期——前進地方，放眼國際

1 刻骨銘心的失敗

情勢多變而激烈的總統大選，終於在二〇〇〇年三月十八日落幕。國民黨失去政權，民進黨籍的總統候選人陳水扁，當選中華民國第十任總統。身為國民黨連蕭全國競選總部的總幹事，這可說是我在政壇中第一次刻骨銘心的失敗！

一九九九年十一月我辭去外交部長，擔任連蕭全國競選總部總幹事。在競選總部大樓有辦公室，每天忙著開會、接待客人、選擇文宣、接受媒體採訪，努力輔選，但另一個認真輔選且權責比我重要的是國民黨「中央黨部」。我首度打破傳統，邀請盧秀燕、朱立倫等五位黨內菁英擔任發言人，輪流隨連先生跑選舉。現在競選活動常引用我當年的「創舉」，有時任用多達七、八位發言人。

當時外界有「國民黨發布假民調」的傳言。我記得很清楚，選舉投票前夕，我們拿到已不能對外公布的民調——預測會贏。那是連先生第一次競選總統。後來他第二次參選，投票前兩天，連先生經過台中，我去旅館看他，外面送進來一份最後民調，他大概小贏三％至五％。無論第一次或第二次，我們都被罵「做假民調」，可是這民調是給我們自己看的，並沒發布，我們有必要自己騙自己嗎？

二〇〇〇年大選開票時，七、八十人一起在總幹事辦公室看開票，一開始金馬地區贏，大家都很高興，後來狀況愈來愈糟，我突然發現房間變得很冷清，這個冷清不只是跟熱鬧的時候相比，好像是真的溫度下降了。不知過了多久，因為競選結果失利，大家很傷心，都靜悄悄地走光了，只剩下我一個人獨坐室中。

確定敗選後，我打電話給徐立德先生，問他可否陪我去向連先生請罪。離開前，我在競選總部大樓每層都繞了一圈，人幾乎都走光了，異常冷清，有的辦公室燈關了、有的沒關，我一一關了燈。在院子看到地上的紙屑被風吹起，異常蕭瑟，一副大難臨頭、樓傾人空的感覺。那時的我，除了心痛敗選更覺得無比孤單。

連先生在家裡接見我，他說：「大勢如此，大家都很努力，很謝謝你們，我個人要好好檢討。」他已打電話到總統官邸，馬上要當面去向總統請罪。

第二天早上，我照常上班，並交代其他工作人員把環境全部打掃乾淨。不能說選舉失敗了連環境都髒亂，辦公室也不能毫無秩序，需要整理好。

我問自己：「失敗的人應該要怎麼做？」因為我未曾經歷過局勢這麼慘烈的失敗，真的不知如何「善後」。敗軍之帥，我要求自己保持冷靜，當大家都在沮喪時，我不能亂了方寸，一定要顧全大局，顧全黨的名譽，顧慮人民的看法。

這是我人生的第一次失敗，我剛離開外交部，也沒地方去，還抱著說不定可以重拾教鞭的希望，至少可以出國進修。連先生獲選國民黨主席，要我去負責文傳會，我兩次、三次都表示：敗軍之人，何能再負重任？

那時美國國會與智庫不斷組團來台，也有昔日好友特地到中央黨部看我。一位到後來仍活躍的美方人士告訴我，他剛剛去看過陳水扁，「他確定要請你當國安會祕書長」。我說不可能，我是幫連先生輔選的國民黨全國競選總部總幹事，如果現在還去當陳政府的官，「別人會不會覺得我在輔選時根本不認真，反正選輸了還有官做。我不可能去，我不會接受。」

雖然這位美方人士也沒有對我「說謊」的必要，不過，我從未接到任何來自民進黨的類似訊息。這位美方人士後來對我很不諒解，我懷疑他曾「好心建議」，而他對我的「不接受」也很不能接受。在那個狀況之下，我怎麼可能去？我不是競選總幹事都不會考慮去了，更何況我是競選總幹事？難道選輸了，還不知與同陣營同進退？至少我是絕對做不到的。

憑良心講，總統大選失利對我的打擊，是我從未碰過的。也不知從什麼時候開始，我就學著努力從別人的眼光和角度來看事情，我會關心：當一個人失敗的時候，要別人怎麼看他？畢竟，「歷史」是由別人下筆，不是自己寫的。

無計畫的政治生涯：從撞牆到再造之路

大選結束後，我有次在一個廣播節目中談到：「我原本想留在校園教書，後來卻從政；總統大選國民黨選輸，身為全國競選總部總幹事，必須負責，因此我宣布退出政壇，希望能出國進修一陣子，可是好像又事與願違，至於未來會不會再參與選舉——」主持人聽了之後狐疑地打斷我：「你到底有沒有在做生涯規劃？」

我真的不知道自己有沒有生涯規劃，感覺上是沒有，但好像總是身不由己！所以我告訴主持人：「你不要再提人生規劃，我如果再規劃，還不如去撞牆算了！」爾後，果然事情的發展與我出國的規劃，完全「脫軌」。很多記者看了我，都意味深長、以非常期許與同情的語氣問我：「你去撞牆了沒有？」

後來因連主席強力慰留我一起推動「黨內再造」，我在黨部擔任文傳會主任。在張榮發基金會現址的大樓上班時，我每天都覺得這個建築「在長大」，因為人愈來愈少、愈來愈空洞。本來這裡設有餐廳，附近很多公家單位的人都會來吃飯，現在可能怕被貼標籤，不敢來了。

我曾打算在此辦藝文活動和免費咖啡座，增加人氣。後來我們決定辦ＫＭＴ「Ｋ書中心」，想吸引學生上門。有人問這個「Ｋ」會不會讓人聯想到「Ｋ人」？我說：「沒有關係，應該被Ｋ！」

四、五月間，我們利用二十天左右就推出Ｋ書中心。許多人認為國民黨的官員學歷高、都很會讀書，感覺此處風水不錯，應該會有人願意來；但是，萬一沒人來怎麼辦？有人建議請年輕人來排隊，炒作人氣，我覺得太假了，與現實不符。結果來排隊的絕大部分是老人家，因為老一輩的人都來幫孫子排隊卡位。

我們有一百個位子，竟然吸引了三、四百人排隊，新聞媒體形容國民黨部「車水馬龍」。我觀察場地，發現室內冷氣不均，有些地方太冷，有的太熱，於是準備了外套一一詢問同學們「會冷嗎？需要外套嗎？」噓寒問暖，比外界補習班的服務還好。

這段期間，連主席力勸我接受國民黨的徵召，參加年底的縣市長選舉。但同時也有很多人勸阻我，不要到地方選舉。他們有些是深具智慧的長輩，有些是社會領袖和有名的教授，勸我不要涉身地方選舉。主要是當時一般人對地方政府有個印象——地方政治比較「家族化」，比較有派系惡鬥。

他們形容我到地方去選舉，是「摔角」，而我在中央所從事的已是政治領域中最精緻的外交工作。外交工作講究的東西很多，好像「跳芭蕾舞」一樣，除了舞者一舉手一投足的舞姿，其他無論服裝、道具、背景、音樂等，都是大家注目的焦點。「你已表現得很好，是傑出的芭蕾舞者，像俄國的紐瑞耶夫（Rudolf Nureyev），你為什麼還要到地方摔角呢？地方政治不但是摔角，沒有芭蕾舞的品質和美感，而且像在泥沼裡摔角，弄得一身髒，你根本不適合！」他們說。

事後我證明他們對地方政治的看法，也許是因為距離太遠，並不十分正確。

如果不回台中選，我寧願不選

我天人交戰了許久，思考著：政黨的革新不只是在內部產生「質變」而已，仍需「政治舞台」來施展、落實政黨的理念。我對國民黨有很深的感情，無法在這種緊要關頭置身事外。當時有人拱我出來選台北縣長，地方人士願意出錢出力，非常積極。台北縣的人口多、資源豐富，我的民調又與當時的台北縣長蘇貞昌不相上下。私下，確實有人勸我：應該接受國民黨安排，角逐台北縣長。

有很多人相信，無論台北市或台北縣，都是「立戰功」之地，如果錯失良機，實在可惜。可是，我覺得不能失信於民，政治人物選擇更大的「田」也許對前途更有幫助，但我既沒有政治算盤，不會計算，也不算計。我終於應允出馬披戰袍，並且早早表明：如果要選，一定回「家」選——回台中市選！

然而選情的變化多端，讓人很難預料及掌握。由於台北縣是國民黨的「重要戰區」，不能大意失荊州，因此在推舉縣市長候選人時，黨內出現各種意見與主張。結果有人替我在台北縣登記參選，同日我自己卻在台中市登記。此一「雙胞事件」，引發媒體輿論的大肆討論和撻伐。

台中是我的故鄉，如果要選，為何要去別的地方？我覺得這是一個承諾，

「如果不回台中選，我寧願不選。」

二〇〇一年十二月二十日，我正式就任第十二屆台中市長。我堅信自己可以為景氣低迷、經濟衰退、建設停擺的台中市，帶來脫胎換骨的改變與建設。

2 化危機為轉機

我永遠忘不了在我第一次市長選戰倒數計時之際，一位滿頭白髮的老伯伯握著我的手，誠摯地說：「胡先生，拜託你，我們把自己的家交給您了。」他的家，不也是我的家嗎！

當年我之所以起心動念競選台中市長，不是為功名，更不是為利祿，只是我覺得國民黨在大選失利之後，很對不起台灣民眾，一定要自我檢討，痛定思痛，重回草根，把皮鞋換成布鞋，與民眾緊密結合，才對得起民眾，才有再起的希望。我的前途，自然是回到家鄉台中市去奮鬥。

風化城的衰退與挑戰

我是一個台中囝仔，從小就在台中市長大，幾十年來看著台中市從一個純樸的小城市，一路發展成現代都市，但當時台中市的發展確實出現了一些嚴重的問題。

我眼見：台中市經濟一直走下坡，幾乎沒有重大建設，土地賣不掉，空屋率近五成；中區將近五成商店拉鐵門，忠孝路、中華路夜市無人問津；年輕人找不到工作，失業情形愈來愈嚴重，人口外移；治安不佳，犯罪率全國第一。提起台中市，很多人聯想到色情酒店和鋼管女郎，以前大家說台中市是「文化城」，後來卻笑稱是「風化城」及「文化沙漠」……。那個時候的台中，很多人認為其經濟發展已呈現停滯、甚至倒退的現象。

時間拉長來看，這些衰退其來有自。台中市產業結構，超過七成是服務業，是座消費型的城市。一九九八年教育部廢除成功嶺集訓，每年暑假大量湧入週末到台中消費的大專兵，已成為歷史。一九九九年九二一大地震，震垮了景氣良好的台中房地產業，也導致百業蕭條，重創台中經濟。

而中小企業的陸續外移，更是雪上加霜。台中過去是機械工具的重鎮，後來因勞力密集的產業失去競爭優勢，機械工具業逐漸外移……。中部是產業外移最嚴重的地方，台中工業區榮景不再，新建的標準廠房幾乎完全賣不出去……，諸多因素導致高階消費遽減，許多高檔餐廳也紛紛關門。

二〇〇一年左右，有一位三十歲出頭的碩士告訴我，他在台中找不到合適的工作，只好黯然離開家鄉。如果不找一條出路，台中市沒前途。台中市要怎樣突破瓶頸？要如何再站起來？我希望能為台中找出一條邁向「國際都會」的出路，全力向前，沒有限制，「Sky is the limit」！

理想願景：文化、經濟、國際城

我們常說「願景」，英文是「vision」，指在一段特定的期間內，希望要達到什麼樣的理想與目標。例如，我們要把台中市建設成什麼樣的都市？我提出「文化、經濟、國際城」，這就是我對家鄉的願景，也希望這是大家共同的願景。願景是希望、理想，不是空談，不是口號，必須有具體的規劃，而且是可以實現的。

在參選市長的前後，我皆以「太陽餅」、「地球」和「籃球」，來凸顯自己的在地性、國際觀和活力。媒體描述我：「半個光禿的腦袋對照半顆地球，無須多言，胡志強輕輕鬆鬆就把自己的形象與國際化鮮活的畫上了等號。」其實這些廣告，都是已故「廣告教父」孫大偉的創意。

台中太陽餅，強調我的「在地性」與經濟發展。我在市長任內，大力推銷台中糕餅，在海內外都有績效。大台中（縣市）在我上任之初大約年銷兩、三千萬元，我十三年後離任時，據說已銷至十一億元！地球儀，代表我的「國際觀」；籃球，打籃球是我最喜歡的運動，在此象徵我的「活力」。

因為台中市曾是一個富有傳統的「人文都市」，也是一個人潮匯集的「商業都市」，若要打造台中市成為一個理想的「文化、經濟、國際城」，必須發揮與提升三個基本力量，那就是台中市的「生命力、創造力與競爭力」。

所謂「生命力」，是人生存的動力，但它需靠優質的生活才能滋長蓬勃。台中市本來有好山好水，環境優美，不但有高素質的市民（大專以上人口比例超過高雄，當時為二五％比一八％），還有良好的醫療環境。但是，隨著經濟景氣下滑，市民逐漸無力享受優質生活。如果沒有優質生活，台中市民整日因經濟問題困坐愁城，又如何能夠發揮生命力，讓台中變成進步的城市，進而培養創造力與加強競爭力呢？

台中市的創造力，又應如何發揚呢？我認為必須發揮「創意」，創意就是「與眾不同」，就是面對未來競爭最好的選擇。台中市有了創意，才有「特色」，有了特色，才會有吸引力。文化、教育、觀光、商業各方面都充滿魅力，都要和人家「不一樣」。如果和別人一樣，就沒有人會來。台中市不一定每個方面都要比別人好，但要有些讓人感覺不一樣的特色，如此才能在地球村與其他城市競爭，讓人難忘，讓人享受。

務實市長：不達第一，但求唯一

以前人家常說台灣有台北、高雄，往往漏掉了台中。當台中市長，就要讓全世界知道有台中。其關鍵無非是：要充分發揮「創意」，鶴立雞群是目標，來恢復並增加台中市的特色，使台中市具有無人可比的吸引力。我主張要從文化、教育、觀光、商業各方面，結合國際觀與本土傳統，全力打造台中市成為一個充滿魅力的城市。

要加強台中市的競爭力，需要有「大格局與大思考」。

競爭力的面向是多元的，產業、人文、科技等都很重要，但最重要的著眼點就是——振興經濟，創造就業。而加強競爭力，也就是進軍國際，讓台中市在地球村出人頭地。我認為台中市無論在氣候、居住環境及土地、廠房、住宅及人力資源等方面，具有非常有利的條件，沒有理由落於人後。

建立一個高效能的產業都會，在各方面提升台中市在國際上能見度，必然會大大強化台中市競爭力。如果可以提升與發揮台中市的生命力、創造力與競爭力，台中市在經濟就業、政府效能、國際競爭、市民安全、交通便捷、環保生態、文化展演等各方面，就有突飛猛進的勝算。

我不奢望自己成為第一名的市長，我雖然渴望台中市成為國內或國際第一名的城市，但這也不太可能。於是我很務實地努力打造台中市的特殊形象，希望它在國內外凸顯出名，這就是「不達第一，但求唯一」（Not number one, but only one!）我是務實的台中工作者。

不到地方來，不知地方事。很少人會說，國家要好，地方更要好！但地方的事其實就是全國的事，我相信用心把台中市政做好，一樣對國家有貢獻。

媒體曾問我對未來在政壇的角色有沒有想法，有沒有什麼「野心」？

有，我最大的野心是做一位「務實市長」，就像超市的店長一樣！

3 古根漢功敗垂成

我自參選台中市長以來，常感於台中的定位模糊，以往被定位為「文化城」的台中竟然逐漸失焦。台灣有三大核心都會區，台北以政治金融為特色，高雄是產業加上運輸，中部應以藝術文化為主，三大城市各擅勝場，台中市本是文化城，自應恢復往日的光華。

台中市的振興，文化可以成為一個「引燃點」，我把它視為「台中市的文化復興運動」！

借鏡畢爾包：文化是門好生意

我了解了全球的都市更新，發現振興最快之一的就是西班牙畢爾包。畢爾包原是一個汙染嚴重的海港工業小城，景氣衰退到只剩五十萬人口，當初政府花了一億美元、建了兩年，把充滿現代建築特色的古根漢美術館蓋起來，開始營運後的三年內為畢爾包市賺到五億美元，而且從一座沒沒無名的小城變成歐洲在文化、藝術、觀光的重要城市。雖然沒有任何一座美術館是可賺錢的，大部分都靠政府或民間貼補，但這間美術館竟然能靠門票收入支付八成的開銷。就畢爾包都市本身而言，這已經是全部回收，印證了「文化是門好生意」的想法，於是我開始注意古根漢，研究他們如何為城市帶來經濟效益，開始將畢爾包經驗作為政見，並憑一己之力去跟古根漢談。

古根漢美術館的紐約本館是當代藝術品的收藏重鎮。古根漢基金會知道我當過外交部長，在美國朋友很多，還打聽到我「足以信任」，所以願意見我。在競選市長之前，我就飛到紐約向該館執行長克倫士（Thomas Krens）提報在台中建立亞洲分館的合作計畫，希望打響台中市成為文化之都的世界性名號。他表示已有一百多個城市在「排隊」，我們只談了二十分鐘就散會了，因為那時他很坦白地告訴我：「何不等你當選了再談！」

我認為：想在國內成功的最快速途徑，就是想辦法在國際上出名，我希望借重國際級的古根漢美術館行銷台中、帶動台中轉型。競選時我大聲呼籲：讓台中能像西班牙畢爾包一樣，靠著古根漢的招牌吸引全世界遊客，有「人潮」就會有「錢潮」，文化引領經濟，成為國際城。有國際的知名度之後，就會有豐沛的收入，能助推台中市周邊的市政建設和產業。

我把古根漢美術館作為競選政見，立刻被國際媒體《先鋒論壇報》、《英國金融時報》及《富比士》雜誌引述並做相關報導，台灣的地方選舉難得被國際媒體注意，相信就是因為台中與國際級美術館發生連結。由於方向十分清楚，我得到了選民的支持，也應和了世界上大都市的確是以文化結合建築，帶來都市外貌的更新與經濟的復甦。

我當選後再到紐約拜訪克倫士，他也開始認真地考慮在台中設分館的計畫。

「Jason 是個固執的傢伙！」

前立委、名作家也是我的好友陳文茜問他：「為什麼看上台中？不是東京、京都、上海或北京？」她自己是台中人，深知論及文化氛圍，台中恐怕都不是上述城市的對手。克倫士坦白告訴她：「只因 Jason 是個固執的傢伙，他每隔一週打電話來問我，聲音又親切可人，我們因此想，全世界都在給上海機會，為什麼不看台灣一眼？」後來還有人問他為何要來名不見經傳的台中，他索性回答：「你們不認識 Jason Hu！」

成立古根漢台中分館約需新台幣六十億元的經費，光是建館與否的可行性評估就要花七千萬元，這在藝文界引起軒然大波。固然有人樂觀認為古根漢到台中可以帶來畢爾包效應，為文化、經濟加分；然而也有許多人質疑古根漢是「麥當勞連鎖分店式」的文化霸權侵略；更有人說，畢爾包古根漢已走下坡。

有人建議，我們可以自己蓋或找別的美術館。不過我評估再評估，如果我們自己蓋一個，它都不可能在國際上立即出名，我若藉著古根漢現有的成果，跟它合作，就可以馬上獲得國際注目。

然而就算古根漢基金會決定在台設立分館，真正的困難才剛開始而已，舉凡資金籌措、議會審議、工程發包，以及周邊都市規劃等配套措施，都成為艱鉅考驗。我深信，文化絕不是有錢、有閒時才能做的事，有句話叫「危機入市」，愈是經濟不景氣，我們愈應該主動出擊、創造財富。我相信古根漢台中分館的建立，將不只帶動中台灣的發展，對於整個台灣的經濟發展、文化角色，都會有很大的助益。

可是人算不如天算，沒想到好不容易在古根漢與台中市簽下合作草約後，因為種種因素，市議會裁示本案退回，整個計畫宣告終結。

對我而言，不啻是政治生涯的一大打擊。

台中市在一百年前蓋了一座台中公園，一百年後好不容易有機會可以繼起，進行一項了不起的文化建設，可惜我們不幸淪為這場政治拔河中的輸家。雖然法國詩人雨果（Victor Hugo）曾說：「沒有任何力量能阻擋一個成熟的理念。」在古根漢這項艱鉅的任務，我終究還是被阻擋了。

未曾預料到的是，古根漢美術館台中分館的申請案雖然功敗垂成，但在爭取的過程中，台中市的國際知名度與曝光率大增，宣傳的效益遠遠大過耗費鉅資在國外媒體上登廣告。

事實證明，後來「大都會台中歌劇院」（現為「台中國家歌劇院」）公開招標，三十多位競標者之中有四位是「建築界諾貝爾獎」普立茲克獎的得主。先前這些世界級的建築師對台灣絲毫沒印象，都是透過古根漢擬設台中分館的消息，認識了台中。

我很清楚自己必須承擔古根漢設分館的失敗，但我相信：人是為理想而奮鬥的。不論有沒有古根漢，我還是不會放棄努力，將台中重建為「文化之都」。台中，一定要繼續向前走。

4 文化搭台，經濟唱戲

心中雖然明白「文化優先」，但我相信台中市和任何其他城市一樣，要讓住民享受「好生活」。要享受好生活，台中市只有一條路，就是讓大家賺錢。台中市的當務之急就是「搶救經濟、創造就業」。

我常常在想，如果要讓一個地方經濟復甦，因素固然錯綜複雜，但最重要的關鍵是「有無人潮」。沒有人潮就沒有錢潮，但是沒有特色就不會有人潮；有了特色卻沒有辦法宣傳，等於沒有特色，它們環環相扣，這也是我努力的方向。

基本上我還是對台中市文化城的傳統「情有獨鍾」，所以我相信一定要在「文化」上建立特色，就能以「文化搭台」，讓「經濟唱戲」。

廣發武林帖，邀國際表演團體

文化就是生活，京都是日本的文化古城，至今仍保留著許多具歷史價值的建築物，其中有十七座建築被列入世界遺產名單。迷人的山光水色、名勝古蹟文物之外，京都以其優雅深醇的文化底蘊吸引全世界的遊客，無論是節慶祭典或傳統的料理、舞蹈、茶道、花道與手工藝等，都在在令人流連忘返，一再回訪。

為了打響台中的名號，我多管齊下，除了催生古根漢台中分館，還廣發武林帖，邀請國際知名的表演團體前來，讓大家知道台灣還有台中這個地方。我相信有了知名度，台中要發展成國際化的都市就相對容易。一旦市民參加藝文活動的質與量提升之後，這座城市將呈現不可思議的變化。

從世界知名的男高音卡列拉斯（José Carreras）開始，馬友友、維也納愛樂交響樂團、林昭亮、女神卡卡、波伽利等人相繼而來表演，加上台灣燈會、巴西嘉年華等活動，在台中市引起偌大迴響。有一回我請維也納愛樂交響樂團到台中首演，名指揮家祖賓．梅塔（Zubin Mehta）後來他到台北演出時碰到了前行政院長蕭萬長，告訴他：「台中真是個好地方。」他的話讓我很欣慰。

為了要讓民眾對文化更「有感」，我花了不少心血，我相信先將台中文化土壤變得肥沃之後，種子就容易萌芽生長了。

爵士音樂節：從兩萬人到九十二萬人

以「台中爵士音樂節」為例，由於我到過美國紐奧良的法國區，其建築洋溢著法國、西班牙風味，是紐奧良歷史最悠久和極富特色的地區。其中有一條波本街（Bourbon Street），密布酒吧和俱樂部，人們在此漫步、喝酒、跳舞，享受夜生活。小酒館有駐店樂手，論歲數都七老八十了，人們一邊慵懶地抽菸喝酒，一邊聆聽即興的藍調或爵士，空氣洋溢著自由和歡樂，我深深被吸引。我感覺那種「味道」和「調調兒」與台中的節拍、氣氛很契合，於是催生「台中爵士音樂節」，希望豐富台中文化活動的類型，更期待帶來商機。

但初期我們並沒有知名度，不易邀得赫赫有名的爵士樂手，必須打電話到日本、韓國、泰國等地求爺爺告奶奶，懇請這些名人來亞洲之時，能「搭便車」繞到台中來表演，這樣比較省錢，否則我們也不易邀到。

第一屆爵士音樂節，本來保守預估如能來一千位觀眾就需「偷笑」，沒想到竟湧入兩萬人。日後活動愈辦愈大，簡直像台中的年度嘉年華會。市府在市民廣場及草悟道四周搭建舞台，下午四點有遊園會，邀集五星級飯店及美食餐廳設攤，吸引來自台灣各地的愛樂民眾。這期間台中旅館大客滿，吃喝玩樂的周邊生意大好，餐廳也配合促銷，人潮齊聚，城市充滿蓬勃的生命力。正式表演前幾個小時，所有的廣播電台都在呼籲大家參加盛會，推波助瀾引燃爆點。二〇一二年十週年時，創下九天九十二萬人次的驚人紀錄，整座城市沸騰了起來，現在參加人數早已經超過百萬。

從最初我們需配合大師級爵士樂手，喬他們到東南亞的空檔「順便」來台中表演；後來我們的節目成了氣候，樂手們都以台中的檔期為主，東南亞有些國家反而致電台中市府詢問，希望配合樂手的台灣之行辦活動，以致我們有些同仁覺得努力有成，難免洋洋得意「台中出頭天了」！

兵馬俑特展與台中燈會之商機

以二〇〇一年三月「兵馬俑——秦文化特展」為例，有五十七萬人專程前來台中觀賞，台中市五星級飯店的住房率提高了二成七，台中市的名產太陽餅也多賣出五成。

台中燈會是另一個例子，我上任第一年舉辦，來了二十三萬觀眾。第二年是「全國燈會在台中」，十二天來了六百四十萬人次參觀，好到令人難以置信。據統計，這十二天的燈會帶進五十億元商機，光是太陽餅就賣了一億元，商家無不笑呵呵。值得一提的是，在燈會期間包括如何做好交通疏導、環保清潔、治安維護，都給了我們難得的經驗，也明瞭台中市不僅具有雄厚觀光潛力，更有舉辦大型活動的能力。

為什麼台中市辦燈會可以締造六百多萬人次參觀的成績，似乎破了當時的國內紀錄？我真心感覺：台中市的優點就是地點好（位處台灣之中點）、天氣好、生活機能好，只要我們能把握這個優點，給自己一個特色，形塑城市的臉孔，從文化、教育、藝術、表演、展覽、產業等幾個面向好好發揮，積極經營，台中市的觀光一定可以做得有聲有色。

二〇〇五年端午節晚會由明華園室外演出《白蛇傳》，參觀人數破十萬，也挑戰了金氏世界紀錄。

帕華洛帝「世紀告別」全球演唱會

令人讚嘆的「高音C之王」帕華洛帝，在退休前的「世紀告別」全球演唱會，各國引頸企盼，亞洲最終只「搶到」四站。台灣獨家的演出，不在台北，不去高雄，而是台中市。

這場帕華洛帝的「絕響」演唱會，由牛效華主持的牛耳藝術主辦，陳文茜也出力相助。牛耳在台灣辦過極多膾炙人口的一流音樂會，在業界擁有「金字招牌」。由於牛效華本身是音樂家，藝術人文的氣質遠超過商人本色，據說如果跟他不對味、沒共同語言，幾乎很難成為他合作的對象。我每次見到牛老師，就笑呵呵地請託他：「給我最好的！」

我心目中早有些特定人選，有機會就一一點名詢問：「有沒有辦法幫我請到呢？」以往的馬友友、維也納愛樂，都是這樣邀來的。但帕華洛帝的演出檔期有限，全球有許多城市同時較勁，台灣其他經紀公司也虎視眈眈，牛效華處於人情的壓力和同業競爭，十分頭疼。我總是對他殷勤勸說：「帕華洛帝的演出，我的市民應該有權利享受到！」沒想到這句話打動了他。

在還沒找到任何贊助之前，我就先承諾全力支持這場演出，因為「如果台中在帕華洛帝亞洲巡演缺席，不僅是台中、更是全台灣損失」。二〇〇五年十二月，終於促成這場表演在台中舉行。

帕華洛帝為人親切熱誠，非常容易親近，他在演唱會中還特別唱了一首〈Granada〉送給我，這首歌以西班牙一個著名城市為題，我非常喜歡。我對他印象也極好，記得他喜好紅酒，餐會中喝了不少。他也在晚餐中打電話到芝加哥給女兒，寒暄家常。台上光芒四射的天王巨星，瞬間成為疼愛孩子的慈祥老爹。

「票房毒藥」一雪前恥

我不否認有人曾以「用文化包裝」來批評市府，但有什麼關係呢？「外行的看熱鬧，內行的看門道」，就算有人不喜歡、看不懂，我們還是得繼續做下去，「時間」可以告訴我們答案。

其實，談文化之前，基礎建設應要先做好。但在國家歌劇院、流行音樂中心、圓滿戶外劇場等硬體建設還沒完成前，我第一步就是克服硬體環境的不足，效法歐洲的做法舉行「音樂會」，利用台中較具規模的表演場地——中山堂和中興大學，前後一共辦了數百場音樂會。我在訪問維也納時，發現到了週末，到處都是音樂會，氣氛絕佳。後來，我在台中仿效，凡是有樂團要演出，市府的公園廣場都不收費，還補助演出經費，用意就是要多辦音樂會，讓民眾養成觀賞的習慣。活動一旦辦出口碑，十年後，亞洲人就都慕名來台中參加「亞洲的愛丁堡嘉年華」。更重要的是，比起動輒一場耗資千萬元的演唱會，小型的音樂會「小而美」，平均一場音樂會才耗資四、五萬元，遍地開花後也美不勝收。

台中市民逐漸踴躍參與藝文活動，我上任三年後，文化局舉辦展覽、演藝、講座、影片欣賞、文化季等各類藝文活動，參加民眾每年都超過三百多萬人次，且一年比一年多。根據行政院主計處統計資料顯示，每個台中市民每年參與藝文活動的次數從二〇〇一年的四．一次提升到二〇〇五年的二十七次，是台灣第一名及亞太地區的前五名。次數之高，已一雪台中被稱為「票房毒藥」的前恥。

當一座城市的文化和創意持續萌芽與深耕後，時間一久，就會內化為市民的涵養和底蘊。我也親眼目睹了：文化的落地生根，帶來豐沛的經濟活水，真是大快人心！

5 我有一個夢

「我有一個夢」（I Have a Dream）是美國民權運動領袖馬丁．路德（Martin Luther King, Jr.）博士，在一九六三年八月於林肯紀念堂前發表的一場著名演講，演說中闡述他希望有朝一日黑人與白人可以平等且和平共處。

我也有一個夢——希望把我的家鄉變得更好。

我常以「明亮」、「光明」來形容台中，它給人希望的感受。有一回，我坐在車上講電話，陽光從車窗射進來，我看到在陽光裡流動飛舞的微塵，覺得很溫暖，「A City of Brightness」，這就是台中。

老實說，就整體條件而言，台中可能有許多地方比不上台北或高雄。我常打比喻，如果台灣的三大城市互為姐妹，那台中沒有台北「豔麗」，也比不上高雄的「性感」，而台中只能以「氣質」取勝。我相信，如找出自己的特色，並充分發揮魅力，藉此獨步亞太地區，台中市就有未來。

我認為所謂「國際觀」，是了解全球的發展主流，不論是局部或整體，然後在實務上審視自己在全球趨勢中的處境，尋找加強自己在國際競爭中的實力。而二十一世紀的趨勢是：全世界已邁入城市競爭、區域競爭的時代。

城市競爭力與區塊發展

趨勢之一：「城市競爭力」逐漸超越「國家競爭力」。一座城市在與全球各大城市競逐時，如能突顯自己的特色，將可增進城市的優勢。無論從旅遊、投資、國際會議、商展，到大型國際活動，甚至知名企業設立分公司、申請奧運，很多都優先以城市的特色為考量。新加坡以「城市國家」（City State）的姿態嶄露頭角，我們有目共睹。台中是中部地區六百萬人口的經濟中心，有其文化及消費功能。我認為台中市已具備國際城市的架構，我要建設它為新崛起的亞太文化城市。

在此同時，另一個趨勢就是：一種「區塊」的概念正在發展，城市也不能孤芳自賞、過分自我凸顯，要加上周邊區域的優勢力量，才會更有競爭力。如中國大陸的上海區塊、廣東區塊等。我發現，在這場城市競爭的賽局中，地球村就是城市的舞台，而國家的競爭力更要靠「區塊發展」（Block Development）概念來支撐。沒有城市競爭力，就不可能會有國家競爭力。中央一定要幫助地方發展，萬勿與地方「對立」！

所以面對時代趨勢，中部地區責無旁貸必須建構中台灣共同生活圈和都會共榮發展的理念。

台灣的發展，長期以來多半是重北輕南，沒有中間。我認為整體發展才能提升國家的競爭力，所以提出了區域均衡與區塊發展的概念，希望大家不再單打獨鬥。北部以台北為發展中心，南部有高雄，而中部應以台中為「火車頭」，來帶動中部地區（包括台中、彰化、南投與苗栗地區）的發展。以美國紐約和英國倫敦為例，這兩大都市區內交通來往約需一個小時，相當於台中市到台中縣、彰化縣及南投縣的車程。若以台中為中心劃出一個小時圓圈的車程，可規劃出台中三日遊：第一天逛完台中市，第二天可以前往南投日月潭，第三天可到苗栗三義或彰化鹿港，如此一來，大家可共享觀光財。

然而，「火車頭」並不是「龍頭」，它要有更高的格局、眼界和實力，去除私心，領著大家一起走，敢做別人不敢做的，想做別人不想做的事，而且要做就是追求均利，大家都好！不是只求私利，要求別人讓步。我真正在乎的是大家能否加強合作，結合各自的特色及資源，互相支援，彼此配合，均衡獲利，共存共榮。區塊結合的目的就是「把餅做大」，夥伴都分得更多的利益。當然，中央也不要自居「龍頭」！

「走向西雅圖、超越新加坡」的藍圖

現在流行「知識經濟」，人家說知識可以創造財富，難道文化不行嗎？舉例來說，巴黎被視為世界上最重要的政治與文化中心之一，一年可帶來超過兩千三百萬觀光人潮的商機。無論是羅浮宮、奧塞美術館、龐畢度中心、巴黎歌劇院，或是它的時尚產業、法式美食，吸引人們來體驗它的文化與生活，疫情前的二〇一九年，創下觀光客達五千零三十萬人次紀錄。城市由於文化的定位明確，創造可觀的商機，我希望能夠結合文化與經濟發展，讓台中定位為台灣最具文化特色的城市。

建設台中，我心裡有一個「走向西雅圖、超越新加坡」的藍圖和夢想。西雅圖是美國生活品質最好的城市之一，我希望台中的空氣、陽光、水與居住環境都能像它一樣優質。西雅圖也有許多大公司，如波音、微軟都把總部設在那裡；居住環境好，吸引企業也有一套，所以說「走向西雅圖」。

至於「超越新加坡」，新加坡作為一個國際城市，它的清廉、效率和法治一向馳名。新加坡的招商及服務業的發展，對投資者極其友善，我還佩服他們的攤販管理。攤販是台灣許多縣市首長心中的痛，但是新加坡把攤販管理得很上軌道，反而把它變成觀光資源。

基於「區塊觀念」，我自然會積極爭取台中市升格為直轄市。升格絕不是單純為了增加預算，而是為了達成三贏局面，可促進台中市都會發展、中部區塊發展，以及全國均衡發展的三大「自利利他」目標。

以台中市為核心的中部都會生活圈已經形成，不斷向外拓展至鄰近台中縣的豐原、大里、太平、大甲、東勢等鄉鎮市，諸如交通、衛生、住宅、垃圾、治安、教育、防洪等方面，往往必須跨越既有行政區域界限，才能有效地進行規劃、擬訂與推動。

之前，生活圈內的各地方政府或因本位主義、財力條件不同，對於合作解決共同問題的意願並不高。我認為，提升台中市的行政層級或形成中部大都會行政區，才能有效改善既有的財政狀況，統一區域行政事權，解決眼前縣、市共同存在的問題。當時中央政府只考慮台中縣市之合併，其實我心中的區塊包括中彰投，也希望將海港與空港併入台中大都會，可惜中央的考慮與地方——大不相同！

我的考慮主要是台中市的全球競爭力，對國家整體是有利的。只有提升城市競爭力和整合中部區塊，台灣才更有實力積極參與全球化經貿市場，在新世紀的國際競爭體系中，取得立足之地。

6 市長如店長

我擔任市長之後，才深切領會任何一位市長想要做事，「有沒有錢」很重要。因為「巧婦難為無米之炊」，縱使有再好的建設構想，如果沒有經費，一切都是空談，只會變成空頭支票。因此，財政穩健是各級政府亟欲改善的目標！但此事知易行難，做起來實在不容易。編列預算時，民眾需求與財政負擔，常常互相拉鋸，大家都希望多做一些建設，問題是錢從哪裡來？

通常政府編列預算都是「量出為入」，先確定要做哪些事、需要多少錢，再設法尋找財源，自有財源不足，就爭取中央補助，中央補助再不夠，只好以賒借收入彌平，如果是「量入為出」，有些縣市恐怕付了人事費、水電費後，就沒法做事了。在這種情況下，有些縣市長為了求表現，不斷舉債，只聽到短暫的掌聲，不去注意財政赤字的問題，終將陷民眾於負債的惡夢。我認為負責任的縣市長不能一味只求建設成績單好看，而忽略潛藏的財政赤字，讓未來子孫負債。

我剛到市政府，市府所列預算被市議員質疑「虛列太多歲入」：「這是灌水！你說稅收有多少億，如果七八成都做不到，最後都變成債務。」

我問稅捐處長能不能做到？他表示會努力。我再對議員轉達：「我會努力。」有位市議員來勢洶洶地說：「如果你的預算能照編列數目達到，我辭職！」我很客氣地回答：「像您這麼優秀的議員，千萬不要為這件事辭職。」

雖然這問題當時沒有成為爭議，卻讓我瞬間體悟，市長的角色應該轉換為「經理人」，必須以市場導向的觀念帶動市政，營造企業化的政府，才能為市民、企業創造財富，進而增加稅收、推動建設，達到雙贏、甚至三贏的局面。也就是我常說的「市政靠市場，市長如店長」。

中科崛起：打造高科技新未來

回顧二〇〇二年左右，台中工業用的土地供過於求，有些在養蚊子。其實數十年來，台中地區一直是精密機械與零組件生產重鎮，後來因人力成本變高、競爭力銳減，工廠多移到大陸或東南亞，台中工業區的土地自然失去吸引力。我為了因應大勢所趨，往生物、奈米、光電與通訊航太等高科技產業發展，全力支持「中部科學園區」（以下簡稱「中科」）之進度。這項重大產業政策，不僅創造中市與全台灣高科技產業競爭優勢，帶動周邊產業高度成長，更有助於台灣北、中、南區塊的均衡發展。

「中科」是中台灣閃耀的黃金就業市場，根據我們評估，中科在五年內就可提供超過五萬個工作機會。

而為了讓前來中科設廠的廠商可以找到人才，我很努力。因為中科還沒有任何廠商進駐前，很多人都在觀望，不願成為「先賢先烈」，我就跑到竹科廠商對主管和員工演講，介紹台中環境與市府願景。苦口婆心加上道德勸說，只希望他們願意來台中工作。

有次我在下午五點多趕至新竹演講，那時設廠原則大致已定，但是如果不能吸引人才來台中，公司無法迅速順利運作。我演講目的主要是為了讓員工了解台中「是多麼可愛的都市」，希望他們支持公司決定，願意「移民」到台中來。

過了幾天，我接到當天聽眾的一封信。

她說，看到我為了台中的發展，趕來新竹努力「推銷」，連晚飯都沒吃，內心很感動。想到一位地方首長為了家鄉的繁榮與前景，餓著肚子北上演講，她在排隊買晚餐之時，不知不覺眼眶都濕了。這封信顯示我的用心被充分理解與體會，我也非常感謝。我回信請她不要再給我寫信了，以免我感動流淚。

事實證明「中科」這個大方向是正確的，中科才剛開始籌設，向中科招商推動委員會登記有意願的廠商就超過三百家，超出園區能夠負荷的九十家容量。連南科都來台中市招商，希望能吸收無法進駐中科的廠商到南科設廠。

友達進駐創造千億商機

然而，領頭羊的設廠經過可謂「關關難過關關過」。友達光電當時是全球第三大、台灣第一大的 TFT-LCD 液晶面板製造公司，他們有意進駐中科，生產大尺寸的薄膜電晶體液晶顯示器，想申請六十公頃土地，但國科會只核准四十公頃。正好那塊地旁有二十公頃左右的用地，所以友達希望市府能幫忙爭取到六十公頃用地。

用地增至六十公頃的考慮是，友達董事長李焜耀到韓國參訪，親眼目睹韓國政府積極輔導企業，不但提供土地，在技術、資金上都盡力協助與支持。隨便一家廠，就會核予一、兩百公頃土地。李焜耀看到液晶面板業的未來性，所以決定擴大廠房；但是，國科會認為台灣無此案例，如果核准等於「圖利他人」，因此不同意。

時任「台中市工商發展投資策進會」總幹事朱惠蘭向我報告此事，我承諾定會全力協助。二〇〇三年五月底，我親赴行政院面見游錫堃院長，說明此案投資始末，並請求協助。我說「台灣不能輸韓國」之後，游院長立刻找國科會商議，經過多次討論研商，終於核准友達的請求。

根據友達的進度規劃，一定要在七月底前動土，任何了解行政程序的人，都斷言絕不可能。於是，我緊急通知副市長，次日找齊所有相關單位，包括局長、科長及承辦人員，針對這個開發案開會。那段期間，正是議會開議時期。議會下午三點開議，我們中午一點碰面，當場按照友達的需求，馬上協調和分配，訂出工作時間表。

後來友達告訴我，他們沒想到台中市府的行政效率如此快速，市府的執行力與清廉度，也讓他們對地方政府的印象改觀——居然不必請任何人吃飯、喝酒和走後門，就能順利取得地方政府的全力支持，還有人幫忙追蹤流程。

在中央與地方政府共同努力下，不分黨派、充分配合，台中市以最短的時間完成都市計畫變更、環境影響評估及土地徵收作業，從行政院核定計畫到廠商進駐，只花了十個月又五天。相對於一般開發科學園區至少要花兩、三年時間，中科是少見的高效率。

二〇〇三年七月二十八日，總投資金額達兩千億以上的友達舉行動土典禮。他們預估中科新廠初期將進用兩千名員工，加上帶動周邊產業發展，至少可創造五千個就業機會，在全數資金投入後，可望帶來一萬個工作機會。

「旗艦大廠」友達進駐中科，讓其他許多原本在觀望的廠商有了信心，有意進駐者急遽增加，創下罕見的招商紀錄，也提振了中部工業界低迷已久的士氣。截至二〇〇五年二月，已有六十四家廠商獲准進入設廠，總投資額高達七千六百多億元。

我同時開闢「單一窗口、專人服務」，利於中科的運作。

高科技產業一來，對工業區的土地需求極大，之前人家連看都不看的土地，馬上行情不一樣了。本來一坪三、四萬都賣不掉的土地，二〇〇五年有塊兩千坪的土地，地段還不算是最好的角地，一坪居然賣到八萬元。

穩紮穩打的台中「陽光便利商店」

二〇〇四年九月份的《天下雜誌》公布調查結果，在「財政穩健」面向，台中市自有財源比率位居全國第二，僅次於台北市。賦稅收入成長率，也由二〇〇一年的負七．八％，到二〇〇四年成長為七．五％，而且是連續三年呈現正成長。財務改善之後，市府的重大建設經費不僅呈倍數成長，預算數目亦從二〇〇二年兩百三十六億元，持續增加到二〇〇五年三百二十一億元，但是市府負債並未惡化。所以台中市堪稱是財政最穩健的縣市，不但「超高趕北」，還遙遙領先北高兩市。

台中市財政健全的主要原因，在於開源成效良好，歲入預算有逐年成長的趨勢。我上任以後，稅捐處的賦稅達成率每年進步，到了二〇〇四年度更高達九七．一％。

台灣有十四個縣市自有財源都不到每年歲出的一半，必須仰賴中央補助，當中央與一般地方政府同樣都勒緊褲袋的時候，台中市這四年來還是逐年增加各項市政建設支出。財政與稅收，也許市民不容易感受到市府的用心，但它們卻是影響市政建設與民眾生活最重要的關鍵。

我自許成為二十四小時營業、全年無休的「店長」，希望在開源節流、精打細算的原則下，穩紮穩打，把台中打造成「陽光便利商店」，二十四小時不打烊！

7 市民需要「解決」，而非「解釋」

當年我剛上任外交部長沒多久，民調就跑在前頭。反對黨批評道：「胡志強才剛上任，根本還沒開始做事哩！」我那出身企業界及政壇的好友、目前在媒體界舉足輕重的趙少康駁斥：「那是因為胡志強有『品牌』啊！」

我既然當了市長，也需繼續維持我的「品牌」。當市長就像開店當店長一樣，第一天就要有業績，不可能向民眾說「新手上路，請多多包涵」。所謂業績，包括解決市民的問題。

我剛上任時，聽到同仁說「這個市長對人親切，在電梯裡還會跟我們說話，談到公事又太嚴格」。我承認自己公私分明，雖然愛護同仁，卻對他們要求嚴格，以提升市府效率為例，以往公文需要一、兩個月往返，現在可一天來回；基於環保考慮與減低交通事故，我們禁止民眾在馬路中間、安全島、橋及路樹上插選舉旗幟，實施「連日告發」，沒有緩衝時間，好像這也是台灣首見；以前馬路坑坑洞洞，現在「查報要快，修補也要快」，若沒有特殊原因（如破洞極大），當天必須修補完成。

不容忽視的小事，推動高效市府服務

有一回，台中市某區堆了一堆廢棄土，很久都沒人處理。當地里長向市府查詢，工務局拆除隊表示是環保局職責，環保局說由工務局處理較妥當。里長很無奈，準備自己掏腰包請人清除。我知道了這件事，出面要求環保局清運，馬上就辦妥了。

文化局前方路面曾出現一個大洞，通知負責單位卻久未處理，文化局怕行人危險，很用心地在洞口立了一個警告標誌。我知道這件事，馬上通知建設局，十五分鐘後就修好了。

在上任後幾次主管會報上，我花很多時間在叮嚀這些「小事」。我以文化局前的大洞為例，「如果有機車騎士經過而跌到洞裡，請問誰要負責？」對老百姓而言，「小事」一旦對生活造成不便或形成生命威脅，就是「大事」。我強調，要傾聽民眾的聲音，任何小事都要注意，如果連小事都做不好，大事怎麼可能做得好？

「各單位要釐清責任，不要踢皮球、互推責任，也不要什麼事都要市長出面才能解決。一個有效率的政府，處理事情時，要從民眾的角度出發，積極明快。」

「我不要看到一個市府團隊，總是走在民意的後面！」我一再強調：「我們不要總是事情沒做好，理由一大堆。」

市民需要的是「解決」，不是「解釋」。

民意直達：市長的「即時回應」模式

有人好奇我從中央到地方，感受有何不同？我最大的感受就是「與民眾很接近」，以前都在中央政府工作，即便你多努力，尤其是外交工作，不可能從國人身上直接得到回應，頂多是護照辦得快不快、服務好不好，仍然與民眾「有距離」。如今每天有無數的民意湧進我的辦公室，我以最直接的方式傾聽民眾的抱怨與建議。我的 email 或市長信箱平均一天七十封，也曾一天收到一百二十封，我每一封都重視。而且我發現，只要有做事，就會有回應。所以從「投入」（input）與「產出」（output）的概念來看，在中央政府和地方政府做事，真是有間接感受和直接感受的不同。

不少人猜測我可能難以適應地方生態，我一點兒也不會。不管什麼職務，讓我做事，算你賺到。台中鄉親選擇了我，我心存感激，就會讓台中市民覺得物超所值，真心歡喜。

當然，我不否認我的耳提面命、要求又多又細，一級主管承受的壓力都很大。這種壓力，有時也會轉嫁給其他同仁。曾任工務局長和環保局長的李立德坦承：「一開始，大家都受不了，人人心中暗問：天啊，市長要求那麼多幹什麼？」我深知大家有壓力，於是苦口婆心地與各級同仁溝通，請他們體諒，我的壓力不比他們少。只有建立大家正確的服務觀念，才會積極任事。積極成了習慣，壓力自然減低。

我常說，人在公門好修行，一件申請案，民眾雖然符合申請資格，一旦他選擇了錯誤的項目或填錯表格，就可能無法通過。如果第一線同仁站在民眾立場考慮，主動告訴對方應以何種方法申請，或幫民眾找到適用的解釋和條文，同仁就能在不違法又可幫忙的情況下，解決市民的問題，提高便民效率。

以市民的感受為感受

有位市民寫信給我，抱怨他申請兒童托育津貼補助，二月十五日送件進來後，直到四月十六日才核准。金額核下來後，他足足少領了兩個月的補助款。

「我們是窮人家，我申請補助，當然是因為迫切需要。我二月就申請，又不是我耽誤，是你們內部作業耽擱，為什麼讓我少領兩個月？」我馬上調查此事的原委，社會局承辦單位的說法是：處理公文本來就要花時間，而且根據「慣例」，如果上半月（當月十五日前）核准，這個月就可以領全月；如果下半月核准，這個月就只能領半個月。

我認為沒有道理，處理公文雖要花時間，但不能傷害民眾的權益，況且「慣例」不見得就「合理」，我下令只要合法，日後類似申請案件，除非缺件或不核准，否則核發補助金應以申請日為準，不能把市府行政作業的時間，算在市民身上。從此以後，台中市各項有關補助項目，未經補件，只要核准，生效日皆以申請日來算，而非核准日。

我願意為此決策扛起責任，同時叮囑大家：「要站在民眾的立場做事，以市民的感受為感受。」身為公務人員，時時刻刻從民眾的角度看事情，主動為人民解決問題，這何嘗不是社會正義的實現呢？

8 天邊彩虹和腳邊玫瑰

我原本學的是政治與外交，到台中市府以後，閱讀最多的卻變為企業管理方面的書籍。我看了書，經過思考、消化之後，擷其精華運用在實務上，相互印證，這項收穫令我相當驚喜和意外。

有一位工業區廠商曾問道：「我連一杯水都沒有請胡市長喝過，也不認識他，他為什麼要幫我的忙呢？」殊不知，我視廠商為台中的「貴人」，感謝他們都還來不及呢，只期望他們能像火車頭一樣，帶動台中經濟的景氣。工業區的領袖郭福一本來和我稍有距離，後來見我認真處事，也成了好朋友。

打破土地炒作，以成本價賣工業用地助企業

台中過去是台灣穀倉，也是機械工具重鎮。後來因勞力密集的產業失去競爭優勢，機械工具業逐漸外移。加上我國加入WTO後，對農業型鄉鎮造成衝擊，台中地區資源型與勞力密集型的產業，已逐漸失去競爭力。中科的成立，代表台中經濟與產業的新階段。台中地區專科以上的畢業生比例僅次於台北，因此在產

業的人力供應上、研究的水準與功能，都能有所發揮。

在中科尚未設立時，我就多次在公開場合表示：儘管大家對中科寄予厚望，歡迎科學園區來進駐，但是我們千萬不要忽略了傳統產業。像台中的機械五金，就是值得重視且發展得很好的傳統產業。尤其台中還有一個大型「台中工業園區」，內有近九百家廠商在此耕耘。

事實上，傳統產業的毛利雖低、成長較緩慢，但都有獲利，也都很重要。我對高科技和傳統產業的態度都一樣，不會偏心，很願意盡全力推動和幫忙。

我可能是全國第一個用成本價賣工業用地的市長，南屯的工業用地每坪售價四萬一千八百元，因為我不想靠土地剝業者一層皮。我下定決心，一個政府如果有志氣，就不要靠炒地皮賺錢，不必用工業區的土地賺錢。業者願意來進駐，我希望他們不要花太多錢在土地上，就可以把廠房蓋好一點。如果業績好、就業率高、景氣佳，政府稅收自然就高了，一切利益歸於市民。

解決擴廠難題，助企業留台發展

有一位自動化機器工廠董事長，寫了一封語氣懇切的信給我：「我也曾經想

安全的重大缺失。

郭福一申請多年未果，他妙喻：「七年後才碰到胡市長，他幫我們想辦法，派出所建了一年，又派來十三人小隊駐守，還好不像王寶釧苦守寒窯十八年，終於看到曙光。」其後，消防隊也來了！

我們的努力被看見，外移的廠商逐漸回流，台中工業區的業績也呈高幅度成長。台中工業區本來是由經濟部工業局管理，業者請願讓台中市政府來接管，因為他們說：「我們沒有碰過這樣為我們解決問題的單位。」但是，我反對。我說：「我不會永遠擔任市長，為我改了管理單位，萬一市長換人，你們不滿意，難道又要改回去嗎？」

9 放牛班的孩子也會進步

江湖上傳說「台中治安差」，這是真的嗎？

談到治安，過去台中市無疑是「放牛班」，但我深信：放牛班的孩子就算成績不好，也會進步。

一九九九年以來，台中的治安持續七年名列全國最後一名。台灣的治安案件如果以「絕對數」計算，台北市治安可能會排最後一名，可是這顯然不公平，因為它人口多。如果以每十萬人每年全般刑案數字來做統計，則比較公平。以此方式統計，從一九九九年開始，台中市就是排名全國最後一名了；到了二〇〇一年，惡化到每十萬人每年全般刑案有四千七百五十四件，而台北是兩千一百四十五件，高雄則是兩千九百四十件。所以，台中不僅名列「放牛班」，而且成績很糟糕。

治安挑戰：外來人口與警力不足成雙重壓力

前台中市長張溫鷹曾無奈地指出：中部六縣市僅台中市劃有特定計畫區可合法成立「九大行業」，而且周邊的商業活動都集中在台中市。台中市不是直轄市，在行政編制與預算編列都無法與台北市、高雄市相較，先天地理環境的難題，讓台中市肩負更大的治安壓力。

酒色財氣的大本營容易與犯罪事件「掛鉤」，不管店家是否合法成立，都有治安死角的疑慮，之前轟動一時的「耕讀園」槍擊案也肇因來自外地的「黑道弟兄」與人約在台中談判，一言不合起衝突，造成震驚全台的槍擊事件。媒體形容，流動的犯罪人口恰似「不定時炸彈」，隱藏在都市的大街小巷中。而四通八達、台灣山線與海線的中點站台中，更是首當其衝。

當我們在研究台中治安狀況時，不能忽視兩個現象：

第一，台中市的「外來人口犯罪率」，在每一百名獲緝的罪犯中，有五十二人是「外來人口」，是全國第一名。

第二，台中市的警察人力相對少，台北市約七千七百人，高雄市約四千四百人，而台中卻只有兩千四百多人。如果依據二〇〇一年的「警民比例」（人口數／警察員額的比值，數字愈大，表示每位警察的工作負荷量愈大）：台北是三百三十五人；高雄是四百二十六人；台中是四百三十七人。

台北市和高雄市發生的刑案比例比台中少很多，它們的警察人數卻比台中市多很多，在放牛班中成績最差的同學，卻得不到較多的照顧，情何以堪？

這幾年大家經常聽到「破窗效應」理論：一棟建築有扇窗戶破了，剛開始可能只是一個小瑕疵，但是如果沒人管、沒人修補，它一定會愈破愈大，其後垃圾與遊民也會隨之而來，漸漸形成治安的隱憂。它所強調的是：一件「小事」，你如果不去理會它、不去在意，破洞就會慢慢擴大。美國紐約當年的治安就是如此，導致最後幾乎不可收拾，居民生活在恐懼之中。

不法業者知道我們是玩真的

早年，台中市上班族早晨開車上班前，會看到停在路邊汽車的車窗貼滿色情小廣告，在某些路段停車超過一小時，不僅車窗被貼滿廣告，甚至連擋風玻璃都被封得看不見光。那時，在台中市大街小巷經常都可以看到這些「小蜜蜂」，也就是騎著摩托車的二人組，前者負責騎車，後者就負責「貼條子」，不僅停在路邊的汽車隨時被貼，整個街道路也隨處可以看到被丟棄或被吹落的小貼紙，造成環境汙染。

那段期間，台中市路邊也常常看到很多高懸色情招牌的廣告車停在路邊，上面寫著「五百CC（啤酒）銷魂暢飲」。這類廣告長久以來無法清除，再加上許多大樓的整棟建築都掛滿了燈紅酒綠的招牌，難怪有人質疑：台中到底是「文化城」還是「風化城」？

我告訴警察同仁：「治安就是跟宵小比決心，你有決心，你就會贏。執政者一定要讓不法業者知道政府掃蕩不法的決心與魄力。你就是一定要做到讓他們明白你是玩真的。」

我整頓治安的第一件事，就是用心開「治安會報」。早在一九九〇年，行政院從郝柏村院長上任後，就召開「治安會報」。縣市政府也有治安會報，最早都由市長主持，但後來隨其主事者對治安會報重視程度的不同，層級愈來愈低。漸漸市長自己不主持，最後也就無法達到會議的效果。

我上任後，幾乎都是親自主持每月一次的治安會報。除了盡量滿足同仁提出的要求（例如增加配備、購置服裝、補充經費等）之外，也要求大家努力改善治安。我影印美國前紐約市長朱利安尼（Rudy Giuliani）的「破窗理論」給同仁閱讀，要求大家不能忽視治安上的「小事」，才能完成大目標。

朱利安尼上任後，對一些妨礙社區生活、看似「小惡」的騷擾行為，如無照街頭攤販、出租車亂收費、街頭塗鴉等，都積極整頓。他還堅持，任何色情場所必須離開學校兩百米之外。結果，曼哈頓區四十二街那些原本銷售色情影片的店鋪很多都宣布倒閉；一些大型娛樂公司進入四十二街後，改變了那裡的人文生態與景觀。過去最被詬病的紐約地鐵，在朱利安尼的努力下也令人耳目一新。

我要求警察同仁必須上緊發條，展現決心，與時間賽跑，一旦決定要做，不管再怎麼困難，都一定要堅持下去。對連續十年治安都位居末座的台中市而言，必須脫胎換骨，這個城市才會有希望。

鐵腕行動：強力整治色情廣告

以高懸「五百ＣＣ銷魂暢飲」招牌廣告車為例，我們就把它當作「邀請函」，根據上面地址立刻持續登門臨檢。講完這話的兩週後，這些廣告車竟然都消失了。有少數依然存在的，則是貸款廣告，上面只有電話沒有地址，而色情行業一定要寫地址，客人才能上門。只要有地址，我就辦！面對業者隨意張貼廣告、破壞環境的問題，我們展開鐵腕行動，從二〇〇二年十月到二〇〇四年十二月，兩年兩個月期間共計移除近兩千萬件。

我也要求環保局同仁協助，認真取締車窗上的色情貼紙，舉凡違規的售屋及色情廣告，清潔隊員全天候拆除，沒有假期。有附上電話號碼的廣告，要在一週內斷話。如此一來，業者必須一再支付申請復話的成本。

業者通常趁半夜開始張貼色情貼紙，我就以「橡皮擦」和「立可白」行動，鼓勵市民和清晨上工的清潔隊員大搜索。每日清晨五點開始，清潔隊的同仁在掃街時，一併「回收」這些小貼紙，同時鼓勵民眾一起投入摘除行列，凡收滿一百張即可換取摸彩券一張，一千張則送獎品一份。如此，環保局同仁的付出發生效力，幾個月下來共沒收了三百二十萬張。

事實證明，業者因為完全看不到摸黑張貼色情貼紙的功效，賠本生意沒人做，最後只好鳴金收兵。

加強九大行業管理與提升公共安全

此外，我要求市府團隊全力加強對「九大行業」的管理，一方面全力掃蕩非法業者，另方面盡量將合法業者納入管理。八大行業的非法業者家數果然明顯減少，在二〇〇一年為三百九十九家，到二〇〇五年三月時減為一百零八家，尤其三溫暖、舞廳、舞場及電子遊戲場等行業，在二〇〇四年已無非法業者存在。

數字會說話，但是不管官方的統計數字如何，我認為民眾的感覺最重要。

二〇〇五年上半年，台中發生大火、造成傷亡的金沙大樓，在十六樓有個「滾石 Pub」，被稱為是「搖頭丸俱樂部」。我上任時知道它生意很好，也獲知可能有青少年在裡頭喝酒或服用搖頭丸，幾百人的空間同時擠進千人，又在高樓，引起我的關注。我提醒警察局和消防局，要注意並控制它的人口不能「超量容納」。

我問：「合法容納的人數是多少？」

消防局說：「沒有明確的相關規定。」

如果台灣沒有這種合法容納人數的規定，市府就很難取締，即使擠進一千人也屬「合法」。合法與非法之間，安全或是不安全，這種模糊灰色地帶，正是公權力最大的考驗和挑戰。我除了極力取締搖頭丸之外，要消防局設定一個安全標準，一旦超過這個容量，就進去安檢，等於是「間接」警告業主不能超量容納。不能「取締」，我總可以進去「安檢」吧？

結果警察局和消防單位在每週末都會去觀測人數，而且持續不斷進行，讓消費者心生疑慮而止步。Pub 生意受到影響，客人顯著變少，再也不會成為大災難的隱憂。

改善顯著，小汽車失竊率大幅下降

此外，台中市的小汽車失竊率曾是全國最高，以二〇〇一年為例，一個月失竊約七百部。這個數據是無法「吃案」的（因為丟車的人必須報案，才能得到保險公司理賠），台中市就努力以此為改善治安的指標。結果四年來一再進步，從一個月失竊七百部，降到六百部、五百部。國內「春安工作」從一個月擴大到兩個月，此期間台中市的小汽車失竊率居然也降到三百部以下。

還有，飆車最早發生在台中都會公園和東海大學前的東大路，幾乎都不見了。幾年以前，街道上的檳榔西施，打扮清涼露點、影響善良風俗的情形，也留在回憶中。

而且，當台中市治安在進步時，它與全國治安消長趨勢相較，更為驚人。舉例而言，把二〇〇四年一至七月與二〇〇五年一至七月全國犯罪數字與台中市相比，在全般刑案方面，全國案件增加率為一三．四％，台中市則減少一％；以竊案而言，全國案件增加率為二．九二％，台中市則減少了一三．〇八％。

我剛上任時，台中的治安滿意度為三七％，到第四年第一季升為六七％，有明顯進步。

老實說，台中市的員警人少事繁、勞苦功高，有如此的進步，是不是可以得到一些肯定？當然台中市的治安還有很大的改善空間，但是，當放牛班的孩子有了進步的時候，該不該給他一點掌聲？

10 天下沒有什麼可以限制太陽

法國著名的甜點大師皮埃爾・埃爾梅（Pierre Hermé）曾以「鹹食養人，甜食悅人」，形容品嚐甜食能讓人產生愉悅的幸福感，瞬間也把飲食提升至心靈層次。

我曾參觀美國賓州的「好時」（Hershey's）總部，它是美國最大的巧克力製造商，總部開放外界參觀，由於產品設計富巧思，商店充滿創意童趣，一年到頭訪客如織，已成旅遊觀光景點。

早年台灣有一項針對大陸觀光客「來台最愛買的伴手禮」民調顯示，第三名是烏龍茶，第二名是鳳梨酥，冠軍正是太陽餅。一位香港美食作家分析：「有些香港餅店也賣太陽餅，但內行人一嚐即知不夠道地，因為那獨特的風味只有台中做得出來。」見識過美國規模最大的巧克力工廠，我認為台中的太陽餅只要品質夠好，加上努力行銷，消費者就會上門。

極力推動太陽餅優良認證

太陽餅已有半世紀以上的歷史，是台中人的驕傲，由於它形狀像太陽，又是金黃色，故稱「太陽餅」，外皮酥鬆、內餡軟腴香甜。它的原型為酥餅，據傳由崑派餅店出身的魏清海師傅加以改良而成。在台中，單是生產太陽餅的糕餅業者就有三百多家，各有其擁護者。

早在推競選廣告時，我已把自己的腦袋和太陽餅相映照，強調我「在地」的特質。我上任後，也開始大力推廣太陽餅。只因庶民吃食何嘗不是「文化」的一部分，只要有特色，就能吸引人。台中糕餅堅持手工，與機械製作有很大差別。太陽餅聲名遠播的原因很簡單，就是好吃，好吃的東西才能行銷成功。

有一次，友人因買到品質欠佳的太陽餅向我抱怨，我發現當時坊間產品確實水準不一，加上大家日益重視健康與養生之道，對食品的安全衛生要求將更嚴格，所以我推動公會「認證」，針對糕餅的成分、衛生、口感等項目檢驗，等於是「進階把關」，一方面鼓勵業者精益求精，另一方面讓民眾吃得安心。品質穩定，才有機會走出台灣，行銷全球。

二〇〇五年，台中市糕餅同業公會舉辦太陽餅優良認證店家活動。一開始業者心存觀望，不知這是「蝦米碗糕」？有人暗中嘀咕：「做了幾十年都在賣的東西，為什麼要多此一舉？」台中三百多家業者只有八十六家報名，最後有十家入選，嘉味軒食品公司創辦人王清福也是其中之一。

王清福原是一家麵包店老闆，二〇〇〇年前後，夫妻倆承接多所中小學、幼稚園的生意。孰知由於景氣不佳，生意大受影響，加上他的脊椎因長期負荷重物而受傷，終致住院開刀，醫囑必須休養一年。屋漏偏逢連夜雨，店裡師傅走人、原物料上漲、工錢湊不出來……，王清福想改行開便利商店又缺錢付權利金，只覺山窮水盡、前途茫茫，常在夜裡和太太抱頭痛哭。

就在這個人生轉折點，王清福看到電視上播放我推銷太陽餅的片段，於是起心動念報名參加，居然入選前十名。我不僅親自授匾給通過認證的店家，還為他們大力宣傳打廣告，送禮時也都盡量採購他們的產品。我告訴業者：「我只是代言，你們要用心做出好東西，千萬不要讓我漏氣！」

以太陽餅進行無遠弗屆的「外交」

當台灣糕餅業普遍走下坡的時期，台中市是唯一逆勢上揚的地區。新店面不停開張，銷售額也持續增加。還有消費者驚訝地反映，在晚上八點居然就搶不到那家常買的太陽餅了。

為了加深消費者對產品的印象，我主張循序漸進，一次強力推動一個項目，太陽餅就是市府行銷在地糕餅的第一砲。我就任台中市長的第二年在台中市舉辦燈會，據統計，十二天之內光是太陽餅就賣了一億元，對台中市的經濟增添活力。

二〇〇五年六月，我帶著裝滿太陽餅和鳳梨酥的十箱行李到北京開會，行銷台中名產。我一邊在記者會介紹台中特色，一邊分送家鄉名產給媒體朋友品嚐，反應熱烈。在北京停留短短六十幾個小時，我上了十四個電視節目。我在「鳳凰衛視」的訪談中向主持人陳文茜介紹太陽餅的作法：用麵粉擀皮，一層一層做得非常薄，起碼幾十層，內餡是甜而不膩的麥芽，口感絕佳……，據說我講得「活靈活現」。沒想到我晚間走在北京路上都有當地居民問道：「您是台中的胡市長嗎？給個太陽餅唄！」我笑答：「要吃，你買！」內心其實頗為安慰：原來太陽餅竟在當地已具知名度。

回台後，時任台中市糕餅公會理事長游有義為我披上「太陽餅最佳代言人」的彩帶，感謝我成為台中市最好的推銷員。當時台中糕餅每年的總營業額約十億元，我如持續大力協助推銷，市場必有後勁。

很少人知道太陽餅還有特別妙用，第四十一屆金馬獎頒獎典禮經市府爭取，於二〇〇四年十二月在台中舉行。這是四十年來首次到台中，我必須找到特殊的亮點。我們邀請了侯孝賢、張毅、李行等大牌導演與會，尤其難得邀到身在海外、馳名國際的華人導演李安和吳宇森參加，可能是因我過去在新聞局長任內和兩位導演建立了深厚友情，讓他們願意在百忙中參與盛會。

吳宇森因執導《英雄本色》、《變臉》等電影名聞遐邇，可是由於臨時檔期全滿不克出席，他親筆寫了一封信婉轉向我解釋原因。我立刻回信，並附了一盒太陽餅給他。吳宇森回覆：「吃過太陽餅，我會想想看，重新排定行程。」吳宇森很夠意思，最後排除萬難、飄洋過海來參加典禮。他對媒體坦承：「這次來台參加金馬獎，除了市長的盛情邀約，其實是衝著台中特產太陽餅來的！」他還強調：「真是回味無窮，我非來不可。」

記者寫道：以台中名產太陽餅進行無遠弗屆的「外交」，是外交部長出身的胡市長最常採用且具有奇效的絕招之一。

舉辦太陽餅節，成功行銷

從二〇〇五年到二〇〇九年，台中市府連續舉辦「太陽餅節」，集中火力促銷台中名產，風風火火，掀起太陽餅的熱潮。二〇〇七年和二〇〇八年推出的「買一送一」活動，尤其轟動武林、驚動萬教。甚至有民眾清晨從台北殺到台中搶購，我去主持開幕儀式時，碰到他趕車返北，他告訴我一次買十盒，因為送禮或自用都很實惠，連聲讚道「實在太划算了」。二〇〇九年，台中業者做出全世界最大的太陽餅，成為各大媒體的焦點；同年底，大陸海協會會長陳雲林來台中參加「江陳會」，更主動表示樂意擔任太陽餅在海峽對岸的代言人。

為了讓整個產業更上層樓，我向業者提出「把餅做大」的三大呼籲：一是「品牌化」（提高品質）、二是「觀光化」（工廠公開讓遊客參觀）、三是「有效行銷」（開拓台灣和國際通路）。前兩項要靠業者努力，打開通路則是我的責任。

我建議他們參加國際標準認證之一的「清真認證」，食品有此認證才能夠銷到回教國家，開拓更廣通路。也慎重提醒他們：飲料界的暢銷品牌可口可樂，聽說只要一天不做廣告，營業額就有差，連世界級大品牌都需要宣傳，我們糕餅業者也一定要持續宣傳下去。

「陳允寶泉」的總經理暨全國商業總會副會長翁羿琦，有次跟朋友聊天時提及：「跟台中房地產、建築業的產值比起來，我們糕餅業真是小到不能再小的產業了，但胡市長還是很努力認真為我們行銷，完全沒有大小眼。」

支持糕餅業者出國行銷，帶動外銷成長

在我心中，台中的每種行業都很重要。以糕餅業來說，市府除了舉辦各種節慶與博覽會，行銷太陽餅與在地糕餅，我帶業者出國遠征參加展銷會，是想讓海外人士加深台中是「台灣糕餅故鄉」的印象。我們到紐約、香港、新加坡、北京和上海等地，所向披靡。到美國紐約，有人擔心聽不懂英文，我在行前教他們「Delicious」、「Yummy! Yummy」、「Thank you」這幾句英文應付大小場合，其他的則由我來。事實證明，他們有這幾句英語就很夠用。

在紐約，當展場開幕時，群眾差點擠破玻璃門。我特別拜訪華人商會理事

長，希望對方大力協助業者把太陽餅推廣到美國各州超市，並安排業者與當地經銷商對接，商議外銷的程序、技術和細節。其後果然有太陽餅成功外銷歐美亞洲的例子。

去香港辦活動，我們業者在現場拿桿子擀餅皮，展現絕活，示範製作過程，再請來賓佐茶享用事先備妥的糕餅，還特別叮嚀要先烤熱或微波後再吃，更加美味。果然人人大快朵頤、讚不絕口，業者也趁此機會接了不少單。

他們幾次參加市府帶團出國的行銷活動，無須付費，飛機票也不用自掏腰包，市府經濟發展處早已編列行銷預算，因為這是推展台中經濟的重點項目之一——我相信只有老百姓賺大錢，政府才會有豐沛的稅收。我上任時，太陽餅每年約有三千萬的產值，到二〇一三年保守估計已高達十一億多，成長超過三十三倍，而且後勢看漲。值得一提的是，為了因應外銷，台中糕餅已在這一年獲得新加坡及台灣食品安全檢驗的雙重認證，可謂一大突破。

王清福每年都去參加認證，他跟朋友說：「胡市長真的說到做到，讓大家到台中必買伴手禮，而且非買太陽餅不可。」

我則宣示：「天下沒有什麼可以限制太陽！」

11 一枝一葉總關情

我每天接到許多市民來函，必定一一慎重處理，絕不馬虎。有一次收到一封高中生寫的信，要我請記者一起看看她母親辛苦經營的肉圓店，我自然從命。想不到幾週後收到一件她的書法，署名「小市民蘇琦」，讓我相當驚喜。

宣紙上「衙齋臥聽蕭蕭竹，疑是民間疾苦聲，些小吾曹州縣吏，一枝一葉總關情」的詩句來自鄭板橋的作品〈濰縣署中畫竹呈年伯包大丞括〉，字體秀麗工整，極富神韻。這首詩的大意是：在衙署書房躺臥小歇時，聽到了窗外陣陣風吹竹林、蕭瑟悲涼的聲音，令人疑是百姓因生活疾苦而發出哀鳴。我雖只是小小地方官，老百姓的一舉一動、所思所想卻總是牽動著我的心。

鄭板橋在清乾隆十一年擔任山東濰縣縣長，因地方鬧饑荒，不顧他人勸阻，下令打開官府糧倉，借糧給災民，因此救活了一萬多人。他並且大興土木，為災民安排工作。沒想到當年秋天農作物又歉收，鄭板橋體恤老百姓，把他們的借條全部燒掉，一筆勾銷。由於他廉政愛民、處事公正，任職的十二年間沒有一件冤案，人民萬分感佩。

蘇琦以此勉勵我要以蒼生為念，時時刻刻關懷民生疾苦，並傾聽人民的心聲。當時她是台中二中的高二同學，卻有「家事、國事、天下事，事事關心」的胸懷，讓我非常感動，也心生惕勵，特別將這幅書法裱框，掛在辦公室牆上。

我雖然珍惜「一枝一葉總關情」的涵義，但是後來有機會見到了台北市長蔣萬安，對他萬分期許，就「割愛」把這幅書法送給了他。他看了非常歡喜，一直複誦「一枝一葉總關情」。送對的人，我心中也極愉悅。

一張百元鈔票的深刻紀念與感恩

我在各個不同單位工作時，曾收過若干禮物。逢年過節時，辦公室好像花店，我都把花送給各個樓層的同仁，分享喜氣，自己的辦公室留一、兩盆就可以了。若因調離原單位，遷動之時，我就把手邊的禮品，送給一些平日費心照顧我、支持我的外界友人，其中也有字畫如張杰、葉醉白、歐豪年等名家的作品，我一直感覺——告別也是感恩的時刻。

但是迄今我仍留在家中的禮物：一張百元鈔票，是一位吳晶晶女士送我的。她曾在中廣工作，是一位傑出的廣播主持人及行政主管，還得過中華民國第十八屆十大傑出女青年獎。我因在新聞局工作而認識她，但不易時常見面。有次她託人送了一張百元鈔票給我，我看了大吃一驚，原來鈔票的序號是 J S 370515 VB B，370515 正是我的出生年月日啊，她怎麼會注意到而又取得這張鈔票呢？我致電表達謝意之後，把這張鈔票裝框留在家中，因為實在深具個人紀念價值。

之後她於二〇一四年來看我，表示願意到我即將成立的競選總部當志工，我問：「妳不是在台北工作，怎麼能來呢？」她表示母親年事已高且住在台中，為了陪伴母親已辭去工作，我當然心懷感謝。在競選期間，我到總部並沒看到她，問起來才知道她因感冒請假幾天。選後又驚悉她在十二月初因病辭世，方明白她早知得癌，才回台中陪伴母親又為我助選，我心中無限遺憾，也感激她的一片好意。她的百元鈔，經我裱框，永遠放在我家陳列，我不會忘了她！

一項艱難決定：穩住農會金融秩序的背後故事

提及「一枝一葉總關情」，我還記得另一件事，可能外界不知，但我是盡了全力、冒著風險，幫助了縣市合併後大台中所屬的各個農會。

那是在台中縣市合併升格直轄市後，依照規定，其「資產」（包括現金、存款、動產、不動產）及「負債」，由直轄市概括承受；原有的鄉鎮市公所公庫存款，需繳入市庫集中支付處理。

也就是說：原台中縣鄉鎮市農會，本來是鄉鎮公所公庫，改制後存於農會的存款必須「大搬家」，搬到市政府的公庫台灣銀行才合法。但農會一下子少掉鄉鎮公所的大筆存款，如同「大失血」。因此，多位農會總幹事心生惶恐、四處奔走，呼籲市府不要「抽走」公庫存款，影響農民借款的權益。

我明白此舉將造成農會極大的衝擊，無論如何不能坐視不管，但法令也必須遵行，於是搜索枯腸，思考如何幫助農會度過難關。我請相關局處研議後，決定將幾個市府基金沒使用的部分，存到農會。當時，市府拿出存放在各銀行的區段徵收基金存款約二十七億元，以低利率利息轉存各區農會，幫助農會穩定局勢、解決困境。

時任台中市府財政局長李錦娥認為，我的決定「及時穩定了基層農會金融秩序，同時也達到發展農業及照顧農民的目標」。

其實這是全國首創、空前的做法，不過也面臨了嚴峻的挑戰，我因此數度受到審計單位「關愛的眼神」。但是我早已覺悟：身為首長需有擔當，也必須扛各種壓力。幾年來，我就算因此被審計機關責難，仍然堅持去做。

時任太平農會總幹事李淑貞指出：「不是每位市長都願意承擔這樣的風險。」我笑回：「如果我真的去坐牢，相信各區農會總幹事到時候一定會提著水果來慰問我。」

「衙齋臥聽蕭蕭竹，疑是民間疾苦聲」，據說我的決策不但及時穩定了基層金融秩序、化解可能引發的風暴，而且還照顧了廣大的台中市農民。後來這筆錢已經收回，輕舟已過萬重山，農會安然挺過兩年的過渡時期，也調整內部的發展策略，一切營運如常，農民也一樣過尋常日子，彷彿什麼事都未曾發生、沒有改變，外界也未必注意。

我的同仁、時任民政局長王秋冬在我辦公室看到這幅「一枝一葉總關情」書法，深深被觸動，於是「暗中」複製一幅，現在放在他台北市政府勞工局局長辦公室的牆上，時時督促警惕自己，但不知蔣萬安市長是否知情？

12 開會的「江湖一點訣」

我在外交部長任內，有次搭國內線班機出差。因為很早就到機場，地勤人員很客氣地請我到貴賓室休息。

過了一陣子，有人通知我飛機延誤、晚半個小時才會起飛，請我繼續在貴賓室等候。我喝了很多杯咖啡之後，終於可以登機了。航空公司為了禮遇我，讓我最後才登機。我一進機艙，已坐定的旅客之中有位乘客大聲說：「部長，你也要坐飛機喔，原來飛機就是在等你！」

我百口莫辯，其實我很早就來了，我也跟你們一樣在等飛機啊。但國內線航班較少人去貴賓室候機，我缺乏人證；旅客又始終沒看到我出現在候機大廳；我又是最後登機的人……一連串的巧合，讓我只好「揹黑鍋」。我雖然數度向那位先生說明道歉，但他完全不理我，看表情也不接受我的說法。從此以後，我不但準時到，而且一定去「現場」等著；坐飛機如此，坐火車如此，參加群眾活動也不去貴賓室，連自己主持會議亦如此。開會時間一到，我就宣布「會議開始」，免得別人誤會我遲到。

改革會議文化，提高工作效率

過去，台中市府的會議往往一開就是兩小時以上，不但累得人仰馬翻，效果也不佳。一般會議都有個慣例，等全員到齊後，司儀再去請主席來。一來一回拖拖拉拉，正式開始的時間往往比預定時間晚個二、三十分鐘，久了就成為常態。一個會議只要延誤半小時，接下來的另一個會議就跟著延誤，常常讓與會者行程大亂。最後，時間表就失去原有的意義。

我主持任何會議，一定準時，甚至提早到會場。開會時間一到，我就準時宣布開始議程，人沒到齊也不例外。剛開始，習慣遲到的人一進來，都會猛然嚇住。一次、兩次之後，大家看市長每次都如此，上行下效，主管和與會同仁不再遲到。

我也把市府會議的時間控制在一個小時左右。我認為一個會議，時間超過九十分鐘就沒有效益，也表示主持人沒有掌控時間的能力。其實有很多部屬，是藉由長官主持會議的功力，來判斷長官的能力。因為透過一般見面打個招呼、哈拉幾聲，部屬無法探測長官的實力，只有在會議上，部屬可以近距離觀察主管說話有沒有條理、頭腦清不清楚、做事有沒有效率，尤其是能不能解決問題。

「因此，要好好把握機會展現實力。」我語重心長地告訴市府主管：不要讓一個會議開了三個小時，大家都累翻卻沒有結論，殊不知部屬等得心焦。

所謂「台上一分鐘，台下十年功」，武功是否高強，就決勝在大大小小的會議中。我也不希望在會議中同仁一再宣讀書面資料，資料應該先發給與會人，讓他們先準備好，現場讀資料只是浪費大家的時間。會議也不是爭相表功的場合。

我更強調：與會者發言也要簡明扼要，重要的是充分討論、交換意見，充分協調解決問題，或由我提出解決方案。

當然，開會時，偶爾也有「失控」的情況，例如，會議流程排定「工作報告」後接「提案討論」，承辦人在進行工作報告時突然有人發問，報告者又急著解釋、回答，等於提前討論。等到真正進行「提案討論」處又重複剛才的內容，以致會議進展緩慢，在原處打轉。如果主席當機立斷，請大家先暫時別提問，讓報告人完成報告再進行討論，會議的進行就會較流暢，不會拖延。

我請求大家開會前先看資料，其實這是重點。一般人開會，常常是到了現場，連桌上擺的資料都來不及看，就開起會來。由於對事件的了解不夠深入，提出很基本的問題或外行的建議，不但讓辛苦報告的承辦人覺得很氣餒，也是在浪費大家的時間。

我在參加會議的前一天，一定先閱讀有關資料，勤做功課，深入了解事情的始末，即使提問，也比較容易一針見血。如果主事單位答覆抽象、言不及義、答非所問，都會被我退回重擬。如此，會議才不會流於形式，才能對準議題的癥結及關鍵。最後，由我綜合歸納大家的意見，明快做出決議，讓與會者滿意，會議才算成功。

「積極主動、勇於任事」的做事哲學

我常伺機調整會議的流程，避免同樣議題在原地停滯不前，並建立同仁「時間成本」的觀念。公務人員，領的是固定薪水，一件事早結案、晚結案，領的薪水都一樣，「但是民眾的感覺會不一樣！」我很慎重地提醒。我利用各種機會，灌輸同仁「積極主動、勇於任事」的做事哲學：花同樣的心力，如果主動提早完成，可以得到市民的肯定，不致成為任何人不滿的標的，不必因加班增加自己的疲累與政府的成本，每位同仁本身也可獲得最大的成就感。

後來，至少在市府內部、上上下下已形成共識，大家變得很有默契。台中市府開會，與會者只有早到或準時，甚少遲到。人人守時，互不耽誤，就避免了失去效率的「骨牌效應」，市府業務的運作也更井然有序。

但有時我因活動行程排得太緊，「跑攤」時的交通偶有狀況，或是接待的人及現場來賓太熱情，不放我走，難免有所耽擱，我一定先用電話「報告」，希望大家都能「理解」而耐心等候。

此外，我要分享一個參加會議的訣竅：尤其是在國外參加會員眾多的國際會議，我總喜歡第一個發言。我在台中市政府十三年，曾多次參加以城市為單位的城市會議，會議通常很長、議題很多，我總選擇最重要的場合，率先舉手發言。如果事前有做準備，言之有物又有獨特的見解論點，休息時會有許多人主動來跟我打招呼，熱情地表示他來過台灣或台中，發生「插旗作用」（Show the flag），讓人留下深刻印象！如果有後續的互動和邀約，更容易達成目的。有一次在比爾・蓋茲（Bill Gates）主講的會議上，我就一再舉手，他很高興地回答我：「謝謝你，等一下我一定最先請你發言。」另一次在伊斯坦堡，發言之後，主持人伊斯坦堡市長也邀我共享午餐！

13 蓋球場，像追女朋友一樣

要成為一座國際化都市，並不是光講講就算了，以蓋一座棒球場為例，所有軟硬體的規格必須符合國際水準，才有機會在此舉行國際賽事。

二〇〇四年，台中市政府開始興建「台中市國際標準棒球場」。二〇〇六年十一月九日，棒球場完工啟用，首場比賽是「二〇〇六年洲際盃棒球賽」，後來為了紀念啟用後第一場在此進行的比賽，而改名為「台中洲際棒球場」。

未啟用前，球場施工的時程嚴重延宕，眼看著完工日遙遙無期。有一次，我語氣沉重地對專案經理吳世瑋說，我們蓋這個棒球場，就像追女朋友一樣，努力了老半天，如果最後她嫁給別人，一切都完了，請他務必要全力以赴！

十一月要舉行洲際棒賽，四月時球場只完成四〇%左右的進度。主體建築內隨處可見裸露的鋼筋，外頭一片黃土地，塵沙飛揚，現場怎麼看都不像是棒球場。這座將近兩萬席的棒球場，工程難度極高，原來的建築師因故解約，以致進度大受影響。後來有三個包商分別負責監造、景觀與計分板，進度緩慢，大家都只顧自己的那一塊，缺乏整合機制。

這可是我們好不容易爭取到的機會，補助經費的單位「行政院體育委員會」（後改制為教育部體育署）話說得直接犀利：「沒做好，三億的補助金就沒有了。」當時市議會也有議員預言：「不可能如期完工！」

迫在眉睫的挑戰：洲際棒球場的建設

時任建設局技正吳世瑋被派來當「救援部隊」，輔佐當時的建設局長王誕生，被任命為專案經理，鎮日在現場監工，周旋於廠商、建築師之間，負責協調及整合資源。什麼東西該誰做，現場開協調會馬上決議，進度終於有起色。王誕生每晚向吳世瑋「問安」，了解工程的進度；我則鍥而不捨地緊迫盯人，每週都去現場勘查一次。我不是站在大門口晃一晃而已，都是走到最高處或最裡面一一仔細查看，然後發表許多意見。

八月，時任國際棒球總會（以下簡稱「國際棒總」）執行長米奎爾（Miquel Ortin）來勘查場地，臉色很凝重。他相當憂心棒球場的進度，還寫信提醒王誕生，說這整個場地活像一個大工地，三個月一定無法做好，要他們趕快尋找替代場地。

全市府上上下下都了解：如果這事情沒辦好，不但三億元補助飛了，面子也沒了，而且還會丟臉丟到國外去。該做的事，同仁還是悶著頭繼續做，如有跨局處的事則由我親自協調。施工團隊不眠不休地趕工，很有默契地自動放棄中秋連續假期。

洲際棒球場的電子計分板，本來是由市府教育局發包執行，但眼看時間趕不及，教育局上簽呈建議建設局接手，建設局同仁無人贊成。後來建設局長王誕生同意接下燙手山芋，因為他深知這個案子如同進入急診室，交給其他單位沒有任何希望，到建設局可能還有「一線生機」。但因時間迫在眉睫，來不及用進口貨，預算也不夠，於是建設局東問西問，請教專家學者，開了一個不用進口的規格。得標的建築師很幫忙，出了兩個工班，白天晚上趕工，才如期完成國產的LED電子計分板。

我向大家喊話：「這是一個只許成功、不許失敗的任務，對已承諾的事沒有任何理由可以打折扣。我期待看到的是一個成熟、專業的棒球場，而不只是一個『嶄新』的棒球場。」

分秒必爭，緊急順利完工

中華棒協於十月四日勘查棒球場，對現場看到的景象也不甚滿意：場地仍顯凌亂；主體工程地面只是鋪上水泥；二樓以上都還沒裝潢；外面綠化植栽仍未進行；大型計分板還未安裝好；看台區的座椅也只安裝七成……。中華棒協要求施工單位務必在兩週後（十月十八日）於國際棒總再度勘查時順利完工。我更要求市府團隊，勘查前一定要上緊發條，完成周邊環境整理，室內冷氣必須安裝妥當，不能呈現「施工中」的狀態。前兩晚，我親自跑去主持協調會，緊盯各種項目，包括玻璃要亮、地面要乾淨、沙發都要進場等。

勘查當天，之前陪同國際棒總前來、時任中華棒協國際組組長戴建帆表示，市府前兩個月來的趕工成果，相當不可思議，他認為棒球場規模與設備幾乎已經是國內棒球場之冠。

然而，古有明訓「三個和尚沒水喝」，三個負責的包商沒人願意清掃，都認為這不是他們的事。環保局在開幕前一天動員四百人掃地，同時克服消防設備的使用等問題。

棒球場終在預定比賽前完工，讓洲際盃棒球賽在十一月九日風光熱鬧地舉行。

當時吳世瑋曾鬆了口氣，他認為我擔任市長已是第二任，一般人就不會在乎這件事能不能做成，但是我不一樣。儘管過程不容易，但是我們終於順利追到女友了。

事後我為台中市開先例，記了兩位公務人員兩個大功，以資獎勵。以往一個重大工程，最了不起記一人大功，這次有兩個人記兩個大功；以前根據慣例只發獎狀，這次我發五萬元獎金，因為這是一個很大的成就，同仁努力做事，而我看到了。

光廊奇蹟：棒球場的夜間地標再造

台中升格為直轄市後，我發現洲際棒球場白天看來很好，晚上卻黑漆漆一片，無法展現「地標」功能。於是我想到一個點子，希望能製作一座有創意的「桁架光廊」。當王誕生向建設局同仁提出我的構想，反對聲浪一片，相關單位表示因為不是新蓋的球場，草地的排水設備已經做好，若吊車進駐會壓壞設備和草地，無法克服技術上的困難。

之後，我詢問王誕生進度，無法認同部屬提出的困難之說。同仁們還沒做就說不行，在我看來盡是公務人員的心態。我堅持要他們再多詢問幾家廠商，之後來投標的建築師事務所竟然不約而同都說「沒問題」——因為燈很輕，吊車可以放在場外，不用特別技術、不必破壞草地就可以操作。原本不知如何克服的技術難題，到頭來根本不是問題。

王誕生後來向記者透露，幸好當初沒打退堂鼓，我的堅持讓他們有動力去推動各種可能。也正因為嚴格的要求，三千八百萬元的預算最後達到了五、六千萬元的效果。

大型桁架特別仿照棒球上的紅色縫線設計，跨越內野看台的後方，頂點至地面高達四十八公尺。原本單調冰冷的桁架，再加裝薄膜ＬＥＤ燈之後，成功營造「球場光廊」的意象。每個週休假日的晚間，洲際棒球場就會定時點亮，光芒照耀夜色，讓棒球場成為市民約會的好所在。

我向外賓介紹台中景觀的時候說：洲際棒球場的光廊可能是世界唯一，也是「棒球首都」的特色。它點亮了城市的夜，相信將成為台中市另一個令人驚豔的地標。

洲際棒球場的完工證明了：從六十分到一百分，最大的差別應該是市府同仁

「堅持到底、全力以赴」的決心吧。

14 有時星光、有時月光

「如果我們其中一人要出事，為何會是曉鈴？」這個問題曾在我腦中盤旋無數次，最終只能無語問蒼天。

二〇〇六年十一月十八日下午，我與黨內資深前輩蔡鈴蘭大姐約好一同下高雄為國民黨高雄市長候選人黃俊英助選。以往只要是選舉場合，我盡量不帶曉鈴出席，但競選總部特別表示希望她也出席，期待她能幫忙衝人氣，何況曉鈴覺得黃俊英人很好，應該全力支持。

Amy（蔡容蓁）是市長室祕書，也是曉鈴的好友，我們夫妻出門很少找她陪同，她說黨部一直拜託，加上曉鈴也盼她能同行，於是請假跟我們一起南下。

競選總部希望我們下午兩點抵達，我們都沒有吃午飯，想不到抵達以後就上車遊街，一直到下午五點多才結束。當晚台中有兩場重要的大型活動，我急著想趕回參加，於是直接驅車回台中。上路沒多久，曉鈴說肚子餓想吃東西，我們花了點時間來到台南的阿霞飯店。

進餐廳之前，暈黃的街燈下，一位老先生走過來問我：「要不要拜拜？金紙兩百五十元，拜拜保平安。」他把金紙遞到我面前，我因趕時間沒答應，委婉解釋：「這次沒空，下次再來拜，好不好？」

老先生認出了我，語氣有點急：「市長，你聽我的，一定要去拜拜！」他非常堅持，不死心直拉著我。

「今天真的比較趕，下次再來，一定去拜拜，謝謝你啊！」我回覆。近七點，我們吃過飯上車，我特別和 Amy 換位子，讓兩個女生可以聊天，曉鈴就坐在我平常坐的主位。上了中山高，因為塞車，車速緩慢，我想小睡片刻，便到廂型車最後面的第三排躺著，瞬間進入夢鄉。

「轟」的一聲巨響和強震，把我驚醒。

車禍發生的瞬間與救援

本來橫著的長椅，居然直立在眼前，我人蹲著，而且整台車竟是左側朝地、正高速滑行中。我本能地以雙手護頭，後來緊抱著前排椅子，隱約還聞到燒焦味。

車子滑行後重重撞上中央分隔島護欄，撞擊的反作用力讓整台車反彈回車道，旋轉，然後靜止。密閉空間裡瀰漫著濃濃的汽油味，和因摩擦產生的熱氣。

我馬上呼叫太太：「Shirley（曉鈴），不要怕、不要怕，沒事！」我急喚前座司機：「趕快找出口、打一一九！」不知怎麼地，門全被卡死，我怕下一瞬間就起火燃燒，甚至爆炸，請司機趕快拿槌子打破擋風玻璃，可是一時找不到槌子，情急之下，司機與隨扈開始用腳踢擋風玻璃。

這時，我聽到哭聲，以為是曉鈴。「Shirley，不要怕、不要怕！妳沒事吧？」曉鈴沒出聲，原來哭聲來自 Amy。「不要哭，馬上就可以出去，」我安慰著 Amy，連聲問「Shirley，妳在哪？」曉鈴還是沒回應。

擋風玻璃被踢破一個大洞後，我們有了逃生出口。我在車子第三排的角落找到曉鈴，她全身是血，整個人蜷縮著，更觸目驚心的是左手血肉模糊、骨頭外露，鮮血不斷湧出，身上還有碎石子、玻璃碎片。

「好冷！」微弱的聲音傳出，感謝老天，她還能說話，我看到旁邊有毯子就趕快包住她，請司機、Amy 及隨扈幫忙將她抱出車子。我們退到路肩後，差點被後來的車子撞到。車子已嚴重變形，側躺在路中央，應該是被一輛疑似超車又超速的小客車撞擊，失控翻覆。根據痕跡顯示，我們滑行了六十多公尺。這期間曉鈴的左手伸出車窗外，一直受到摩擦。

救護車將我們火速送進了奇美醫院柳營分院，途中曉鈴喊口渴，而且不要我碰她，因為會痛。晚上八點二十幾分，我們到了醫院，曉鈴馬上被推進急診室。Amy 虛脫腿軟，和曉鈴被安置在隔壁床。

我是自己走進醫院的，醫師幫我進行全身檢查，發現我的前額受到撞擊，有輕微腦震盪現象，而且胸部受到擠壓，必須住院觀察。我身上有幾處外傷，最嚴重的是左手上臂，被磨掉一大塊像乒乓球一般大小的肉，深可見骨，由於傷口上面沾滿瀝青，骨頭被「染」成黑色，這個黑色印記持續五個月後才消失。

我原以為同車四人的傷勢都無大礙，太太也不會太嚴重，誰知她從「救手」變成「救命」。後來情勢像是失控的雲霄飛車，急轉直下，壞消息一個接著一個，我也由原先的冷靜變成慌亂。

曉鈴的截肢與生命危機

九點半，奇美醫院副院長李浩銑進急診室看我，我被送到病房，那時曉鈴已進入加護病房。院長詹啟賢聽到消息後，馬上回醫院，並緊急召集各科主任醫師組成醫療團隊，除了值班醫師，還調動兩院區資深醫師。稍後，心臟外科主任鄭伯智進開刀房時，還莫名其妙地摔了一跤。

詹啟賢跟我們夫妻倆是好朋友，他擔任衛生署長時，我是外交部長，他對外交工作幫助很多，後來我們都離開政府，仍然時相往來。這一次在我們夫妻最危急時鼎力幫忙，親自坐鎮指揮，對他我永遠感念在心。

當初，醫院考量到我的身體狀況，認為我也是病人，怕情緒起伏太大，到時連我也需要急救，只肯婉轉告訴我「太太可能要手術」，並未讓我了解全貌。真正清楚曉鈴面臨的危急狀況，是直接跟內弟邵國寧確認才知曉。國寧時任署立彰化醫院院長，本身也是神經外科名醫。我一到醫院後，馬上打電話請他趕來。在到奇美醫院的途中，國寧先了解到曉鈴是「病人有意識，但面臨截肢」。後來他向我證實：「姊夫，姊姊的左手必須截肢。」

「一定要截嗎？」我語帶遲疑。國寧說因為是粉碎性骨折，組織受損嚴重，根本無法重建，若不截肢，反而會因為持續的大量出血，影響生命安全。

「可不可以請醫師截少一點？」我還想討價還價，心裡盤算若截得愈少，日後比較好裝義肢。我隨後告訴國寧，他比我專業，交給他全權決定。國寧是醫師，又是病人家屬，奇美特別通融他進入開刀房，有任何狀況也可立即與他討論。國寧走後，我腦海中不斷重複「曉鈴要截肢」這五個字。「曉鈴截肢，我就要辭職！」我跟身旁的黃國榮透露辭意。

國榮時任台中市文化局長，曾擔任我的機要祕書，一聽到我發生意外，立刻趕來。

「唉，太太為了我失去一隻手，總該換回一個丈夫！」我真的非常心疼曉鈴，嫁給了一位工作狂，無怨無悔出借丈夫多年，還連累她失去一隻手。這些年我真的對不起她，此時此刻，我充滿悔恨。

半夜，國寧再次進入我的房間，這回他臉色凝重，他說：「姊姊狀況不太好，她現正在CPR！」

我腦中有如五雷轟頂，不是進去救手嗎，怎麼才過一個小時，就變成救命呢？我一愣，突然墜落無聲世界。「姊夫，醫生隨時會宣布，你要有心理準備！」突然有聲音把我拉回現實，「準備」什麼？曉鈴的後事嗎？我整個人開始驚恐，眼看就要崩潰。

「祈禱吧，或許會有奇蹟出現！」

這句話從國寧這麼一位專業醫師口中說出，更令我惶然無助。我的心如同垂直落體，以重力加速度掉到不見底的絕望斷崖。

我想去看曉鈴，但國寧不讓我進去，說正在急救中，我去無濟於事。「姊夫，現在她真的很不好看，你不要進去！」國寧勸阻我。我全身虛脫地說：「不管怎麼樣，只要有一口氣在，我們要求醫院救到底，我知道希望渺茫，但只要有任何一絲絲的可能性，我絕對不放棄。」

我只能忍住悲傷，開始思考找法師、找人幫忙唸經、要不要保留一口氣送回台中等民間習俗，心裡雖不甘願，但我還是要為太太做好準備。我的心已碎，忍不住朝手術房的方向走去，一直坐在手術房外的椅上。

兒子丁丁和女兒婷婷聞訊打電話過來問詳情，兒子在台灣，女兒在英國，我沒說出實情，但他們先後都趕到醫院。我不曾預料太太接下來會幾度徘徊鬼門關。兒子說：「爸爸放心，媽媽一定捨不得我們，對不對？」

搶救的過程驚險萬分，曉鈴的傷勢嚴重，初步診察結果為：頭部蜘蛛網膜下腔出血；左上和左下臂都有開放性骨折；左胸部挫傷；肋骨骨折並有氣胸現象。

經歷幾次險峻的急救，曉鈴出開刀房後陷入重度昏迷，靠藥物及機器維持生命跡象，隨時有生命危險。

曉鈴為代謝性與藥物性昏迷，預計觀察脫離危險的時間為三十六到四十八小時。醫師告訴我，如果三十六個小時後還沒有起色，就真的沒有辦法了。

海內外湧入的祝福

這兩天我發現自己對很多事情無能、無助、無力。面對醫院幾次告訴我二十四小時、三十六小時或四十八小時的「黃金關鍵期」，我束手無策。我向醫院要了個大時鐘，擺在病床前，眼巴巴盯著時針分針一格一格移動。我進加護病房，看到曉鈴全身插管，大片紗布蓋在臉上，已截肢的左手包紮起來，呼叫她毫無反應。

醫師說已經盡力，接下來要看她的意志力。我強忍酸楚，不敢在她面前哭，也決心辭去工作，想把所有時間拿來好好照顧她。

女兒婷婷回來後，我們一起進入病房，曉鈴處於最深層的昏迷狀態——昏迷指數三。我們在床邊不斷向曉鈴精神喊話，她聽到兒女的聲音，竟然有基本的反射動作。但接下來的變數很難掌握，我內心糾結，做了很多最壞的假設。

我告訴兒子：「爸爸對不起你們，沒有把媽媽照顧好。現在媽媽去留難知，就算活著，也可能是植物人！」

兒子說：「爸爸，沒有關係，只要媽媽活著就好，家裡有沒有這個人差很多！」丁丁的話有如醍醐灌頂，讓我豁然開朗，兒子長大了！

女兒不說話，非常冷靜，只是滿臉的哀傷。看得出來，她對爸媽的狀況都極度擔心，我也盡量避免給她增加壓力。

太太狀況非常不好，我到處問到的都是悲觀的預期，我多麼希望這一切只是一場夢啊。只有國寧看到曉鈴的瞳孔逐漸縮小、對光有反應，跟我說：「姊夫不用擔心啦，我保證姊姊會好起來。」

這期間，我收到來自海內外的祝福。好友同仁、台中市的議長及市議員都趕來探望，許多縣市長、立委、企業界朋友送花籃致意，同仁們甚至自動協調留守醫院。好友中國醫藥大學董事長蔡長海從電視上看到消息，車禍第二天清晨就南下來奇美找我，說我若想移回台中救治，中國醫藥大學附設醫院（以下簡稱「中醫附醫」）將傾全力幫忙。不過因為曉鈴傷勢太重，無法移動而作罷。他也主動提供曉鈴之前的病歷，並表示只要奇美有需要，他願意出動精銳團隊南下支援。

我還收到海外友人的祝福，來自演藝圈的關心也源源不斷。我在夜深人靜睡不著時，就看看這些卡片和信件。很多受過曉鈴幫助的人寫道，在他們心中，曉鈴永遠是美若天仙的佛菩薩，看到她正在與死神搏鬥，很不捨。很多人說她是一個無私且充滿溫暖的人。

一位在美國待了二十多年的華人，少有機會寫中文，這回靠著國語辭典才完成一封長長的中文信。他說曉鈴不是鋒芒畢露的人，但她的光芒曾照亮與溫暖過許多人的心，每次看到相關新聞沒有一次不流淚，連不信鬼神的他都發心祈禱上天讓她回來。

好幾個外國政府也一再表示，如有需要會提供所有必要的資源與協助。台中市民反應更是積極，為曉鈴祈福的自發性活動一波接一波。祕書說，市長信箱每天都被加油留言或提供偏方的郵件塞爆。更有許多台中市民寫信告訴我，要茹素直到曉鈴康復為止。一位高中生在報上投書說，從我上任來，讓他確實感受到台中市是他的家，相信大家共同凝聚的意念，會讓夫人度過難關。

台中商業界人士集體為曉鈴靜默祈福。自由路上掛了許多祈福看板與紫紅色布條，上面寫著「為市長夫人祈福」的大字，店家也在門口擺了一棵棵許願樹，供客人或路過民眾簽名祈福。有人用祈福布條，有人則放天燈。友人告訴我，那陣子台中市的大街小巷裡，隨處可見黃絲帶、祈福卡，到處掛滿了為曉鈴祈福的標語、卡片，世上少見，滿街的紙鶴與祝福文字讓外國遊客也覺得不可思議。

人在奇美醫院的我，看到照片和媒體報導，充分感受到大家滿溢的關懷。嶺東科技大學舉辦萬人祈福大會，台中全市的國中小學於中午同時默唸祈福，希望曉鈴勇敢地撐過危機。從電視上看到小朋友為曉鈴流淚，我鼻子一酸，心中悲痛難忍。

台中市各界的熱情讓我感動至深，大家的祝福給了我很大的安慰和助力，不管是市議會、工商企業領袖、民眾……，排山倒海而來的關懷與祈福，這都讓我感覺，若辭職會不會對不起可愛的台中市？我問自己，還有好多市政才做了一半，能放著不管嗎？我首次有了打消辭意的念頭。

各大宗教團體也以自己的方式為曉鈴祈福，但前三天我都沒留下報紙，太太都快沒有了，我留著報紙幹什麼？

「被迫」召開第一場記者會

第四天，曉鈴的昏迷指數上升到四，增加的一分是對疼痛的肢體反應，手指頭在給予刺激時有回縮現象，證明腦部神經功能受損並不算嚴重，只要解決其他多重器官的傷害，昏迷指數有機會能在短期內回升。傍晚，她的心肺功能持續改善，醫師決定移除連續洗腎機與葉克膜。

醫療團隊說，曉鈴的生命跡象趨於穩定，雖未脫離險境，但進步情況超過預期，有一半活過來的機會，如果能持續好轉，過兩天也許就能脫離危險期。漫長的黑夜尚未過去，我卻依稀看到一線曙光，有一股神祕的力量安定了我。

這天，我「被迫」召開車禍後第一場記者會。

我本來沒有心情召開記者會，也不知該說什麼，但因有兩位不同媒體的記者跟著議員、里長來看我，記者事先已承諾不拍照、不發稿，沒想到其中一位記者用手機拍了我的照片，第二天刊登後引起其他媒體嚴重抗議。他們跟國榮反映，希望我跟孩子能出來開記者會。

我曾擔任新聞局長，深知媒體面對很大的壓力，記者身在第一線也是身不由己，應該要體諒他們。所以我同意開記者會，但希望見面之後媒體能撤離，因為我不想讓自家悲劇變成無意義的連續劇，記者「駐守」三、四天也太辛苦了。

怕自己思緒混亂，我事先把幾點聲明寫在紙條上。進到會場，我跟在場的媒體點頭致意：「這幾天都沒跟大家見面，我很抱歉，因為我也不知該說什麼？大家希望見我一面，我希望各位幫我謝謝這幾天所有幫我們祈福、關懷我們的人。」

我方寸已亂，腦袋一片空白，也忘了要看手上的紙條，哽咽說著：「台灣是一個善良的社會，台灣人都有一顆善良的心……謝謝奇美醫院團隊，包括中國醫藥大學、台大醫院，大家都盡力幫助我們……我很感激，謝謝所有人為我們祈福，一定有用。請大家幫忙救救我太太，拜託……」至此我已泣不成聲，只能向大家鞠躬。

本來預計讓記者提問，但我說完了起身快步就走，怕眼淚在鏡頭前潰堤。事後很多媒體告訴我，印象中的胡志強開記者會，總是抱著大疊資料，有條不紊、侃侃而談，以為這次仍然一樣。怎麼可能？面對太太的生死交關，我再也不是他人眼中「條理分明、機智幽默」的新聞局長了。

接下來，民間各種發自內心的溫馨關懷不斷湧進，要我加油，更期盼曉鈴康復。

社會支持與祈福的力量

醫院擠滿前來祝福的民眾，一輛輛遊覽車暫停讓遊客下車，人們來只為了在簽名簿上簽名加油，我能感受到他們的真心。很多佛教徒到奇美樓下唸經；牧師帶著基督徒，手拉手虔誠禱告；喇嘛誦經祈福，這些人祝福後就走，也沒留下姓名。

醫院服務台成了台中市府聯絡處，每天有收不完的信件與祝福。一樓大廳成了花海，擺滿慰問花籃、盆景，不夠放還排到後面的長廊。短短幾天，補品、水果禮盒、偏方、數以千計的祝福卡片、紙鶴、紙摺星星，以及向各方神明如觀世音菩薩、地藏王、媽祖、藥師佛、佛祖……求來的平安符與大悲水，還有十字架、《聖經》、密宗高僧加持過的佛珠等，任何所能想像到的宗教物品全都送到了奇美醫院。

有位住在大甲的八十七歲老太太，到大甲鎮瀾宮媽祖前唸了七天大悲咒，她必須有人攙扶才能走完廟前階梯。有人甚至願意折壽十年換回曉鈴的生命，並將在廟裡作法的「折壽契約書」寄給我。台灣真是一個了不起的地方，我們不是什麼偉大的人，真是何德何能，可蒙受這種深摯的關愛？這段日子，有情有義的台灣人民雪中送炭，紛紛伸出溫暖的手，以自己信仰的宗教儀式為曉鈴祈福。

以音樂療法進行「愛的呼喚」

十一月二十四日，曉鈴確定脫離險境，病情快速好轉，這是到了醫院後，在她身上第一次出現「有希望恢復」的珍貴字眼。詹啟賢露出多日來難得一見的笑容說，曉鈴已無立即生命危險，醫院也為她進行全身性的電腦斷層檢查，評估包括腦部在內的各器官功能。她的昏迷指數一路進步到八。王建煊先生後來打電話給我說，他正在大陸旅行，一起吃飯的朋友都關心曉鈴，聽到曉鈴的昏迷指數上升，都同聲歡呼。

在醫院的建議之下，我得知喚醒重度昏迷病人最好的方法就是「音樂療法」，因此想錄幾首曉鈴最愛的歌曲，放在她的床頭二十四小時播放。我選了那陣子她很喜歡的國語歌曲《今天妳要嫁給我》當背景音樂，再錄上我們全家人想說的話，幫她加油、打氣。我求助電台主持人好友寇世菁，火速完成這卷長達二十分鐘的帶子。我還選了幾首曉鈴喜歡的國台語老歌，如《月亮代表我的心》、《新不了情》、《思慕的人》……共八首，特別拜託台中市交響樂團錄製ＣＤ，她們四位成員漏夜錄製，非常幫忙。

根據專家說法，以薩克斯風為主要樂器，並以長笛、小提琴和電子琴伴奏的交響樂，較接近人聲的振動頻率，是很好的音樂治療。對音樂療法頗有研究的好友許景淳也主動錄了五、六張音樂療法專用的CD送來醫院，希望透過音樂喚醒持續昏迷的曉鈴。

當我們進入加護病房，對曉鈴進行「愛的呼喚」，她只要聽到我們的聲音血壓就會升高。第八天，曉鈴的昏迷指數上升到九，可以自發性張眼回應，但感覺像睡眼惺忪。

十一月二十六日，曉鈴因為左手皮膚不夠包覆骨頭，手臂再截三公分，昏迷指數掉回三，經即時處理後上升到八，隔天回到九，這已經是車禍後的第十天。我的心，每天隨著這些數字上上下下。

詹啟賢告訴我：接下來，進步速度會趨緩。經過評估，曉鈴腦部受損情形不嚴重，變成植物人的可能性低，但腦部神經需要一點一滴的恢復，要有耐心等待病人清醒。

為了陪伴曉鈴，我在她身體狀況逐漸好轉之後（雖然仍需復健），決定不再請領健保給付，將住院改為自費，這樣才能一直住在醫院。我把病房當成辦公室，晚上會批閱台中送來的公文，隔天一早送回市府，那陣子的台中市府公文，在台中與台南之間，每天來回兩百多公里。

議會期間，副市長蕭家淇幾乎天天南下，晚上與我會面，讓我充分了解市政進度，尤其是我特別關注的台中國家歌劇院預算、爭取主辦世界棒球賽、議會每天重點議程等。我勸他不用那麼累，不是非我看不可的公文就由他代理，有事情打電話就好；但他依然每天下班來奇美醫院看我，順便再帶來公文、議會專案報告等。

十一月二十九日，台中國家歌劇院追加預算案獲得市議會審議過關，蕭家淇馬上告訴我這個令人振奮的消息。我請他代我向議會致意，我人在台南，聞訊後心裡踏實多了，除了曉鈴之外，這個案子是我最牽掛的。歌劇院因為原物料價格上漲與細部設計等因素需追加預算十一億多，然而預計完工後，可以吸引國際注目，帶動台中地區新一波的繁榮。

女兒回台，機艙內的溫暖鼓勵

有一天，婷婷跟我提到她在返台飛機上的事。為了不讓女兒擔憂，事發當時我在電話中並沒講太多細節。搭機回台的一路上，她只知道爸媽因車禍受傷送到醫院，不過傷勢不算太嚴重。我告訴她：「不要擔心，不用回來。媽媽只是骨折，需要手術。」但她還是即刻跳上飛機回來了。

女兒在演藝圈工作，已習慣旁人對她注目的眼光，這回卻不尋常。上飛機後，所有空服員對她特別友善，主動對她噓寒問暖，每位經過的空服員還會對她點頭示意，並安慰她「要堅強」。她感覺有點奇怪，但上機前才跟我通過電話，如果事態嚴重，爸爸應該會說。到了曼谷等待轉機時，婷婷瞄到身旁旅客看的報紙標題赫然寫著「邵曉鈴生命垂危」，她開始忐忑不安，但又告訴自己爸爸講的才最正確。

當飛機降落桃園國際機場，婷婷準備下機時，有人起身帶頭為她鼓掌，全經濟艙頓時響起如雷掌聲，大家不斷對她說「加油、放寬心」，還有人輕拍她肩膀，叫她「要堅強點」，婷婷不由警覺：媽媽的情況可能比想像中更險峻。

機艙內的掌聲像是一種祈禱儀式，直接強烈而觸動人心。一群陌生旅客以行動給予婷婷溫暖的激勵，這也是我為何有感而發說出「台灣人都有一顆善良的心」。我們一家人感受到眾人的廣大關懷，正因極其珍貴，我覺得應該說出來，後來才寫了《淚光奇蹟：陪伴曉鈴的病床手記》一書，記錄這段刻骨銘心的歷程。

婷婷出海關後一直被媒體包圍，有人直言問道：「妳是不是來送母親最後一程？」

她對這個殘忍的問題雖感錯愕和衝擊，但都只是低頭不語，沒有說出任何情緒化字眼。我心疼女兒，也深感記者在採訪提問時其實可以多點同理心與同情心，親人發生不幸已經夠慘了，千萬不要再讓家屬受到二度傷害。

這次出事，我叫孩子不用趕來，但他們都在最快時間趕到，這就是愛，在親人有難時自然流露。兩個小孩雖然很擔心媽媽，卻極度堅強，克制內心的萬般情緒，盡量不給我壓力，也從來沒在我面前哭過。我們三個人約好，去看媽媽時絕對不能哭。

曉鈴也從來沒有因為這次意外而在我面前流露哀傷或軟弱，甚至沒掉過一滴眼淚。一直到二〇〇七年六月間，東森新聞主播盧秀芳在專訪中播放我在記者會「失控」的鏡頭，我才看到她七個月來第一次的盈眶淚眼。

昏迷十八天，終於開口說話了

十二月三日下午，曉鈴終於拔掉呼吸器，代表她可以「自主」呼吸。昏迷指數依舊維持在九分，但她對於我們的聲音不但能張眼，還可以轉動黑溜溜的眼珠回應。隔天，昏迷指數進步到十一分，除了鼻餵管灌食與點滴之外，身上沒有任何維生系統。醫療團隊開始在固定的時段，給予曉鈴嗅覺、聽覺、視覺及觸覺的感官刺激。我請大妹娟娟回家蒐集曉鈴愛用的香水、飾品、照片等，藉由熟悉的貼身物品，希望能有效提升她的腦部功能。

十二月五日，我照往常在曉鈴耳邊「獨白」。

「Home……」她突然睜開雙眼，聲音微弱地緩緩吐出這個英文單字。

是我的幻覺嗎？

我不確定地問一旁的醫護人員，他們驚喜地點點頭，說剛才也聽到了。

等了這麼久，她終於開口了，我不敢相信，再次問她：「妳想 go home 嗎？」

「Go–home……」曉鈴跟著唸，聲音因太久沒講話而有點乾澀，昏迷十八天的曉鈴終於講話了。

我情緒激動，不禁喜極而泣，同樣是眼淚，只不過此刻是歡樂的淚水。醫師說這是奇蹟，我覺得是「信心奇蹟」，或許，祈福真的有用啊，曉鈴能夠好轉，可說是大家祈福帶來的奇蹟。

後來我猜測，曉鈴醒來之所以先說英文單字「home」，可能是因為她在昏迷時我常對她說「回家」，而且在病榻旁播放的歌，就有一首英文老歌《Take Me Home, Country Roads》。但我無法證實她是因清楚「home」的涵義才說想「回家」，還是因聽多了這個單字，跟著複誦而已。

第二天，曉鈴的昏迷指數進步到十二，醫院宣布她可以轉到普通病房，只要沒有公事，我幾乎都待在她的病房陪伴，雖然她大部分時間都在睡覺。國寧來看曉鈴時，她會跟著我複誦國寧的名字，也會重複醫護人員的話，有時還會跟著音樂哼歌。

院方為曉鈴安排復健課程，當她第一次被抱到輪椅上近十分鐘，躺了二十天的她忍不住連聲喊痛，接著對自己喊話：「Relax、relax！」

曉鈴一開口說話，我馬上告訴婷婷這個好消息，她興奮的在電話那頭尖叫。十二月八日婷婷第二次回國，一到奇美醫院，直奔媽媽的病房。

「Judy’s back!」我對曉鈴說。

曉鈴跟著複誦一次，點點頭，睜大眼睛凝視女兒，看了一會兒又主動叫Judy，過了一陣子，又叫婷婷。

「我的兒子？」她問。

「丁丁在睡覺。」我趕忙回答。

醫療團隊說，曉鈴處於半夢半醒之間。我覺得，現在的她像是電力不足的燈泡，雖然睡的時間居多，但每天都有來電的時候，讓我們萬分欣喜。

我決定十二月十一日銷假上班，本想同一天將曉鈴移回台中的中醫大附醫就近照顧，經過醫療團隊評估，她最快也要到十三日才能轉院。

曉鈴已經跨越生死關、植物人關，現在則需面對復健關。我在慶幸她清醒的同時卻有了新的憂慮：我很害怕她完全清醒後，不能接受身體的改變。她那麼愛漂亮，過去只要臉上長了個小黑點就會照鏡子兩小時，現在的她，醒來之後要如何面對殘酷的事實？我也不知她曉不曉得左手已經不存在了。

回家之路，走了二十六天

銷假上班第一天，我先到議會致謝，感謝大家在過去三週來對我的關懷。

「回來的感覺真好，台中市是我的家！」話一出口，我忍不住哽咽：「從沒看過這麼有情有義的議會，在這段期間，願意全力支持，讓市政進度沒有因為我的私事而拖延。」一回到市府主持市務會議，我跟同仁「告白」本來有想落跑的念頭，連辭職信都擬好，後來看到議會、市民與市府團隊對我的情誼，便決定留下來。

下班後我趕回醫院陪曉鈴，一大早再回市府上班。我不在時，婷婷守在曉鈴身邊，寸步不離。十二日晚上，我到奇美醫院後，婷婷興奮地跟我說，醫療團隊今天給媽媽的昏迷指數是滿分——十五分。

原來，下午她拿芝麻糊給媽媽嚐嚐看，沒想到曉鈴含了一口，皺著眉頭說出這幾天以來最長的字串：「我覺得不是很好吃。」醫療團隊認為她已經完全清醒。

當天晚上，我跟曉鈴說：「明天我們要 go home，要回台中了。」她很高興地點點頭，笑著回答我三次「Ready，ready，ready」，表示她準備好了。

大批媒體二十六天都守在奇美，當確定十二月十三日早上曉鈴要回台中時，記者開始猜測運送路線、擬訂策略。我知道曉鈴愛美，了解她如果讓當時的面貌曝光，日後一定很不開心，因此我們務求運送過程滴水不漏。整個過程彷彿「諜對諜」，媒體窮追不捨，曉鈴的血壓也不太穩定，來接她的中醫大附醫副院長鄭隆賓描述「好幾次險象環生」。

大約十一點半，救護車抵達中醫大附醫，直駛地下停車場，等待多時的醫療隊將曉鈴送到第一醫療大樓的整形外科觀察病房後，她的血壓漸漸穩定下來。

曉鈴很高興回到台中，看到我進病房，不斷跟我說：「台中、台中。」我看著她，感慨萬千，回家這條路，從高雄到台中，我們走了二十六天，總算抵達。

在太太安置妥善後，我接受媒體採訪，說明曉鈴回到中醫大附醫後的情形，並拜託大家不要守候，太辛苦了，之後我一定會定期報告近況。

曉鈴還有很長的復健之路要走，我不知道要走多久、多遠，我只確定這輩子我都會陪伴她，一起面對未來的人生。

譫妄、疼痛與記憶拼湊

十二月十五日，中醫大附醫幫曉鈴進行植皮手術，取下四分之三頭皮的真皮層，覆蓋於臉部與殘餘的左手。由於曉鈴的右臉頰傷口範圍太大，又深陷於顴骨，醫師估計新生皮膚可能無法緊密接合，復原後的臉部肌膚不會像原來的平整，顏色與形狀都會有明顯落差。

腦傷也使曉鈴的語言理解力只剩七成。除了產生失語症，她眼中的影像無法與記憶系統聯結，人臉辨識能力變差，得靠聽覺輔助，才能配對正確的人名與臉孔。有時她想說話，卻想不起正確的字詞；醫師請她舉起右手，她卻站起來或舉雙手；連我的名字她都叫不出。醫師形容，她的記憶就像一座倒塌的書架，書散了一地，得一本本拾回來，按著順序排列，記憶才能完整拼湊。

我向她自我介紹：「我是爸爸、Jason。」

「你為什麼是爸爸？為什麼在這裡？」她不解地問。

曉鈴的命雖然撿回了，身心復原的漫漫長路才正要開始。她的反應時好時壞，會產生認知錯亂，就像只亮了兩、三成的耶誕燈串，而且不照順序，時亮時滅。每次我去看她，她會對著我笑，而且看到我特別愉快，要找我講話，但其實她不認得我，有好幾次對著我問：「Jason 呢？我想找他。」

腦傷病人醒來後，幾乎都會產生「譫妄現象」，曉鈴也不例外。

譫妄是腦部病人、尤其是重度昏迷病人的一種生理現象反應，會出現坐立不安、思考困難、對聽覺與視覺敏感、睡眠日夜顛倒等情形，生理影響心理後，產生了焦慮、不安、生氣、憂鬱等負面情緒。

剛開始，她分不清白天或黑夜，晚上起來了，以為天亮了就不睡，吵著要找Jason。她的情緒尤其躁動，夜半常會驚醒，嚴重失眠，得靠安眠藥才能入睡，在睡夢裡都會哭泣。大夜班的護士指出，曉鈴會做惡夢，不斷呼叫「爸爸、媽媽，我好痛苦喔」，有時還會喃喃自語。醫療團隊為此開了抗憂鬱藥給她，精神科醫師每天依狀況調整用藥，醫療團隊負責人鄭隆賓天天找曉鈴聊天，讓她熟悉環境與人員，她的情緒才趨於穩定。但未來能恢復到什麼程度，醫師並無把握。

除了痛苦難耐的大小傷口，曉鈴因為躺太久無法自己起身，需要人扶著才能坐穩。像她第一次被抱起來坐在輪椅上，頭因無力支撐，像是熟透的稻穗低垂著。

初期，她因為腦傷無法清楚表達，常有口難言，醫護人員只能從她的表情，以及呻吟的大小聲來判斷身體狀況。她復健的時候即使被輕輕碰觸，也是疼痛不已。

此時，我們的意外竟然促使立法委員提案修法，要求行駛高快速公路小客車後座乘客必須繫上安全帶，這項修法也被視為「邵曉鈴條款」。十二月二十二日，立法院三讀通過《道路交通管理處罰條例》修正草案，我很欣慰能通過此案，讓交通安全法規更加完備，可能挽救更多人的生命。

我萬分後悔車禍當天沒要求曉鈴與 Amy 繫上安全帶，前座的司機與隨扈因為繫了安全帶而安然無恙。

曉鈴剛清醒時多半以英文表達，醫師解釋：「因為英文比較簡單，腦部細胞先恢復的是外語區，而掌管母語區的腦神經需要比較久的復原時間。」之後，她也都用國語溝通，最後復健醫師還努力恢復她的台語能力。

記憶的復健黃金期是兩年，我們與醫療團隊全力搶救曉鈴的記憶。除了原來的醫療，本計畫使用針灸與高壓氧治療，因她痛到無法忍受而停止。我從家裡找了許多照片，就像看圖說故事，拿相片教她認人與名字。在不懈的努力之下，她慢慢認得親人與照顧她的醫護人員。

隨著意識清醒、認知愈來愈清楚，曉鈴開始想回家，也想出門走走，但還不是時候。由於飲食正常，她的氣色比以前紅潤，也比原來胖了三公斤。

二〇〇六年平安夜，我們一家四口在病房歡度。二〇〇七年元旦，我許下心願，希望曉鈴能恢復以往的甜美漂亮，也能成功克服心理障礙。現在她面臨復健關中最重要的心理環節，我知道，心理部分如果過不了關，就會影響生理。

我們發現她想照鏡子，護士便把病房的鏡子全遮起來，避免她在健康尚未完全恢復且無心理準備下，看到自己的模樣而遭受打擊。

看曉鈴穩定康復中，我要婷婷回英國開始工作；丁丁在台北上學，每個週末都回台中，會到病房陪媽媽。我又把客居倫敦的妹妹小莉請回來陪伴曉鈴，她們情同姊妹，無話不談。原本小莉還擔心曉鈴不會認得她，沒想到過了幾天，曉鈴竟主動問：「孩子們（小莉的兩個小孩）都好嗎？」

記憶重建與康復之路

記憶與身體恢復都需要時間。曉鈴在人扶持下，可以下床走一小段路，臉部植皮在恢復中，左手截肢部位感染情況也控制住了。沒出車禍前，曉鈴常記不得人名，現在因為腦傷，記名字更是個浩大工程，偶爾也會前言不對後語。

為了喚起曉鈴記憶，一月初開始，我安排與曉鈴熟識的親友，進入病房和她對話。醫師說，看到熟悉的人，對刺激認知、喚醒記憶有幫助。只要讓她感到歡樂的，都算有正面效益，但得避免過度刺激，以免帶來副作用。

她只記得一些年代比較久遠的事，不記得最近發生的事。像詹啟賢來看她時，別人說「詹院長來了」，她卻稱他為「詹署長」，她的記憶停留在一九九七年的「詹署長」階段。

曉鈴在會客前會緊張，因為覺得自己講不好，有挫折感。《聯合報》發行人王效蘭是曉鈴最早主動提及的好友，她來了許多次，有次還帶蔡琴來。蔡琴開始跟曉鈴聊天，說著她們之間相處的點滴，當她提到有年到美國宣慰僑胞時在我們家作客，下雪天裡兩人喝著紅酒徹夜暢談。「下雪！」曉鈴突然喊出來「下雪、喝紅酒」，她想起來了，望著蔡琴笑得開懷。蔡琴也隨口唱出：「小小羊兒要回家……。」

我好感謝上天，能讓曉鈴恢復到這樣的程度。為了曉鈴，我也有機會去慈濟拜謁證嚴上人，她第二天就來醫院探視曉鈴。

隨著葛福鴻、辜媽媽（辜振甫夫人、辜嚴倬雲女士）、曾文惠女士、陳文茜等親朋好友的到訪，曉鈴的記憶像書架上的書一本一本歸位，雖然速度緩慢，總有希望恢復原狀。曉鈴逐漸想起親友，雖然無法立刻叫出名字，但知道對方是誰。

有次蕭家淇來醫院，才剛走曉鈴突然問我：「幫你很多忙的那位呢？」我問她是不是要找蕭家淇，她說：「對，就是他！」那時蕭家淇已在車上，一聽到曉鈴主動想起他，興奮地馬上衝回醫院，兩人聊了半天。

司機智雄和 Amy 對曉鈴的受傷一直自責不已，我安慰他們：「車子被撞，誰能控制呢？」我已經坦然接受事實，而且認為只要活著，就有希望，活著就能改變。我更相信，雖然車禍是悲劇的開始，只要看開，堅持向前走，就能以喜劇收場。

二〇〇七年，最值得感恩的一年

曉鈴的臉上有傷，因植皮理了光頭，才剛長出三分頭的短髮，像個小男生。她很喜歡走路，因為植皮不能晒到陽光，我們就只能在病房外一條短短的走廊來回走著，每天至少走一個小時。

因為怕曉鈴太過依賴家人，影響復健課程，我陪伴她的時間也略有調整。我有天下班後陪曉鈴吃晚餐，她突然問我：「為什麼說我沒救了？」我按線索追查好久，才發現曉鈴在奇美開刀房急救時，雖然已失去生命跡象，仍聽得到醫師跟國寧的對話。她完全不記得受傷過程，在兩個月後忽然想起當時有人說她「沒救了」，而且清楚分辨出是家人的聲音。我恍然大悟，了解佛家為何說，在瀕死之人身邊千萬不要哭，要說好話，讓病人安心地告別，原來那時候很可能聽得到。

曉鈴能夠從瀕死邊緣搶救回來，是因為醫師在黃金搶救時間五分鐘內持續CPR。有人說，這黃金五分鐘就像「通過奈何橋的時間」，事發當下CPR，可以把人從奈何橋拉回來。我回到市府後，便鼓勵每位同仁學習CPR，極可能及時救人一命。

醫師希望曉鈴把握黃金時間開始復健課程，讓右手盡快有力量。有時課程壓力大到讓曉鈴負荷不了，她就會耍賴：「我好累喔，想睡覺。」這時就讓她蹺個課抒解一下。

我們也發現，除了右手的復健之外，曉鈴此時已留意到左手，會用手比著左手說「很奇怪」，有時還想舉起左手，也會抱怨左手臂截肢處佩戴的鐵架很重，很不舒服。不過，因為枕葉受傷，曉鈴看到左手截肢，沒意識到嚴重程度，醫師說這算是一種保護作用。

住院三、四個月，曉鈴的心情難免低落，老是問可不可以回家，醫療團隊認為暫時不宜，在我保證絕對足不出戶之下，才同意除夕讓她回家。一得知她可以回家，我請妹妹幫忙搬家，想在新家過年，給曉鈴一個大驚喜。新家是曉鈴兩年半前訂的，當初她看上房子非常喜歡，但超出預算，我說那就把舊屋賣了換新房，這是她首次自己作主買房子，花了很多心思挑選家用品，沒想到開始裝修，第二個月就發生車禍。

為了不讓大批媒體在過年天天守候，打擾到其他住戶，也影響媒體朋友自己過年，我決定讓曉鈴公開露面。短暫會面後，或許可以換取我們在過年間的居家隱私，對記者們發稿的壓力也有交代。

除夕夜上午，安排曉鈴在返家前先召開記者會，我前一天才告訴她，免得她提前緊張。我們大費周章，挑選適合的衣服，希望能巧妙優雅地蓋住她的左手；試妝，發現素顏再塗上淡淡口紅比全妝更美；顧及曉鈴的安全，也和記者溝通拍攝位置，避免碰撞……。在我的鼓勵下，曉鈴拿起麥克風緩緩說道：「謝謝大家，祝大家新年快樂。」現場傳出驚呼聲。

「夫人，年夜飯有沒有特別想吃的菜？」有人突然問起。

「我－最－愛－吃－紫米飯！」她的話再度令人驚喜。這個問題沒在我們的「題庫」裡，但是她答得非常好，可能是住院時她常吃醫院餐廳的紫米紅豆湯，這是有意識的答案。

過關了！

過年期間，我們足不出戶，全家人陪著曉鈴，直到初五回醫院為止。對於「團圓」兩字，我的體會太深刻了。一家人一個都不能少，歡樂地坐在一起圍爐，這看似簡單平凡的幸福，實則得之不易。曉鈴奇蹟似地從昏迷指數三，到能夠回家吃年夜飯，要感謝奇美醫院及中醫大附醫兩大醫療團隊的努力，以及眾人的祈福。

二〇〇七年是令人難忘的一年，也是最值得感恩的一年。

曉鈴知道這麼多人關心她，過年後回到醫院，更認真做復健，對醫護人員的配合度更高，是模範病人。

撕心裂肺的哀鳴

三月，醫院答應週末讓曉鈴「外宿」，星期六早上回家，星期天晚上九點回去「晚點名」。當進行臉部治療時，她會妙喻那是「做臉」；回醫院進行復健，她會說是回去「做功課」。

我知道曉鈴愛唱歌，特地為她裝了卡拉ＯＫ，讓她可以在家裡唱歌、跳舞，事實上，這也是復健的重點之一，可協助她訓練記憶和平衡。一路陪著曉鈴復健，我深深體悟，病人若要能達到復健效果最大，有賴醫師與家屬的密切合作。國際神經外科學會主席 Dr. D.（Dimitrovslavonic）利用來台開會的機會，由時任台北醫學大學校長許重義盛情安排，前來探視曉鈴。他告訴我，讓病人用喜歡的方法復健，效果最好。Dr. D. 說：「她喜歡跳舞，就讓她跳舞；喜歡唱歌，就讓她唱歌，不要逼她做不喜歡的事。」

復健是長期抗戰的浩大工程。自從把曉鈴的興趣納入復健課程後，無論意願或效果都明顯提高。

還有很多朋友提供寶貴的建議：時任衛生署長侯勝茂建議拿掉曉鈴左手三根大鐵釘，讓她肢體動作更靈活，恢復速度加快。認知神經科學專家洪蘭教授，在中醫大附醫楊玉婉醫師的安排下，特地來台中，播放國外研究認知功能的ＤＶＤ，讓我們了解：雖然少了一隻左手，只要加強訓練，還是可以把失去的認知功能找回來。時任台大復健科兼任主治醫師連倚南教授也前來探望曉鈴，並提供建議。

對於太太連過了生死關與植物人關，居然只有認知與語言上的困擾，我內心充滿感激。但我心裡仍存著「光明的期盼」——希望她能恢復到像過去一樣。

很多人遭遇劫難後，無法接受失去身體一部分，痛不欲生，甚至萬念俱灰，我要避免她有這種情緒，所以極力哄她、鼓勵她。我聽說截肢後會產生一種「幻肢痛」，已失去肢體的部位依舊持續發送訊息到大腦，造成尖銳的疼痛感，這被稱為幻肢痛。那種痛很特別，可以感覺得到早就不見的手臂，也有人雖然接回自己的手，但夜裡還是會痛到睡不著。

她的復健課程是從數數、剪刀石頭布開始，就像小學生一樣，還要學習形狀、幾何圖形的辨識、排列組合、聽說讀寫能力等。常常練習半天原地踏步，或進度緩慢。

能夠自己站起來，已是車禍後兩個月的事了。醫師指出，人的身體躺一天，就要花三天的時間恢復，躺愈久，所花的恢復時間就愈加倍。

當曉鈴甦醒過來，發現自己躺在醫院裡，不知到底發生了什麼事。經過我們解釋，她知道自己發生過車禍、受了傷，但她對車禍的經過完全沒有印象，她的記憶停留在高雄助選時。

由於躺了許久，加上身上的傷口，從十二月中到一月的這段期間，可以說是曉鈴最痛苦的一段日子。當時為了固定骨頭，她的左手裝了三根大鋼釘，正在癒合的傷口痛又癢，讓她睡不好。有天晚上九點多，我跟她說再見，在走廊碰到醫師聊了五分鐘，突然聽到病房內傳出一聲慘叫，那撕心裂肺的哀鳴，把我的心切成兩半。

原來，我在的時候她總強忍著，這次她以為我已離開才放聲嘶吼，聲音那麼淒厲悲愴，彷彿來自煉獄。那是一個正常人無法想像和感同身受的酷刑折磨。我大吃一驚，轉身衝回病房，看到曉鈴抱著頭大叫，即便是強力的止痛藥也無法阻止如潮水般一陣一陣湧來的痛楚。護士說她應該是聽到隔壁燒燙傷病房兒童患者的大叫聲，學會了以這種方式發洩。看到我進來，她像是做錯事的小孩被「抓包」了，滿臉羞赧靦腆。我才領會，她忍耐的痛苦比我所能想像的多出許多；她承受的壓力也比表現出的高好幾倍，她是如此努力啊！

「我已從死亡回來，還有什麼可怕？」

在醫師、親友協助下，曉鈴的記憶漸漸恢復。臉上的傷口也不是大問題，但不見的左手沒人敢提。

只要她提到手的事，我立刻轉移話題。我陷入天人交戰，知道這不是長久之計，又怕挑動敏感的神經。慈濟證嚴上人是第一位把我說不出口的事，直截了當告訴曉鈴的人。上人對曉鈴的開示，直指核心，毫不拐彎抹角：「不要怕，妳要勇敢，不要太擔心身體的傷害，」上人明白指著曉鈴身上的傷口：「雖然妳失去左手，但還有珍貴的生命啊！」我當下頭皮發麻，很怕曉鈴反應激烈。上人繼續說：「不要顧忌，去克服，勇敢面對事實，將來妳還能為社會做很多事。」曉鈴平靜地點點頭。

上人看過曉鈴後，我們發現她的情緒穩定，接受度比想像中高，也變得更勇敢，總是咬著牙忍住復健的艱辛。我認為她挑戰心理難關，宗教信仰的助力很大。

此時病房、家裡的鏡子也恢復原狀，不再刻意隱藏，以前出門會幫曉鈴技巧性遮住臉上的傷，現在我們都坦然面對。不過，在曉鈴第一次照鏡子時，我還是心情緊繃，見她沒有太大反應，才鬆了一口氣。有一回接受電視專訪，她居然半開玩笑地說：「我很醜，可是我很溫柔。」（她是引用國語流行歌手趙傳的成名曲嗎？）

主持人問她為什麼這麼勇敢？

「我都已經從死亡回來，還有什麼可怕的？當然要勇敢，要幫助別人！」她說。

除了死，其他都只是擦傷

我計畫等曉鈴情況允許，再去美國了解各種義肢的特性，跟她分析「功能手」與「美觀手」的差異，讓她自己選擇。我說：「幫妳裝一隻打麻將會贏的手，好不好？」明知曉鈴根本不會打麻將，她被我逗笑了。為了讓她安心，我告訴她已經為赴美裝功能手存了一筆錢，心想錢的事總會有法子解決，只要曉鈴能恢復正常生活、樂觀面對未來，比什麼都重要。

其後參加一些聚會，她說話的表現愈來愈好，很明顯心情變得開朗，有時唱歌，有時身體隨著音樂舞動搖擺。在大家歡樂鼓掌的場合，她幾次想拍手，發現自己做不到，只好揮揮手。我悄悄把手貼在她的右手上，跟著她的節奏，兩人一起拍手鼓掌，她看著我們靈活運作的一雙手，笑得燦爛。

曉鈴通透地面對生命，充滿寬容與慈悲，她對肇事者並不怨恨，她說：「我很感恩那位撞我們的人，因為我覺得他讓我重生了，不再執著皮相。重生更是上天給的恩寵，心中只有感恩。」有天，曉鈴練習唱《感恩的心》，這首歌最能代表她八個月來跨越死亡蔭谷的感受，由於民眾的祈福和愛，她才能夠重新站在大家面前。唱到歌詞「要蒼天知道，我不認輸」時，她轉過頭來很認真地對我說：

「我也是這樣的！」

我們的故事還沒結束，將會繼續過更勇敢的人生，曉鈴也會以「左手的勇氣」迎向未來。爾後我幫她裝了功能手和美觀手，讓她視情況使用。

我聽說過一句話：「人的一生除了生死，其他都只是擦傷」，因此誠摯希望藉由曉鈴的遭遇，告訴大家：只要堅持，不管多麼困難，都能重新站起來；也想鼓舞所有面臨不幸的人，永遠、永遠都不要放棄任何希望。

人生總是「有時星光、有時月光」，在風雨中仍要保持晴天的心情，盡其在我；當星光或月光黯淡時，也不要失意沮喪，且耐心靜候下一個發亮的機會。

15 政府建設應「軟硬兼施」

星雲大師說過：「人類不能獨居於世間，生活需要士農工商的供應，生存需要地水火風的助緣；大自然裡，日月星辰、山河大地，都是我們的生命，大家要愛惜我們所居住的地球，要幫助地球上的一切眾生，因為他們都是曾經給我、助我的人，對我們都有恩惠。我們大家都生活在因緣裡，要彼此相依相助。」

我對「相依相助」的體會尤其深刻，因為太太曉鈴車禍後就是受到許多人的照顧和念力，終於逃過大劫。我當然永遠心存感激，而且自從太太受傷後，我對身心障礙民眾所承受的辛苦與不便，更加感同身受，更重視社會福利與弱勢團體，希望能殫思極慮，做得更多更好。

有一次，我受邀到台北上電視節目，參加有獎機智問答的比賽。在戰況激烈之下，我最後雖然沒有奪冠，但贊助廠商仍大方地把整套電器，包括電視、電冰箱、洗衣機、音響等送給我。他們很可能知道我不會私藏獨享，沒錯，我馬上把全部家電捐給「台中市愛心家園」（以下簡稱「愛心家園」）。有了齊全的家電用品，「愛心家園」更像一個家了。

全民領消費券活動一開始，我就到住家附近的發放所，代表全家領取四人共一萬四千四百元的消費券，隨後我也實際消費，補差額買了一輛一萬八千元的腳踏車健身器材，同樣捐給愛心家園。對於我決定捐出消費券做公益，太太和女兒都贊成，只有兒子有點遲疑地問：「全部都要給你嗎？」我馬上就聽懂了，我叫他放心。他本來就有一份，心裡可能有想買的電玩，我笑道：「爸爸會補償你啦。」

愛心家園的成長與啟航

「愛心家園」一直是我心心念念的一個機構。它位於南屯，原名為「台中市殘障福利服務中心」，於前市長林柏榕任內落成，是台中市政府為服務身心障礙者而建設的機構。這座曾為東亞最大的身障福利大樓，整棟建築物共有四個樓層，均為無障礙設施，使用建坪為五千四百坪，有游泳池、復健中心等設備，可是落成後遲遲發包不出去，成了「蚊子館」。

我就任時，不想讓大家將身心障礙的朋友標籤化，覺得他們需要多一點幫忙、多一點愛心，所以將中心更名為「台中市愛心家園」。我囑咐社會局長與勞工局長：「要錢給錢，要人給人，請務必在一年之內開張營業。」

二〇〇二年九月二十八日，愛心家園正式啟用，當時有很多團體考慮參與，最後由財團法人瑪利亞社會福利基金會得標並經營管理。其實，我曾暗自擔心，因為這個基金會需要仰賴外界的愛心捐款、資助，才得以順利運作；不過，正因它是全國少數以「公辦民營」方式經營的福利機構，不受政府機關用人需任用資格等諸多限制，運作時更具彈性，能以有限的資源做更多的服務。

愛心家園在開始營運時的確非常辛苦，多年的努力之下，如今經營及各種服務都已步上軌道。它結合了台中市相關機構及專業團隊，對台中市領有身心障礙手冊的民眾及其他需要協助者，提供全方位服務。另外還成立「輔具資源中心」，提供各種整合性服務。而且，凡符合標準的市民（如低收入戶等），家裡有居家用照顧床及類似設備的修繕需要，可請愛心家園依規定到宅維修，及時解決使用者極大的困擾。對於「所託得人」，我感到格外欣慰。

我經常向主管們精神喊話：「請各相關單位多多幫助愛心家園，因為受益者沒有犯錯，只是天生有些缺憾，所以需要更多的愛心與協助，希望大家可以再多盡點力量幫助他們。」愛心家園每年製作月餅義賣，我當然義不容辭，傾全力推銷。八八水災那一年，「今年愛心家園推出『最認真的月餅』喔！」我大聲疾呼：「其中九百九十九盒義賣後送給災區民眾，希望大家熱烈響應，以協助弱勢團體持續經營。」結果比預期更令人欣喜。

社會福利的成效與挑戰

我的同事曾向媒體說：「胡市長的口才的確很好，但是他有想法，也有行動力。我們的市政不是『講』出來的，真的是一點一滴『做』出來的。」

如何一點一滴的做？我認為市政建設應該「軟硬兼施」，兼顧軟體與硬體。我們前前後後建設了許多硬體，在沒有全數靠中央補助的情況下，完成如秋紅谷、七十四號環道、台中文學館、新市府、新議會、歌劇院等所謂的「政績建設」，確實讓台中有了明顯的改變。但軟體也絕對不能忽視，「社會福利」就是其中之一；後來，盧秀燕市長顯然看到此方面的需求，以「媽媽市長」自許，優先加強社福設施，市民受惠之餘，我心中也萬分支持與感謝。

大台中的社福預算，以二〇一一年我上任時為例，市府社會局預算編列約八十六億元，到了我任期最後一年（二〇一四年）增至一百一十四．二九億，增加三十二．五％，呈大幅成長。而在二〇一三年度中央對直轄市及縣市政府的社會福利績效評比中，台中市總績效為「特優」，榮獲全國第二名。（盧市長的「績效」一定比我更好！）

在十個福利組別中，台中市分別在「公益彩券盈餘分配運用」、「老人福利服務」、「婦女福利」及「身心障礙福利服務」等四項，榮獲第一名。不過，台中市也要感謝台灣彩券盈餘每年帶來的幫助，每年約得十五億元上下，對社福業務極有助益。因為以二〇一二、二〇一三年為例，我們將彩券盈餘用於社會福利的預算最高，兩年合計約八億元。在社福諸多實施項目中，我覺得除了「愛心家園」之外，「愛心巴士」（復康巴士）應該最令人有感，因為它讓身心障礙者終能突破限制，享受最難能可貴的「行動自由」。

復康巴士：為身心障礙者打開行動自由之門

「出門」，對坐輪椅的朋友而言極度艱辛，因為很多人看病、急診、復健，都需要搭車，但是叫計程車有時會被拒載，真的寸步難行，連門都出不了。自從復康巴士增額，努力達到法定標準，情況已大為改善。市民如經評估有其需求，就可申請搭乘，而台中也可能是六都之中唯一免費的地方政府。

曾有一位潭子市民來信致謝，他的父親肢體殘障、母親重度智障，之前因乘坐復康巴士有資格認定的問題，十分焦慮擔憂，因此急著向我求助。社會局前往了解並確認後，告知可以繼續搭乘復康巴士，他們全家才鬆了一口氣。也有一位霧峰區的黃媽媽陪三歲的孩子搭乘復康巴士，接受早療服務。因為有復康巴士，減少轉車、換車的舟車勞頓，孩子得以在路上充分休息。她將辛苦的心路歷程及復健成果拍成《愛正及時》影片Po在網上，藉此感謝市府團隊和司機大哥所提供的「溫馨接送情」。

社福就是從「小處」著手，不能因人數較少就忽視。我覺得身障朋友真的需要復康巴士，但他們迫切的需求如何滿足？除了公部門提供資源，我也希望能充分結合民間的力量，擴大功效，讓更多人受惠。

愛心傳遞與市民的共襄盛舉

我的太太雖然失去左手，重生後比以前更樂觀開朗、熱愛生命，她有機會就現身說法，以自己的經驗鼓舞許多身心障礙的民眾與家屬。我和曉鈴在不同場合呼籲民間捐助復康巴士，許多善心人士因而共襄盛舉，有的市民甚至節省家人的喪葬費，捐購復康巴士贈送市府，讓親人的愛源源不絕延續著。而我的國民黨前輩、前立委蔡鈴蘭大姐，正是極力幫市府募集復康巴士的熱心人士之一。

愛心的匯集，力量相當驚人，台中縣市剛合併的時候，復康巴士只有七十輛，後來增至一百輛仍供不應求；在縣市合併第二年，台中市已有兩百輛復康巴士，我離任時已達兩百二十九輛，超過法定標準。因為車子變多，服務人次也就隨之成長。二〇一二年度服務車次約為三十七萬人次，二〇一三年度已增至五十二萬人次，成長四一%。無論車輛數或服務人次，台中市皆為五都（當時桃園市尚未升格）裡最高。

二〇一四年三月，兩位台中市民合資獨得威力彩十五．七億的頭獎，他們捐贈台中市政府社會局及教育局共一千萬元，用來照顧弱勢族群和學生。我感謝很多人願意相信市府，認為我可以託付而支持台中的各項公益活動，有錢出錢，有力出力，這真的是一座充滿愛心的溫暖城市。

我對「愛心」下的定義是——看到別人受苦，我的心中會痛。如果因為我們幫忙，讓那些徬徨無助的人展露笑顏，這是多麼有意義和價值的事。

誠如星雲大師所言：我們大家都生活在因緣裡，所以要彼此相依相助。

16 我不怕當烏鴉

我這個人一輩子就是有點擇善固執，這是兩面刃。我無法悶在心裡，有時可能不討人喜歡。但我認為如果不想對不起良心，就必須說出來。

二〇〇五年國民黨主席改選，由於兩位候選人——時任台北市長馬英九與立法院長王金平——實力相當、各有擁護者，外界對我支持的對象頗為好奇，想知道我究竟「挺」誰，媒體更常常追著我想打破砂鍋問到底。

「馬立強」之說，是我在有次活動把馬英九、朱立倫和我的名字併在一起，脫口喊出的名詞，後來成為媒體界對我們的稱呼。在國民黨主席選戰初期，有一回王金平院長到台中拜票，我以台中市主人身分歡迎他，馬上被報導成「馬立不強？」還說：「中生代鐵三角，馬英九選黨主席，朱立倫力挺，胡志強卻出現在王金平身邊，昔日鐵三角要『三缺一』了嗎？」

我表示心中自有支持的人選，但是真的不願意見到任何發展與表態形成對立，甚至還造成黨內分裂。「我抱持的態度是『四不一沒有』——不要分裂、不要對立、不要噴口水、不貼標籤、沒有心結。」

最後，結果揭曉，馬英九當選國民黨主席，由於雙方在競爭激烈的選舉過程中有些誤會，加上得票數懸殊，許多人預測「國民黨恐怕瀕臨分裂」。我明言：「相信他們都是成熟而有智慧的人，會以大局為重，國民黨不會分裂。」

但我也提醒馬英九，當選之後「快樂一晚上就夠了」，因為「艱難的挑戰才剛要開始」。

直言不諱，為國民黨擔心的真心話

有人問：「胡志強講這話是不是對馬英九要求太多了？」我回答：真正愛國民黨、愛馬英九，就要對選勝的人說「逆耳」的話，對選輸的人反而要多稱讚他。我公開表示：「希望馬英九展現格局、多聽諍言，並學習立法院長王金平的人格特質和優點，也要爭取王院長的支持。」

我是國民黨的老黨員，無論是否擔任重要職位，長期以來都不怕扮演「烏鴉」的角色，我更認為每位領導人身邊都應該有「烏鴉」！

二〇〇八年三月總統大選，國民黨總統候選人馬英九贏得勝利，在當時創下中華民國史上民選總統候選人最高得票率、得票總數的紀錄。很多人都跟我說，這段期間好像在「過年」，大家都高興，心情都變好了。但是過年畢竟不會過整年，我呼籲：「我們現在才開始走鋼索，面對接下來的挑戰。」我真的這樣想，當權力與榮譽合而為一時，必須更戒慎恐懼。

二〇〇八年四月，我赴香港出席「香江論壇」時曾指出，過去八年，台灣藍綠對立嚴重、政治的不穩定性重創台灣經濟，如今馬英九當選，國民黨又掌握了立法院的多數，外資還在觀望，投資台灣時不免擔憂政治會再度影響經濟的發展。

「很多人感覺台灣像是突然間開放了，但實際上，台灣的政策沒有變，還沒有開放！」我說：「我沒有辦法保證政治會絕對穩定，或者將來不會政黨輪替。外資來台與否，也是對方的判斷。但是，至少未來八年我們會努力做好，我對未來滿有信心的。」我又強調：「有權力的人都要謙卑！當選只是給你一個機會，讓你站在最高的台上開始走鋼索，給你四年的時間。走得好，再給你一條鋼索，再走回來，八年，如果走不好就沒有機會了。」

我必須承認我是「烏鴉」，自認在必要時提出建言，說一些不見得好聽的話。事實上，我在擔任國民黨中常委時就自許「烏鴉」，提出很多另類思考。當我看到馬英九大勝、國民黨又在立法院占超過三分之二的席次，為了避免大家歡喜過頭，我在製作競選中常委的海報時，仿效名主持人蔡康永在一次典禮穿的服飾，肩膀上放著一隻烏鴉，隱喻想當「魏徵」進諍言，結果當選了中常委。

真正的黨內監督與自省，讓黨走得更遠

我始終相信，政黨必須自我警惕，才能得到民眾的支持，以當時社會關注且引起多方討論的黨產問題為例，我主張「黨產歸零」：「我認為『選票』與『鈔

票』只能擇其一，千萬別以為有了鈔票，就有選票。黨產歸零後，我們反而能得到真正的民心。」

有人說我不實際、太理想化，也許如此，但姑且不論意見的是非對錯，民主社會的珍貴，不就是在於不同的聲音容許被充分表達，而非「一言堂」式的壟斷專制嗎？

大選後黨部舉行中常會，我從台中趕到台北參加，車上先睡了一下，醒來之後看資料，看到議程要讓新任中常委向主席宣誓。我認為，照理說黨的全體代表大會監督中央委員會，中央委員全體會議監督中常委，中常會要監督主席，現在怎麼會要求中常委向主席宣誓效忠呢？我期期以為不可，但也不想鬧場，便告訴司機轉頭回台中，不參加這次會議了。

第二週開常會，打開議程，沒想到裡面列著「上次未宣誓者要補宣誓」。這下子逃不掉了，我覺得十分不妥，馬上舉手發言：「我有程序問題。請問根據黨章哪條規定，中常委要向主席宣誓？」我要一個依據，講不出來就無法宣誓，結果沒人說得出來。我說「中常委是要監督主席的」，當時場面很尷尬，氣氛凝結，我仍堅持反對。僵持很久，最後我沒有宣誓。

我勸告中央黨部的領導，在聲勢高的時刻，真的要小心，不要在權力的尖端走偏。

我之後還對馬團隊提出建言：用人應該從謙卑做起，從人才和人民的福利考量，不應該有個人的考量。國事多難、人才難留，馬團隊要有胸襟配合人才，不要人才來配合，這樣才會有好的執政團隊。

對我的說法，媒體報導稱：「大選勝利了，『軍師』一夕之間變成『烏鴉』。」

在周圍喜鵲太多時，烏鴉有牠存在的必要。我不怕當烏鴉！

17 創意不打烊

事情能不能做好，是我於公於私做決定最重要的考慮。如果做，要做得比以前都好，跟以前不一樣，跟別人不一樣。我做事一向重視「創意」，如果缺乏創意，我何必做呢？

有一次市府辦晚會，但我看了看節目策劃，發現邀請的歌手跟其他活動大同小異，無法讓人耳目一新。同仁解釋：「市長，現在誰辦都是一樣的。」我說：「如果一樣，那我們就不要辦。」

辦晚會，我們應該看目標參與者是誰，年輕人或長者？表演者是不是大家都想看到，別人卻沒有管道請來的？

於是，我決定用我的「老面子」去找人。

當時電影導演楊德昌剛過世，他的前妻、也是名歌手蔡琴「躲」起來了（好像是躲在王效蘭家裡），成為媒體瘋狂追逐的對象，我想辦法把她找出來亮相。羅大佑久居香港，很少公開演出，我也找到他了。罕見的黃金陣容，果然一次次造成大轟動。

二〇〇八年，諾魯總統史蒂芬（Marcus Stephen）訪問我國，主動表示想見前任外交部長，外交部就安排他來台中。他是我在市長任內唯一的總統級貴賓。行程原來統一由外交部安排，於是找了一家五星級飯店；但是媒體披露之後，議會就傳出批評我浪費公帑、高價設宴與市府無關業務之聲。我了解之後，此回雖是外交部負擔經費，但議會的意見並非全無道理。於是我找來承辦同仁，說：「我們平常吃什麼，客人就吃什麼！」最後決定改到一家酸菜白肉火鍋店，因為客人也許沒吃過火鍋，反而覺得新奇。結果這個餐會氣氛極好，賓主盡歡，也引發了全國的關注。

勇於打破框架，天馬行空思考

我曾和市府主管分享過經濟學家凱因斯（John Maynard Keynes）深得我心的一段話：「最困難的不是要提出新觀點，而是如何擺脫舊觀點的束縛，因為它已經盤據了整個大腦。」

所有的事情，轉換新的觀念、發揮創意，便會有新的作為，這樣的思維就如同宴請諾魯總統一樣，換個方式，任務仍能圓滿達成。這也正是我經常提出的：「我們要思考舊有的習慣、觀念、作為能不能改變，因為新觀念、新作為、新需要不斷產生，如果不能應付新的需要，便無法提高團隊效率。」

以每年農曆春節的燈會為例，過去都採用傳統寫實的十二生肖造型，保守而安全。我認為，同樣是十二生肖，應該站在小朋友的立場著想（父母跟著小孩走），卡通人物想必更受歡迎。鼠年不妨試試迪士尼的米老鼠，狗年也許推出手拿珍珠奶茶的史努比。牛年，因為「興農牛」是台中的棒球隊，這年吉祥物造型，我想以「牛」和「棒球」為主題，我還希望讓棒球隊在洲際棒球場繞場一周，可以趁機宣傳台中是「棒球之都」。同仁雖有反對之聲，最後還是努力完成了。

我始終認為創意可激發人的潛能。迪士尼米老鼠的版權雖然並不好談，但這個創意和亮點吸引了企業家贊助，透過合作，讓生肖動物做得更活潑可愛，大人小孩都很喜歡，工作人員也充滿成就感。棒球吉祥物，最後也神奇地在空中繞場一周，觀眾為之驚豔，高聲喝采，迴響極為熱烈。

事實證明，人都有潛能，一旦提出創意與變革，同仁可能會大吃一驚，但在突破與努力之後，最終我們的市府團隊總是使命必達，完成了挑戰。多次經驗之後，同仁愈來愈「敢想」，不再打安全牌。他們勇於打破既有的框架，天馬行空找亮點，使用消費券抽豪宅就是一例。

消費抽豪宅，打造三贏局面

二〇〇八年開始，金融海嘯襲捲全球，台灣也無法避免陷入經濟危機，大家都在思考：要如何協助民眾走出經濟困境？當時行政院破天荒地發放「消費券」，期望刺激民眾的消費意願，以活絡經濟。我認為，所有公部門包括地方政府都必須體會中央的苦心，要想盡辦法配合。不過，如何吸引大家來台中消費，則是我關心的事。

當我的同仁時任都發局長（管住宅）的黃崇典提議舉辦「消費抽豪宅」時——這點子讓我眼睛一亮，決心大力支持和推動。找豪宅公司的業務是經發局，朱局長蕙蘭的表現絕對出色。

這個前所未有的大手筆特別吸睛，當時各媒體SNG車齊來報導，我們沒有花任何廣告預算，卻能橫掃千軍，吸引全台民眾來消費。商家紛紛反映買氣明顯提高，而外地遊客也拿著市政府的文宣品按圖索驥、四處參觀及消費，顯示此一行銷已發揮莫大的效益。根據統計，二〇〇九年全國消費券發放總額約為八百億元，在眾多縣市當中，台中市吸納的消費券比例獨占鼇頭，民眾前來消費的金額超過一百零六億。台中成為全國最多民眾來消費的城市。

那時市府活動總預算只有一千萬元，我們是如何取得豪宅當大獎，完成這個不可能的任務？

豪宅獎品，是經朱蕙蘭和建設公司談判取得，由建商半賣半送，等於他們出一半經費、市府出另一半。建商藉此機會不打廣告就可增加知名度，我們則以較

低成本拿到獎品，可謂「雙贏」。整個活動的執行，則由市府經濟發展局負責，必須符合公開、公正、公平的原則。

因為活動期間時值過年，假期中不容許任何閃失，也不能遺漏任何一張抽獎券，否則外界會拿放大鏡指責我們「不公平」。經發局上緊發條，滴水不漏嚴守抽獎券，層級不只是一個科的業務而已，而是全局動員。輪班時，很多其他局處都來支援，大家團結合作，絲毫沒有本位主義。「一般公部門都比較欠缺效率，但是這一次，你看到『不守舊的公部門』如何運作！」時任經發局長朱蕙蘭感受良深。

那時的首要任務，是事先在眾商家布點放置抽獎券箱，還要考慮手續簡便，人家才會願意去消費。台中市所有的賣場、超商，甚至加油站，只要有商圈、店家，我們除了設點，最重要的是保證投下去的抽獎券都很安全。

我們同仁接洽了百貨公司、大小賣場，頗為順利。但有一家連鎖便利商店婉拒，他們表示若要在店裡擺抽獎券箱、貼海報，就要收費，我們決定放棄。其他便利商店都樂意配合，拒絕的這家後來發現所有商家只有他們沒加入，回來說願意合作，而且不收任何費用。

當時在圓滿戶外劇場也放置抽獎券箱，配有二十四小時保全，密不透風，確保不會發生狀況。一箱箱蒐集來的抽獎券還是以運鈔車運送的，我的同仁更極力爭取到運鈔車的免費贊助。

雖然獎品很吸睛，根本不必上廣告，但每次主辦人員都需煞費苦心設計抽獎的方式和遊戲，務求吸引民眾和媒體的關注與信任，對同仁而言也是很大的考驗。我在此看到了公部門靈活執行任務的爆發力和抗壓性，著實欣慰。

朱蕙蘭很興奮地和朋友分享心得：「在市長充分授權和支持之下，與經發局合力推動，這次我也才理解什麼叫團隊作戰。活動因動員許多人力，需要發包，很多事究竟可不可行？我們也在學習，但只要『敢想』，夢想就有可能實現。這回任務也讓我的談判功力大為提升。」

以房子為首獎的消費券摸彩活動，由於大獎的刺激，台中的消費快速成長，建商也因此聲名大噪，對台中市府心存感激。媒體報導：「這次消費券活動，台中可稱為大贏家。」

「市長當過新聞局長，總會設身處地地想：人家為什麼要報導？我們必須先找到亮點，」市府新聞處長曹美良對媒體記者說：「因為市長自己就是很有創意的人，所以能激發我們腦袋裡的靈光！」

18 用心良苦博版面

據聞當年世界三大男高音之一的歌王帕華洛帝看到一張照片時充滿疑惑：「欸，我什麼時候戴眼鏡了呢？」

答案很簡單，因為照片裡的人不是他，是我呀！

細數我多年的市長生涯裡，由於「業務需求」多次粉墨上場，扮演過形形色色的人物，類似現在的 Cosplay，帕華洛帝只是其中之一。那時我為了宣傳帕華洛帝在台中舉行的告別演唱會，「變身」出席記者會。絕不是我愛演，而是為了想博取媒體的版面。「新聞多，廣告少」是辦活動省錢的最高原則。

我曾任新聞局長，深諳媒體生態中藝文活動除非有特別的亮點或時效性，否則很難獲得記者或編輯台主管的青睞，登上報章雜誌與電視。一般公家機關單位若想大篇幅曝光，可能要付費買廣告。

我既然把「文化」當成行銷城市的利器，每年帶領市府團隊舉辦、贊助數百場大大小小的藝文活動，就必須讓這些活動廣為人知。在預算有限的情況下，我被同仁逼出來博命演出，若因此吸引媒體的宣傳報導，就不必花錢做行銷。

有了成功的第一次，同仁認為我很具「娛樂效果」又耐操，就會有第二次，接下來許多處室請求我公平對待，所以只要時間容許，我都來者不拒。不過，雖然我個性很「隨和」，但與工作有關的事絕不「隨便」。同事的變裝要求我可以配合，但我希望每次的角色都必須求新求變有創意，能令人「驚豔」和「驚喜」才行。一旦我們的行銷活動登上報紙的「全國版」，不只是「地方版」，全台的民眾都會知曉，廣告效果等於發揮到極致。

從美猴王、貓王、路易·阿姆斯壯（Louis Armstrong）、土地公、包公、岳飛……到帕華洛帝，媒體形容我的造型都很「逼真」。實際上，模仿帕華洛帝這個 idea 是我自己想出來的，不料歪打正著，人人以為我就是本尊，包括帕華洛帝本人，很可能是我的髮型占了優勢吧？

犧牲小我，扮裝、彩繪全都來

二〇一〇年三月，為了行銷在台中洲際棒球場演出的張藝謀鳥巢版歌劇《杜蘭朵公主》，我找了好友們助陣，一起在台北開記者會催票。時任台北市長郝龍斌飾演皇帝，杜蘭朵公主由名主持人陳文茜扮演，明華園戲劇總團當家台柱孫翠鳳則反串王子。我扮演杜撰的角色——「杜花朵」公主，和陳文茜同為「杜家姊妹花」。

劇情是：皇帝希望王子顧全大局去娶「杜花朵」公主，但是驚恐的王子向皇上報告：「寧被砍頭也不願娶她，以免半夜起來會嚇醒。」

現場記者都笑翻了，因為我的扮相極似日本藝妓，而且落落大方，毫不扭捏。郝龍斌誠心地對我致敬，表示他會好好學習我行銷城市的技巧。

媒體爭相報導，說我為了宣傳「犧牲小我」，毫無偶像包袱，為博版面真是用心良苦，我們因而風風光光登上影劇版的頭條，達到很好的宣傳效果。而且那一天的台北政壇看到「杜花朵」，充滿快樂的笑聲。

有一回，為了推廣二〇〇五年九月舉行的「台中彩繪城市藝術節」，首場節目推出法國爵士樂團表演及人體彩繪，在文化局廣場開鑼。我到場後才知道要當眾脫衣，充當人體彩繪模特兒。畫家在我的「鮪魚肚」畫上台中名產太陽餅、背後畫上台中名勝湖心亭，胸前畫了兩個心一箭穿過，代表我「愛台中的熱情」、

「心繫台中」，最後為了加強「笑」果，還在臉上畫了貓的鬍鬚。

我接受記者訪問時表示：「只要能推銷台中市的知名度，我什麼都願意做！」

時任文化局長黃國榮、市議員劉士洲、溫建華等人，也由大師在身上彩繪，一時之間，媒體紛紛拍照、攝影，鎂光燈此起彼落。許多小朋友覺得很有趣，搶著跟「露點的胡市長」合影，留下歷史鏡頭。象徵台中的藝術、活力、陽光與熱情幾項特質的「彩繪城市藝術節」，果然頻頻曝光，也達到宣傳效果。我的付出，總算有了回饋。

倒是文化局長黃國榮有點「哀怨」，因為他與我一樣，事先並不曉得要配合演出，完全是被活生生地趕鴨子上架。當同仁徵詢他的意見時，他其實沒什麼選擇餘地，只好說：「市長脫，我就脫啦！」為了台中「歡喜做，甘願受」，結果我們都只好咬著牙上陣，豁出去了。眾模特兒中，黃國榮的膚色最白，「斯文書生」的模樣引起眾人注意，讓他覺得不好意思。活動結束後，他私下拜託幕僚：「以後有此情形，請務必提前三個月通知，好讓我有時間練肌肉和晒太陽！」

後來黃國榮又多次粉墨登場，從無事前「通告」，他只好說：「不通知也好，困難度愈大，挑戰性愈高，我們都需挖空心思、想辦法突破，即使原來是蝦兵蟹將，也會被市長訓練成幹才。」然而，到現在他還是沒法走入演藝圈！

民眾的快樂，就是我最大的快樂

有次為了宣傳「搖滾台中音樂節」，我腳跨哈雷重型摩托車、以幽靈殺手的妝扮現身記者會。一張幽靈般的臉，讓現場媒體嚇到以為「碰見鬼」。我在炎熱天氣穿著皮夾克，汗流浹背。「希望這次活動能幫助愛好音樂的年輕人樂團圓夢，我流這點汗是值得的，」我還自嘲：「化這個妝，我省了很多食物開銷，我回家以後，老婆和小孩看了都吃不下飯！」

偶爾我應同仁要求，會和太太搭檔演出，由於曉鈴是資深演員，演技不在話下。媒體說我雖非科班出身，演技卻毫不遜色。「表演時不但收放自如，還會即興編劇、自創台詞，甚有畫龍點睛之妙。」每次聽說我要變身，他們都很期待我的百變造型，並且忍不住笑翻。

我覺得身為一位首長，不必有太多的身段，只要對民眾有利，要我扮演孫悟空，還是帕華洛帝，我都不反對，因為民眾的快樂，就是我最大的快樂。

不久前台中市議員李中公開指出，「我非常懷念當年胡志強時代的觀光與經濟活動，邀請歌劇《阿依達》、帕華洛帝、波伽利等世界級男高音歌唱家，還有女神卡卡等演唱活動，不僅讓全國樂迷湧入台中，也在國際打響台中的名聲，還創造了極大經濟效益。」

老實說，我在台中辦過許多大型活動，除了藝文活動還有燈會、跨年晚會等，市府本身並無預算，口袋的錢不夠深，要做的事情太多，都是靠企業、廠商、建商的共襄盛舉、大力贊助，才能順利舉行。我們努力拚市政讓大家賺錢，他們因為生意做得好、賺了錢樂意回饋地方，當我們舉行文化活動時，他們欣然贊助，甚至常自發地舉辦文化活動來響應。如此魚幫水、水幫魚，台中的文化活動百花齊放，文化水準逐漸提升，受益最大的應該是市民吧。

我也深刻體會到：真正有意思的人生，就是要讓別人開心、自己快樂！

19 電子城牆和誘餌車

二〇一〇年七月中出版的英國著名雅痞雜誌《*Monocle*》在「Civic Slickers–Global：全球市政英雄剪影」專題中，將我評為二〇一〇年全球表現最受矚目的十位市長之一。

其實我從未看過這本雜誌，也不知道他們在評選。後來才知，《*Monocle*》是一本觀察全球時事、商業、文化和設計的刊物，在五十多個國家發行，除了總部設在倫敦之外，在東京、雪梨、蘇黎世、紐約等地都設有辦公室。他們的工作團隊則是由多次獲獎的編輯，和來自《紐約時報》等大型傳播機構的作者所組成。而這次甄選的評審，也來自五十多個國家，經由多方蒐集資料、獨立判斷，最後篩選出全球十位最具影響力的市政領袖（市長）。

全球表現最受矚目的十位城市市長，除了我，還有日本名古屋、以色列霍隆、美國德州休士頓、瑞典斯德哥爾摩、荷蘭阿姆斯特丹、西班牙馬德里、美國亞利桑納州鳳凰城、哥倫比亞蘭奎拉和澳洲伯斯的市長。

根據專家解釋，「Slickers」是當時最夯的說法，意謂「City Mover」，也就是改變、改造一座城市的人。《*Monocle*》報導，我最大的成功是「八年期間讓台中市的犯罪率下降六成」。而最大的挑戰是「有許多支持者希望胡市長能參選下一任總統」。我很意外，因為我並未報名參加評比，不知道會受到關注，而這份雜誌是西方社會的主流刊物，台中市能獲得肯定，顯見台中的國際化已見成效。

智慧防治犯罪：首創「電子城牆」與監視系統

老實說，我在任內很努力改善台中的治安，諸多措施裡，「電子城牆」和「誘餌車」可能是台灣首創，也是我率先提出的方案。「電子城牆」是在都市的重要路口與聯外道路廣設監視系統，全時監控出入市區的車輛。有人形容它是現代的「天羅地網」，藉由隱形的圍牆防制犯罪。這套系統是西方的構想與發明，可說是當年最先進的防制犯罪設施之一。高階的設備不但有贓車辨識系統，可讀車牌號碼、發出警訊；在路人違規時，擴音機還可以「說話」，適時提醒……，如同二十一世紀版「千里眼」與「順風耳」。

台中市是中部地區的大都會與消費重鎮，交通便捷，南來北往的人口到台中市消費、工作、生活，每一百人中有四成來自外地。流動的人群帶來市場的活水，卻也難避免有人在此地犯罪。根據台中市警局統計，台中市每捕捉一百名犯罪嫌犯，其中就有五十二人為外來人口，因此台中市理應有較充足的優勢警力。然而那時台中市的一百零八萬人口，警察局編制員額雖有四千多人，但限於警政署控管全國警察員額，台中市警力只有三千三百人左右，尚有編制缺額七百二十七人未補足。

在警力無法立即補足的現實下，我除了極力向中央爭取，並在二〇〇五年十二月第二任就職典禮上針對治安問題提出設置「電子城牆」之議。它雖然只是改善治安的措施之一，但監視器有如不支薪的警察，在嚇阻和追緝歹徒時，能及時找到警示和提供破案的線索。

這套數位式錄影監視系統很「聰明」，具有儲存功能，可設定自動重複使用，節省管理人力，避免因人為疏忽致中斷監錄功能；加上它保存期限長、影像品質清晰、資料儲存容量大，可結合寬頻線路及網際網路錄影監視功能；透過網路易地儲存，調閱影像十分方便。最特別的是，路口監視器擁有自我防衛機制，如遭不法者破壞，監視器會立即回報警方。警方利用這套監視系統與設備，可說是如虎添翼。

治安監控升級：從傳統到智慧監視系統的轉型

回顧台中建置監視系統，可分為幾個階段。民國一九九九年至二〇〇二年以「傳統架線式」監視系統為主；二〇〇三年之後以「地下化網路型」監視系統為主。總計兩種監視系統在二〇一〇年底約達一千七百組。

自二〇〇九年起，警方將設置重點放在新開闢的道路、社區巷弄及新增治安顧慮較多的地點，逐漸形成治安的監視網絡。二〇一〇年，台中市每月調閱監視資料次數平均約為一萬兩千件左右，比前一年同期增加約六四%，顯示調閱監視資料已成員警偵查刑案必採的作為，監視系統也成為刑案偵查有利的工具。

我發覺監視系統在協助偵破刑案的「功勞簿」上，有逐漸重要之勢。根據統計，自二〇〇五年內調閱監視資料偵破各類刑案逐年增加，以二〇一〇年一至六月止為例，計偵破七百六十三件，比二〇〇九年一至六月的五百二十三件增加六八・八%。顯示監視系統對偵防犯罪的正面效應，在外國常被稱為「電子警察」；如包括手機上的電子資料，則稱為「數位警察」。

要想讓效果發揮到極致，這些監視器必須能二十四小時正常運作，損壞時也能馬上修復。監視器必須有人監看，發現犯罪行為時才能立即通知警察、即刻處理。同時，所錄下的影像也必須是清晰可辨識的，否則一切枉然。

當初建置這套系統的負責人是一位華裔美人，他有感而發地告訴我，「我幫台中裝設的是全台灣最先進的系統，因為我沒想到你的團隊『乾淨』到出乎意料……。」他認為跟我們打交道沒有眉角，非常愉快，便投入時間精力，盡速為台中裝設品質最好的電子城牆，無論監視系統故障的機率與維修的成本，都減至最低。

其實民間也主動裝設了不少監視器，但機器老舊故障後就希望轉交給市府處理。限於市府預算，不能長久貼錢維修這些設備，也無法規定民間需與市府採購同類型設備且品質良好者才接管。我們採行的方式是：如果民間的監視器因提供資訊而破案，原物主可領破案獎金。此外，為鼓勵民眾、民防、義警、守望相助隊員，主動提供犯罪線索或參與追捕現行犯，台中市已從二〇〇五年七月一日起，將「協助警察機關緝捕強盜、搶奪現行犯案件」獎金，提高到每案兩萬元，鼓勵全民一起拚治安。

「誘餌車」打擊犯罪，創新技術成效顯著

除了電子城牆，近年來引起各方注意的「誘餌車」可謂小兵立大功。「誘餌車」最早在美國加州首府薩克拉門托施行，一九九六年實施之後打擊犯罪功效顯著，後來蔚為風潮，美、加地區廣泛採行，媒體也多方報導。二〇〇六年我在一次治安會報中提出這套做法，並請相關單位研議其合法性與細則、辦

法，同年八月中開始實施。台中市走在風氣之先，可能是國內最早執行的城市。

首先，警方調查坊間最容易被偷竊的車型，然後將此款車在所有轄區輪流放置，引賊入甕。誘餌車內設有衛星定位系統追蹤器、隱藏式攝影機、遙控關閉引擎等設備，停放在汽車犯罪率高的路段、區域，由警方監控逮捕竊車或車內財物的小偷。一旦發現誘餌車遭入侵，車輛透過數據通訊傳遞，再通知現場員警監控並採取行動。爾後，機車與自行車也陸續採行了相同做法。

以二〇〇九年的一個案件為例，三到五月間，台中市第六分局轄區發生多起打破車窗偷竊的案件。經過分析，鎖定一名特定的偵查對象，於是在此地區布設了多輛誘餌車。五月七日警方當場逮捕一名正在行竊的嫌犯，從他身上起獲剛剛在其他地方行竊的贓物，繼而追查出此人曾犯下十三件相同類型的案件。

同年三月一個凌晨，第二分局轄區的員警執行誘餌車勤務時，發現一部失竊的重型機車，埋伏後當場逮捕嫌犯，一舉破獲六件刑案。

誘餌車營造「虛虛實實、草木皆兵」的氣氛，讓竊賊不敢貿然行竊，達到嚇阻的效果。台中市汽車竊盜案從二〇〇二年到二〇一〇年，從每天平均失竊二十一部車，八年來減少到每天遺失不到五輛車，這樣的成績，也是突破。

持平而論，若非國外先實施誘餌車且成效很好、台中市警局起而效法，台中市的機車、汽車失竊率不會如此迅速地減少。他山之石，可以攻錯，電子城牆和誘餌車都是我在吸收新知時獲得的點子，事實證明對台中的治安發揮功效。記者問我怎麼想到的？我不敢居功，坦言自己並非原創者。

我是一個求知若渴的人，雖然工作繁忙，但每天仍抽空閱讀，除了報紙和書本，固定看二十多種雜誌，很多靈感由此而來。我常常呼籲同仁：「國際間有這麼多重要的新資訊，希望大家能夠注意，不要每天只是坐在那裡苦想『如何堅持公權力』。若只在舊思維打轉，沒有活水和創意，也不了解外面怎麼做，這個團隊就不會進步。」

我的老同事、時任工商策進會總幹事王瑩曾經形容我，即使收到一本看似無趣的商品目錄，也會讀得津津有味，再動腦筋想出可能的商機。感謝她的美言，我會盡力相信她說的是真心話！

話說回來，廣泛地吸收新知，再思考如何活用，不就是我們在任何工作崗位上求新求變的最佳心法嗎？

20 給一個衝刺的理由

在我尚未決定參選「大台中」市長前，曾參加一個飯局，當時在座有許多人大力勸進，請我務必參選。

我略感遲疑：「一個人有多少年的黃金時間呢？人生不一定要在同一職位做上七、八年吧？大家真覺得這是正確的決定嗎？……」一向異性緣絕佳、桃花特多的前立委黃義交，他也是我新聞局的同事，聞言立刻打趣道：「對喔，我身邊沒有一個女人跟我十幾年的！」眾人哈哈大笑。

十年，的確不是短暫的時間，尤其在人生最年富力強的階段，它代表了一種堅定的承諾和決心。

施政路上的痕跡：連任背後的考量與抉擇

我在台中市長第一任即將屆滿時，也曾思考是否競選連任。「凡走過必留下痕跡」這句話說得很有道理，如果把它套用在中央政府的首長或地方的父母官身上，也很貼切，大家都非常重視自己有沒有「留下的痕跡」——政績。

然而，對地方首長而言，親自驗收自己的「政績」，竟然有些「遙不可及」。除了需要天時、地利、人和的條件配合，還要運氣。因為任何一個縣市首長，在四年之間、第一個任內，就要把重大建設的成果拿出來，幾乎是不可能的事。

理由很簡單，縣市長一就任，第一年的預算是上一任留下來的預算，不是自己編列的。第二年，開始編列各項建設的規劃費、設計費，大到古根漢美術館，小到羽球場、劇場，都要先編好規劃費。編完了之後送議會通過，表示這些規劃最快到第四年才能「上路」。第三年開始編規劃費的預算，規劃至少要花半年，然後還有環評及土地徵收等問題。第三年底若能通過工程預算，第四年才能破土動工；也就是說，如果順利的話，大建設要到第四年才能動工。

市長任內的最後一年，大建設多是「進行式」，不容易達到「完成式」。這是一般人所說的「政績」，所以當最後工程竣工、蒞臨剪綵的人，通常不是第一任的市長，除非他連任。

為了貫徹自己的施政理念與執行各項重要建設，我競選連任。到了第二任屆滿之際，台中市和台中縣合併升格成直轄市「大台中」，過渡時期又讓我多任一年，負責協調和規劃，接著就需考慮是否參選大台中市長。一般地方縣市長的任期頂多兩任、八年，我卻在九年之後還有再加四年的機會，真是史無前例的機會。

水湳經貿園區：打造台中市的綠肺與未來

早年我曾帶同事和朋友到英國參訪，經過倫敦「海德公園」時特別鄭重介紹：「都市，都需要一個『肺』！」

就像「海德公園」為倫敦、「中央公園」為紐約，皆帶來清新無比的空氣、賞心悅目的綠意，也成為市民的休憩所在；到了夏季，更是舉辦露天音樂會等活動的最佳場地。公園，不只是草地森林、小橋流水，它還是涵泳藝術文化、實踐環保理念、改變空氣品質的都市寶藏。

我把遊歷許多國家的經驗與自己長期的觀察，放入「水湳經貿園區」的規劃中，當中已預留了一大片綠地，以後將成為台中市的「肺」。

有人殷殷相告，對一位有遠見的都市規劃師而言，八、九年實在嫌太短。以台中國家歌劇院為例，當時才開始動工而已，落成之後在軟體上若沒有善加經營、管理，很可能論為「超級蚊子館」和「大麻煩」。這些與文化息息相關的建設，在「有」和「有靈魂」之間差別甚大，因此我很想在法律允許之下，爭取繼續為台中打拚的機會。

促使我最後決定競選首屆大台中市長的，主要還是「水湳經貿園區」的「台中夢」。當初有八成的民眾支持大台中合併，而這項合併規劃是由我和台中縣長黃仲生共同提出。因此，我理應履行承諾，讓當時勾勒的願景得以具體實現。

超越香港與新加坡的優勢

我接受媒體採訪時，強調大台中的優勢：大台中面積是香港的兩倍、新加坡的三倍；人口是香港的四〇％、新加坡的六〇％。海運方面，台中港雖然比不上香港、新加坡，但台中港是台灣第二大國際港，而且成長幅度超過高雄港；機場五年以來載客量增加達到一百倍，在在顯示市場的無窮潛力與需求。（機場與港口迄今屬中央管轄）

值得一提的是，我過去兩任八年的期間，大台中地區投資額超過新台幣兩千億元，產業規模遠遠超過香港與新加坡；二〇一〇年台中市的歲出預算成長到約一千一百九十六億元，個人長期債務餘額減少九成。尤其在招商投資方面，台中市也曾連續兩年得到全國招商第一名。大台中將來的發展，必定愈來愈具動能。

在自然資源方面，大台中也超越星、港。大台中有山有水、毓秀鍾靈，梨山、大雪山都在三千公尺以上，林相多變而優美；大肚溪為台灣的第六大河川、全長一百一十九公里，大肚溪口設有野生動物保護區，是一處甚富教育意義的景點；高美濕地更是馳名國內外。大台中觀光資源豐富、交通便捷，短短一小時的車程，就可以上山下海。

此外，大台中的農產品，無論品質、種類與數量，都比香港、新加坡更具優勢。

種種數字都顯示，大台中的未來無限寬廣，而我當初既已提出這些願景，就有責任帶領大台中民眾一起實現。

根據我的觀察，大部分民眾並不貪心，要的只是生活的滿足、就業的尊嚴和家人的幸福。而我身為一個都市的經理人，就應該讓民眾因內心感覺更幸福，臉上浮現更多笑容。

從店長到市長，以民眾為本的服務理念

我總覺得，政治其實就類似幽默，是你做了某件事或某個動作，能帶給別人

笑意，所以我平常喜歡以幽默的方式，讓身邊的人開心。在施政上，我則是希望透過各方面的改善和進步，讓市民展現笑容。即便是「苦中作樂」的笑，都意味著市民對未來抱持無窮的鬥志和希望。

舉凡就業機會、交通、停車、治安、社會福利、環保、衛生、治水、教育等大大小小種種事務，對市民都很重要，民眾不會計較施政的優先次序，也不管你怎麼做，他們在乎的是他們的問題能不能夠得到解決。因此，我對市府主管們有一個要求，不需費唇舌做過多「解釋」，而是從民眾的角度看問題，確實為民眾「解決」問題。「很多事應該在昨天完成」、「要站在民眾的立場做事，以市民的感受為感受」、「你覺得你這樣做，民眾會滿意嗎？」都是我常講的話。

然而，一個公司企業文化的改變，無法朝夕達成，也非一蹴可幾，更何況是昔日人稱「衙門」的公家機關。大家都聽過「鐵打的衙門，流水的官」，挑明了政務官或民選首長改朝換代、進進出出是常事。如何說服、影響基層公務員認同領導者的理念，在有限的任期內徹底執行政策，其實是很艱鉅的挑戰。

我深信市長存在的意義，是為城市賺錢，所以一直自許為「店長」，帶領夥計力拚。雖然改變公務員的心態並不容易，但我相信，領導者的身體力行與道德勸說，仍可以改變很多人的心態。他們會知道你沒有私心、不是為了自己，而是為了這個城市與市民的未來。而我確信市府團隊已有一群優秀的菁英，足能為百姓帶來幸福。

看見人們臉上的笑容——始終是長久以來我做每件事的初衷，為人如是，從政亦然。

我自認有信心和能力帶領大台中一路成長，就這樣，經過二〇一〇年底激烈的選戰，我當選了縣市合併後的首屆大台中市長。

21 痛徹我心的「阿拉夜店事件」

「阿拉夜店事件」，是我擔任台中市長以來心中最痛的意外，讓我深受打擊和難過，平生第二次有請辭的念頭。但是，我確實也很期盼要市府盡到百分之百、甚至歷來未見的善後義務。

二〇一一年三月六日凌晨，位於台中市中興街的阿拉夜店，由於一位男舞者在舞台上表演火舞秀，使用了加裝煙火的ＬＥＤ棒，不慎引燃天花板的隔音泡棉，瞬間火勢迅速延燒。由於客人誤認這是一種特效，回應以歡笑，反致延誤逃生時機，也因店內逃生路線不明，緊急出口遭堵塞，造成九人死亡、十三人受傷的慘劇。

我聞訊心情無限沉重，立刻責成市政府各局處妥為調查起火因素，全面防止再度發生類似狀況，並對罹難者家屬立即展開完整的協助，包括生活安排、心理輔導、就業輔導、民刑事訴訟及國家賠償。

到殯儀館看見家屬的無助、痛苦，我請社會局長王秀燕成立危機處理小組，採取「一對一」方式，每位受難者的家庭都由市府指派一位專任社工陪伴與協助，了解他們的迫切需求，幫忙處理包括監護權、工作、住宿等問題，尤其不能忽視家屬的觀點與需要。社會局危機小組是窗口，可以跨局處溝通，一個小時就可以分配好工作，而且不分晝夜，二十四小時都有人可以協助。

市府緊急應對與法律對策

經過調查，夜店業者違規營業、舞者以明火表演、安檢人員未認真勘查，是導致意外的主因。公私部門都有缺失，全案釐清責任歸屬後，開始進行法律程序。公部門的責任，市府承認缺失，並承諾嚴格檢討，確立國賠機制。

私部門的部分，必須執行假扣押防止夜店負責人和舞者脫產。但因市府不是當事人無法請求假扣押，於是我請副市長徐中雄負責溝通協調，拜託家屬中的一、兩位，週一上班即由市府法制局長林月棗協助家屬啟動假扣押程序。

按照規定，假扣押必須提供三分之一的擔保金，我們對法院請求免保證金，並由台中市政府當保證人。以往只有「犯罪被害人保護協會」（以下簡稱「犯保協會」）才可以免保證金，我們是成功以政府作擔保的第一個案子，後來也有類似案件如「八仙塵暴」以此方式援引。

我親往拜訪每一位受難者家屬（也有見不到的），誠摯希望能把傷害減到最低，他們在法律上的問題，我們馬上處理。每天我都會去了解最新動態，對各種指正和批評也都接受。頭七那一天，通豪飯店打折讓家屬提前入住，一大早市府派車去接家屬，他們本來不相信公職人員可以動員這麼快，但這是老天給我們的考驗，當意外發生時，如何讓傷害減到最低。

我也在會議上嚴肅地告訴同仁：「面對阿拉夜店大火的意外，無論是住宅、廠房、餐廳或旅館，公共安全是不能妥協的，要求以最嚴厲的態度找出失誤之處，即刻改善，保護所有的顧客安全，我們要負起全部責任。」

此一事件，促使內政部研議修法禁止室內明火表演，如有特殊需求，則必須先向消防機關申請核准；內政部並動員各署對全台灣各縣市夜店展開清查；而台中市也落實更嚴謹的聯合稽查與取締違法營業場所。

每個被害人家屬的境遇，都很令人心痛，也有各自的難題亟需克服。

家庭悲劇中的法律援助與協調過程

二十歲出頭、原本住在高雄的林先生，生長在單親家庭，和母親及姊姊三人一起生活，相依為命。因為母親生病，全家搬到台中，以方便就醫，還可就近獲得台中親戚的照顧。不幸的是，母親遽逝才幾個月，他就接到姊姊在夜店喪生的噩耗；姊姊平日很少去夜店玩，那天只不過應邀參加朋友的生日趴……，他竟在半年之間家破人亡，頓失依靠。

雪上加霜的是，除了善後，林先生還面臨棘手的法律繼承問題。他素不往來的生父早已另組家庭，此時突然跳出來主張這個「兒子」沒有資格繼承姊姊的國賠和保險金，他已破碎的心又被補上一刀。

根據法律，罹難者的父親可以拿賠償金，弟弟拿不到，因為弟弟的繼承順位在父親之後，直系血親依照順位是子女、其次是父母、其次是祖父母，然後是兄弟姊妹，但這不見得公平。此時，我們與犯保協會啟動機制，協助林先生處理因親人過世衍生的繼承問題。最大難題是必須避免父子反目，又要替他爭取到應有的權益。這件事前後經過了兩年跌宕起伏，包括我親往拜訪父親，才達到共識，父子各取得半數，終於順利解決。

另外，有一個嬰兒，母親在火場過世，祖父母和外祖父母為了小孩的照顧問題起爭執，我也親往協調，雙方都很理性。但是最後法院將孩子判給外祖母，因為她有能力且懂得照顧的方法。然而姻親之間的情誼，或許因這場官司已無法一如既往。

市府代位求償，協助家屬避免漫長訴訟

在此案中，我們執行的另一項目是——市府代位求償。台中早年的「衛爾康」大火意外，法律訴訟前後歷時八年，家屬承受很大的煎熬與折磨，還有人不得已中途放棄。為了避免家屬遭到二度傷害與漫長的訴訟程序，阿拉夜店大火的國賠金先由市府賠償給家屬，家屬同時轉移全部債權給市府「代位求償」，由市府向業者求償。家屬直接拿到賠償金，不必再跟業者糾纏，也能平靜地回歸正常生活。業者與舞者皆已同意全額賠償，市府持續依法強制執行；而業者投保的公共意外責任險，在市府的協助下也賠償完畢。

受難者家屬突遇人生巨變，內心傷痛又氣憤，面對他們的至極哀痛，我當然都默默承受，盡心盡力做好應該做的事，後來慢慢感覺家屬領受到我們的誠意，態度漸有改變。

但在阿拉夜店事件中，有一個女孩沒逃出來，她是家中的獨生女，事發後父親表示不需任何補助，他要把這些祝福、愛及資源給更多需要的人。有一天，他竟然對王秀燕局長脫口而出：「我不會說『謝謝你』，但你們很認真在做，我知道……。」

有位家長則自省：「其實也應該提醒小孩不要去危險的地方。」

王秀燕局長告訴我，有位罹難者父親非常節儉，家裡的沙發很破舊，一直捨不得換新。我一一去拜訪家屬時看到了，便決定自己出資幫他買新沙發，就算是替他離世的孩子盡孝。事情交代還不到第三天，我打電話給王秀燕局長詢問沙發買了沒有？時逢清明節，她正在觀音鄉掃墓燒紙錢，坦言道：「還好今天早上已去過家具行了。」

家屬來信感謝與市府無私支持

後來，我也接到林先生寫的一封信，對於生父爭取賠償金之事，「雖然很生氣，覺得自己啞巴吃黃連，但我很感謝林月棗局長和其他長輩的協助，最後幫我保住了權益。我不知道能夠替幫助我的人做什麼，也不知該如何回報他們？」我在市政會議中宣讀這封信，激勵同仁，林月棗局長聽到來函中的感激，還當場落淚。

林先生在信中指出：「阿拉夜店大火意外發生後，不論是社會局、法制局、犯保協會、副市長徐中雄和市長，以及其他在背後認真協助的人，對家屬持續的關懷與陪伴，讓我感受到真正的愛，也因此更能勇敢面對問題……。」他建議我給予相關人員敘獎鼓勵。

我接到信，看到家屬從一開始的悲痛轉變為感謝，感慨良深。雖然我曾當面與他們一一致意，內心仍充滿自責與歉疚。事情固然過了許久，但心中的歉意永遠不能弭平。我始終抱著歉疚的心照顧家屬，沒想到家屬竟然還來信感謝，並建議我對相關同仁敘獎鼓勵。

我在會議中讀完信之後，沉痛說道：「非常謝謝他的來信，但我們承受不了這樣的感謝。」確實，面對親屬的痛心，無論我們做了多少，都是不夠的。正如林月棗局長感受到家屬的體貼，哽咽地說：「我們實在無心討論敘獎問題啊！」她表示，市府與犯保協會、台中市律師公會，只是以同理心來對他們面臨的民事、刑事、國賠盡可能給予最大的協助，對於家屬的感謝，實在讓她心裡特別不捨。

事情告一段落後，林先生赴英進修，我給了他我旅居英國的妹妹電話。二〇一四年春天他回到台中，和持續關懷他的市府同仁與社工員小聚，感覺上大夥兒已變成了朋友。

林先生說：「謝謝局長們對我的關心與照顧，我會一直和大家保持聯絡。看到他們無私的付出，我深受感動，希望自己成為一個有能力的人，將來可以幫助更多人。」

意外發生後，常去探望罹難者家屬的王秀燕表示：「對於家屬的感謝，只讓我的心情更沉重，社工員與我都希望全力協助家屬將傷害降至最低。」後來她也隨我離開市府，仍然與家屬保持聯絡。我則是非常關心，知道家屬們平安，我也會放心。

火災中有一人死亡，就代表一個家庭的破碎。我們要體會別人的苦楚，一定要全力相助。我尊重法治，但也常常提醒同仁們，法律是「有生命」的，要站在民眾的立場，看到他們的需求。我常說：「弱勢民眾如果沒有政府做後盾，他還有什麼呢？」

聽說在這件事塵埃落定後，曉鈴曾跟朋友提起我：「Jason 不是只愛家人，還愛那麼多人，那麼細節的事和人的脆弱都能照顧到，打從心底去關心，我覺得他很棒、很了不起。人生難免起起落落，我和他在生命起落之時相互扶持，深刻體會人生，並能幫忙他人，多快樂喜悅啊，這是人生的真諦。謝謝他，缺了他，自己就不會這麼圓滿！」

22 「老胡」賣瓜

俗語說：「老王賣瓜，自賣自誇。」但我想「老胡」賣瓜，總不能完全逃避這個議題，該說說台中市讓我光榮的事情。

「文化、經濟、國際城」是我上任台中市長之初提出的市政願景，我有心把台中市打造成一座國際城市。因緣際會之下，我擔任台中市長的時間長達十三年，這段期間台中曾拿過幾項重要的國際獎項，不但記錄了台中的蛻變和發展，也印證台中有足夠實力成為國際舞台上熠熠發光的明星。

獲頒「世界最佳文化藝術城市」

由英國「世界領袖論壇」協會主辦的二〇〇七年「世界最佳文化藝術城市」獎項於當年十二月評選揭曉，我親自率隊前往英國倫敦進行簡報及答問，等於是一場口試，最後經過嚴格評選，台中獲選為二〇〇七年世界最佳文化與藝術城市。冠軍一揭曉，全場的鎂光燈都集中在我身上。

這個獎項有四百多個城市角逐，剩下三個城市入圍，台中能在同時入圍的強勁對手美國新墨西哥州阿布奎基市、祕魯首都利馬市中脫穎而出，實屬難得。

「世界領袖論壇」是二〇〇五年在英國成立的一個協會，每年在全球徵求有傑出表現與發展的城市，期透過公開評選與表揚的方式，達到標竿城市的學習與促進人類共同發展的目的。

總獎項分為資訊、文化與藝術、年輕人教育與發展、環境、健康、休閒與運動、城市規劃、都市更新等十五類，組織雖然成立時間不長，卻受到全球高度的矚目與重視。台中市此次能夠入圍，真的不簡單，可說是台中市第一次在國際嶄露頭角。

許多人相當好奇，我究竟是如何將一個過去被貼上「色情氾濫、治安不佳」標籤的城市，帶向文化創意之路？我的回答是：台中市雖是台灣中部地區的商業中心，過去卻長期缺乏特色，相較於台北市的金融、政治優勢，以及高雄市的海洋運輸、重工業強項，台中市在這幾點無法相提並論。我深信每一個城市都要有一張臉，希望台中以「氣質」取勝，於是選擇了「文化」作為台中市的臉孔。事實證明，此舉讓台中市找到明確定位與發展方向。

台中市這次能夠打敗對手，除了本身優越的自然地理條件及豐厚的人文基礎外，我們在文化藝術建設上的努力，包括爭取古根漢美術館的過程、台中國家歌劇院的國際競圖規劃、洲際棒球場的完工使用、圓滿戶外劇場推出的活動、爵士音樂節的舉辦、傳統文化與多元藝術的推展，以及國際知名團體與藝人如維也納愛樂、卡列拉斯、帕華洛帝、馬友友、林昭亮等陸續到台中展演，連帶使得民眾參與藝文活動的每人每年平均數從二〇〇一年的三．九二次，於二〇〇七年急遽增加到二八．三八次，成長七倍，受到評審的高度重視。

我向評選委員表示，以前可能沒聽過台中市，日後則會常常聽到，因為「一顆新星已經誕生」（A star is born）。

當主席宣布台中市得獎的剎那，隔桌來賓還以為是泰國。除了自己人，周圍各國的代表也一起歡呼，讓我感到很欣慰，我國駐英副代表牟華瑋也立刻走過來道賀並表示：「台灣要在國際上得獎真的不容易啊！」除了體育及電影，台中市再次讓全世界見證台灣傑出的成就。

然而，獲得這項殊榮就算再高興，也只能高興三分鐘就好，因為之後的責任更重。我得獎後就一直在想：「台中市的下一步要怎麼走？」市府團隊必須更加努力，才能將台中市打造成一個真正具有國際高度與水準的文化藝術城市。

這份殊榮，不僅肯定台中市國際化的腳步，相信將對台中的就業與產業帶來更好的發展。

榮獲「全球七大智慧城市」冠軍

二〇一三年六月，台中市繼二〇一二年首次參加「國際智慧城市論壇」（Intelligent Community Forum，以下簡稱「ＩＣＦ」）所主辦的選拔，獲選為「二〇一二全球七大智慧城市」，隔年再接再厲又獲肯定，這次更上一層樓，成功勇奪全球智慧城市的冠軍。

我認為只要是好的產品，就會受到歡迎和肯定。而「Made in Taichung」的「智慧城市」就是「好的產品」。

「智慧城市」簡而言之，是指一座城市有效地運用寬頻通訊科技，讓市民的生活、就學、就業、就醫等更方便，同時增加工作機會，提高生活品質。此次評選的兩大項目是「永續發展」與「就業」。台中市是大都會，失業率通常高於全國平均失業率，但是台中這三年來的失業率卻都低於全國，與市府在資訊科技、網路電腦的建置，息息相關。入選前七名的智慧城市包括台灣的台中市、桃園縣和其他五個國家的城市，台中市政府代表團由副祕書長廖靜芝帶隊赴紐約與會，順利抱回大獎。

ＩＣＦ曾提問：台中市在我就任以後，最大的改變為何？

「Green」（綠）——就是我執政之後台中市的改變。我們尊重萬物，落實低碳政策與市民參與，以一片草地可改變一個都市的「草地市政學」施政理念，為這座城市埋下了綠色的基因、開啟低碳的演化。

十年來，低碳生活在台中已成為大家的「生活習慣」。

摘下ＩＣＦ首獎，成為智慧城市典範

依據ＩＣＦ官網資料顯示，台中市獲得首獎主要原因包括：由於過去十年除了運用「科技」創新，且全力發展「文化」，使整個社會經濟的動能向上提升，讓台中市成為兼顧經濟、文化的城市，也成為二十一世紀智慧城市的發展典範。其次，二〇一〇年底台中市順利完成台中縣市合併升格，結合七〇%服務業及五〇%勞動產業，創造了「一加一大於總和」的經濟體。

台中具備海（台中港）、陸（高鐵、台鐵、捷運）、空（國際機場）等交通優勢，是中台灣通往國際的重要樞紐。台中還擁有一千五百家以上的精密機械公司，成為經濟主幹。我們善用了資訊與通信科技（Information and Communication Technology），提升了港口、交通路網及農業發展的績效，創造新市場，並讓中小企業在全球擁有競爭力。

凡此種種，皆讓台中「變身」為一座名副其實的智慧城市。這些年來，我們市府團隊積極參與和舉辦國際性活動，以「世界的大台中」接軌國際，終於開花結果，讓台中市在世界舞台上占一席之地。

二〇一五年，我不再擔任台中市長，卻被ＩＣＦ選為「年度遠見人物」（Visionary of the Year），在加拿大多倫多市頒獎。我親往參加，在我國駐加拿大令狐榮達大使之陪同下領獎，演講之後，還很榮幸地得到全場起立鼓掌，其實我得獎感言的核心焦點，還是台中市。

23 大家都愛一片草地

「你看到了『美』，才會覺得這個世界是值得活下去的！」作家蔣勳曾在一次演講中說：「找回美的感覺其實很簡單，去觸摸一片葉子，去聞很熱很熱的夏日午后暴雨下過的氣息，都讓我們有記憶的感覺，會引發我們的感觸和感動。」

這是多麼鮮活生動的描述！

我也很喜歡唐代劉禹錫在《陋室銘》寫的「苔痕上階綠，草色入簾青」：家裡院子的青苔長到台階上，拾級皆為綠意；而青翠的草色透過竹簾映照房內，滿室盡是碧綠。不同層次的綠意，真是讓人滌盡塵慮的美景。

有一片草地，曾經深深觸動了我的心。只不過，我迫切想做的是——恢復它原來的美。

草地市政學

二〇〇一年，我回家鄉參選台中市長。選前，我在市民廣場的草地辦活動，活動結束後發現我的衣褲、鞋上竟都是一層灰濛濛的黃沙。這片草地可能因長期疏於照料，草已枯萎，天氣稍熱、人很多的時候，造成塵土飛揚，人們即使短時間停留，恐怕早已吸入許多沙塵。

我心想：如果當選市長，一定要用決心與毅力，好好把這片草地養起來。相信悉心照顧之後，市民能享受草地帶來的美。基於這個初衷，我逐步發展出一套「草地市政學」。

我有意把台中變成低碳、樂活、具有鄉村風味的都會。而從一片草地，可以觀微知著。草地深具生活、環境、健康、經濟等各種效益與作用。我認為只要用心經營，台中市將會成為亞洲地區以「綠能」與「綠地」為號召的典範，並達到「無碳無憂」的願景。

我曾在許多場合強調：「低碳生活不是『政策選項』（Policy option），而是人類共同的『必然依歸』（Ultimate destiny），永續發展能源是一定要走的路。」

選後，我獲得中興大學園藝學系的免費諮詢與技術支援，利用兩年的時間讓草地慢慢休養生息，終於讓它逐漸恢復綠意。這片草地平時禁止打球、遛狗、辦活動，避免草皮被踐踏破壞，只有一年一度的爵士音樂節可開放使用。二〇一一年，台中市以努力推動低碳生活的豐碩成果和績效，獲選為中部地區「低碳示範城市」。市府並成立低碳辦公室，我特別請時任副市長蔡炳坤兼任辦公室主任，領軍執行各項政策。

低碳辦公室執行長黃崇典對媒體直言：「市長並不是為了選舉才這麼努力推動的。他認為大家都是地球上的一分子，就應該善盡一份責任。我們希望從台中開始做起，改變台中，讓台中進步。」

草悟道：環保與人文的完美交織

無論是設置可親可及的美麗綠帶「草悟道」；歌劇院前的「夏綠地」（Summer Green）；滯洪、排水、觀光、休憩效果的「秋紅谷景觀生態公園」；或推動增加綠地的「綠樹成蔭計畫」；以環保健康為訴求的「低碳蔬食」，節省水電、清潔劑等消耗；和「一盤到底少換盤」的進餐減碳措施；與低碳校園認證、電子輓聯、推廣太陽能熱水……，都已獲得具體的成效。

「誰敢在林志玲臉上動刀呢？」黃崇典形容當初改造「草悟道」所面臨的巨大壓力和挑戰。

草悟道原先是「經國園道」，我覺得已經不錯了，但可以更好。我看過紐約第五大道、東京表參道、倫敦攝政街，觀察到許多國際著名城市的商業區中總有一條手姿綽約的大街，吸引在地居民與來自全球的旅客購物閒晃，徜徉其中。

我的朋友中，小學同學何明憲主張台中也應該有這樣的地標大道，並願意參與投資。

美國九一一事件之後，我曾讀過一則報導，世貿大樓原址重蓋新建築，競圖比稿時競爭激烈，其中有一入圍案保留了新大樓一整層為立體公園，充滿綠意的作品洋溢著元氣與活力，特別吸引我。在這個經歷劫難苦痛之處，盎然的嫩芽綠葉，象徵著重生的喜悅和無限的希望，讓我異常感動。

原來，大自然的綠意有如此奇妙的療癒效果啊。

這就是草悟道成形的發想。它北起自然科學博物館、南至美術綠園道，全長三．六公里，沿途皆是欣賞藝術科學文化、購物、休憩的好所在。它既有靜水流深的人文底蘊、個性化的商店，更處處可見漂亮的樹蔭草地，滿足人們物質與心靈的需求，可說是一條結合創意、環保與綠意的購物大道。

「草悟道」本是「行草悟道」的意思，意在書寫草書而領悟人生道理，後來簡稱為「草悟道」，益添禪意。而「草」與「草地」雙關，也強調我極重視的綠意。如從高處俯瞰，會發現這串翡翠項鍊的線條更加酣暢淋漓，不啻是台中令人驚豔的亮點。

值得一提的是，在聯合國環境規劃署主辦的「二〇一三年國際宜居城市大賽」中，草悟道以關懷人文設計榮獲「自然類」首獎，贏得國際肯定。

我很高興有人慧眼識英雄，歸納它獲獎原因為——以人文關懷為出發點，非但沒有砍一棵樹，還增加四百五十棵樹；且使用透水性鋪面，讓土地可以呼吸；

因為植物多，溫度還比周邊低攝氏兩度，是都市休閒及遊憩的親水空間。後來果然人潮聚集，還成為全國訪客最多的建設。

這個殊榮，肯定了台中市是一座重視環保綠能、永續發展、適合居住的國際城市。

何明憲本來提出若干更有格局的想法，可惜大部分被市府審查會刪除，我也愛莫能助！

秋紅谷景觀生態公園：結合景觀與防洪功能的綠地

而一個醜陋的大洞，又該如何「變身」成美麗的公園？

「秋紅谷景觀生態公園」的原址，在我未擔任市長前，市府本來計畫興建會展中心及交通轉運中心，後來因建商無法履行工程合約，使得完工日遙遙無期，而留下的巨大坑洞，也令市府非常困擾，不僅有礙觀瞻，且因積水難排，造成衛生問題。媒體更毫不客氣地比喻它是一個「大災難」。

我後來決定把預估填平大坑的兩億元經費，拿來開闢一座公園，在此種植兩百棵楓樹。

這是當時亞洲獨一無二的下凹式公園，兼具景觀、生態、展演、滯洪、排水等多項功能，通過此處的地下下水道，可納入水利局西屯區及南屯區的重要防洪水利設施之一。如果下大雨，將有兩萬立方米滯洪功能，可讓台中減少一點水害。

大坑洞蛻變成公園的過程，其實面臨許多不為外界知曉的波折與困難，包括我個人被告及市府首長被人設局陷害，但我只把視野與焦點放在未來的展望。

秋紅谷景觀生態公園於二〇一二年九月底試營運，大家好康道相報，總是遊人如織，成為市民休憩的新選擇。而且，因為我不准市府在草地上使用農藥，以致清晨各色鳥類群聚在此（因為小蟲很多）。如果不下雨，早上會有很多民眾帶著專業相機來拍攝鳥類，捕捉漂亮的畫面，「都市之肺」搖身一變，儼然成為「城市鳥園」。市府也曾在此辦「泰迪熊嘉年華」展覽，吸引三百萬人次參觀，創下了十億元的商機。

二〇一三年七月中「蘇力颱風」侵台，秋紅谷公園果然不負眾望，大顯身手，在天降豪大雨之際，及時發揮了調節滯洪的功能。

我很欣慰的是，秋紅谷景觀生態公園也榮獲「二〇一三年國家卓越建設獎」最佳規劃設計「公共建設卓越獎」。二〇一四年五月中，我到盧森堡參加「世界不動產聯合會」，會中頒發了「卓越建設獎」，台中市以秋紅谷獲得「公部門基礎建設／環境適意工程類」首獎。台中市曾先後以「圓滿戶外劇場」、「新市政中心」摘下這座建築界的大獎，這回是第三度獲獎。

能夠在公部門建設類中獲獎，代表我們為市民打造宜居城市的心血，受到了國內外的肯定。

經過細心復育，當年市民廣場那片枯槁草地，早已鬱鬱蔥蔥、改頭換面，附近吸引了勤美誠品與洲際飯店、審計新村等許多商家進駐，還有許多美食小吃。很難想像，二〇一三年一連九天的爵士音樂節，共吸引了一百零五萬人次參與，大家於秋日坐在綠毯上欣賞音樂，會場氣氛熱絡卻井然有序，人人 High 翻天。

我想，這種無憂的氛圍，不就是低碳城市努力追求與構築的境界嗎？把低碳生活比喻為人類共同的「命運」，聽起來似乎太宿命，其實是順應未來趨勢「不得不爾」的選項。

我在「秋紅谷」及「夏綠地」之外，本來還想增加「春××」及「冬××」兩個高水準的地點，可能在原台中縣區，以利「春、夏、秋、冬」的完整，可惜連任失敗有志難成！

24 只為你臉上的笑容

我一直以為，事不分大小，人不分親疏，人生最有價值的事，就是看到別人臉上的笑容。

我的物質欲望一向不高，如果有美食或好東西，也喜歡和他人分享，有一次我送朋友的是一套「戰袍」。

二〇一二年六月，美國《富比士》雜誌公布年度「亞洲行善英雄榜」，台灣除了張榮發、許文龍、戴勝益等三位知名企業家之外，家住台中、靠資源回收做善事的六十八歲清潔工趙文正，尤其受大眾注目。媒體很驚訝，我竟然是推薦人。

趙文正慈悲布施，獲選「亞洲行善英雄」

佛說人有二十難，「貧窮布施」第一難。《聖經》裡也有一段故事，敘述一位貧窮婦人捐了兩枚銅錢，耶穌對弟子說：她投進奉獻箱的比其他人都多。別人捐出財富「有餘」的部分，而她很窮，卻把自己全部「所有」都奉獻出來了。

趙文正幼時家境貧困，讀小學時每天中午與哥哥共食一個便當，哥哥先吃一半，他再吃另外一半。交學費，更是陸續分三次才能補足全額。國小畢業後，他沒有經濟能力繼續升學，白天在鐵工廠當清潔工，月收入約兩萬元，晚上則以一輛破腳踏車做資源回收。成家後，他靠著微薄收入省吃儉用養大五個孩子，最難得的是他同時認養了國內外十多名貧童，希望孩子們不必承受他童年所遭受的苦，不要因繳不出費用而中斷學業。

趙文正樂善好施且持之以恆，三十幾年積沙成塔，捐款已逾四百萬元。媒體形容趙是「男版陳樹菊」，他的名言是——「行善不是有錢人的權利」。

我很欽佩趙文正的愛心，也長期支持他的義舉，把他視為家人看待。得知《富比士》雜誌舉辦慈善英雄選拔後，我便親筆為文推薦他角逐，趙果然獲選為「亞洲行善英雄」，實至名歸。

不久之後，趙文正又榮獲「台灣港澳慈善基金會愛心獎」，主辦單位邀他親自出席，接受表揚。但他表示從未出國門，不想出席領獎。我請市府社會局長王秀燕出馬遊說，獲悉原來趙文正擔心沒有適合的服裝可穿，便把主辦單位送我的「推薦獎金」拿來讓他購買「戰袍」——一套西服。

經過百般勸說，趙文正終於願意以「市長購衣基金」買下襯衫、外套、手提袋和送給家人的禮物。他歡歡喜喜參加典禮後，再度把獲獎的一百多萬元獎金全數捐出。

趙文正的慈悲布施，令人崇敬。無論金錢多寡，他傳遞的關懷與情意，都讓人間倍增溫暖。

「胡爸，有您真好！」

有一回，我想送出一個法藍瓷的咖啡杯。

二〇一八年，三十六歲的 Olivia 因為婚姻問題而失意落寞，似乎得了憂鬱症。有一天早上她喝了酒，衝動跑到十六樓的空中花園，彷彿失去了生命的力量。她一邊嚎哭，卻突然接到我助理廖偉翔（現為立委）的電話，說我想送她禮物。

Olivia 算是我的「鐵粉」，參加過我舉辦的咖啡座談，還送了我一張她精心製作的大卡片，裡頭蒐集了十三張照片，還寫了「台中有您，才有今天」，我很感動，我不知道她心情不好，只是為了感謝她送的卡片，所以想回她一個小禮。

因為接到特助偉翔的電話，覺得自己是被記掛的人，並不孤獨。同一時間大樓管理員盯著監視器，奇怪她怎麼上樓好久沒下來，也衝上去找人，及時將她勸回住處。

Olivia當時的主業是婚禮主持人，但她覺得無限諷刺：「連自己都不幸福，如何帶給人幸福，如何講出祝人幸福的賀詞？」我告訴她，無論天崩地裂，只要願意相信，就有希望，何況她有一個很貼心的孩子，雖然平日與前夫同住，但會常來看她，和她感情極好。我也送了女兒婷婷寫的一本書給她，鼓勵她即使感情受到創傷，還是可以重生的。

之後她曾做保養品生意，也考上了心理諮商師。她說當初是被人救的，希望也可以救人，但她不知道自己的力量可以這麼大。疫情期間她受到馬來西亞節目邀請，線上連線直播，竟有四千五百人同時上線，破了節目紀錄，結果全場都在哭，很多人感謝她願意現身說法。因為疫情，當時很多人失業、想自殺，聽了她的故事之後，有人打消了尋短的念頭。

「碰到生活的低谷，可以再找工作，先求有，再求好，只要做事認真，就會峰迴路轉。一念之間，如果往正面思考，會有不同的結果！」她說：「先打掉再重練，不要被往事困住。如果一個電話也可以救到我，其他人一定也可以。」

事後她回到十六樓，看遠處的天空，極為廣闊和清朗，喟嘆當初何必做傻事呢？她坦承情緒低落的人，如果有人陪，較能鼓起勇氣。每個人比上不足、比下有餘，若好手好腳，能感恩惜福，應有機會重新開始。她雖在這段日子曾面臨健康問題和工作的高低起伏，也都勉力克服難關。如今她事業順利，孩子乖巧懂事，感情上也有了寄託。

Olivia 也對我喊話：「胡爸，有您真好，謝謝您在我居住的家鄉，對這片土地的付出，待我們如同家人。您的善意不僅改變了一個我，透過我，也改變了其他人的命運。」

我並沒料到，當初只是很單純想送她一個咖啡杯，卻有如此戲劇化的轉折。如今看到她展露歡顏，為她感到高興，而回顧我從政的初衷和自我期許，不就是希望天天看到人們臉上的笑容嗎？

25 是金子總會發光

「為何我如此喜愛這個城市？」美國紐約「ＩＣＦ」共同創辦人路易・扎卡

里拉（Louis Zacharilla）在二〇一三年曾到台中實地考察，他公開指出：「因為這個城市有靈魂。」

我後來獲知，他這個說法是因為他觀察到「文化開創」是台中市發展的重點之一。

而在此發展的過程，真的需要天時、地利、人和諸多條件的配合。有人說建築業是龍頭產業，也是台中營業額最高的業別之一，我必須承認，早年台中建築業者行銷房地產的方式，實在頗具「特色」。

房地產新風貌：文化藝術為房市注入活力

我上任之後，有一回很客氣地問業者：「你們賣房子，真的一定要搭野台、大跳鋼管舞嗎？」對方的臉色有點尷尬，哈哈笑了兩聲後，我以「班門弄斧」的心態建議：「蓋房子如果重視民眾的美學鑑賞力，提高具國際水準的品質、氣質與競爭力，城市的風貌就會改觀，建商的產品會更受到青睞，城市也能受惠。」

慢慢地，台中市行銷房地產的活動，從大跳鋼管秀豔舞，逐漸轉變為小型音樂會、名家雕塑展、畫展、汽車展或藝文講座，連樣品屋都懸掛著中外藝術作品，充滿詩意與質感，著實吸引了更多人潮與外地的重量級買家前來。業者眉開眼笑地告訴我：「以文化藝術來行銷房地產，建商的形象變好了，而房屋的售價竟也跟著水漲船高。」

果然，文化和經濟是息息相關的。

其實建築界也很積極，有一次預備集資兩千萬元在台中市新光三越百貨公司、東海大學等不同場地舉辦「城市美學」系列活動，其中包括「台中城市生活建築美學聯展」，針對歌劇院、新市政中心、台中捷運路線規劃、火車站地區更新計畫、國立台中圖書館等建設做介紹，不但回顧過去，也放眼未來。但因市府規定，這項活動不能有商業性質，也就是不能賣房子，建商為了台中發展還是要辦。我非常感激及感動，反而勸他們不要辦。要辦，就辦一個業者可賺錢的！他們還邀日本建築大師伊東豐雄進行專題演講，反應極為熱烈。

我覺得台中建商辦活動非常大方，絕對不限於買家獨享，我的態度，反而激起建商的激賞，他們辦了許多公益活動，歡迎全市有興趣的民眾一起來參與。例如聯聚建設在圓滿戶外劇場辦了五場大規模的「民歌之夜」，觀眾可免費欣賞；有很多香港、台北等外地民眾，甚至海外僑胞聞風而至，專程跑到台中聽民歌，同時為台中創造許多消費的商機。而演唱會場場爆滿，歌聲迴盪，人人如痴如醉。

之所以辦民歌演唱會，是因為我看到大部分的音樂會，如果針對市場導向，多是以年輕人為對象；但其實中年人也愛聽歌，只是沒有人為他們辦，所以我要辦一場中年人愛聽的音樂會。

我的好友龍應台正好來台中，我邀她參加。她在一篇文章中描寫這次演唱會：「一走進劇場，卻突然撲面而來密密麻麻一片人海，令人屏息震撼。五萬人同時坐下，即使無聲也是一個隆重的宣示，」她如此形容：「這裡有五萬人幸福的歡唱，掌聲、笑聲、歌聲，混雜著城市的燈火騰躍，照亮了粉紅色的天空。」龍寶建設董事長張麗莉興奮地告訴朋友：「硬體、資源、預算，我們都沒台北多，但是有機會這樣聽蔡琴唱歌，真是覺得好幸福。」

「綠圍籬」創新設計，推動環保與美學雙贏

然而，賣東西還是必須回歸產品本身的品質，是金子總會發光。台中的建築業者努力創新產品、互相學習，作品如百花齊放且各擅勝場，極力創造自己的特色。

台中的「綠圍籬」，也就是工地綠化，以綠色植栽牆替代鐵皮圍牆，這就是張麗莉自創的好點子。她引領風氣之先，只要是她公司的案子，工地周圍一定架有綠圍籬，不但顧及環境美觀還能淨化空氣。我認為這是利己利人的好設計，便把它變成了自治條例，沒想到其他城市也陸續跟進，如今台灣已成全亞洲、全世界建地綠圍籬最多的地方。連陳文茜看了之後都告訴馬英九：「這一點台北可以學台中！」

我聽說麗明營造董事長吳春山對訪客如此介紹：「你晚上看七期燈火輝煌的夜景，不輸國外啊！」他認為這些年來台中建商在各自的領域充分發揮，彼此良性競爭，格局與視野都與以前不同，這段期間出現很多精采的作品。七期的新市府大樓落成後，許多建商也把重點放於此，可為本地帶來百年的繁榮。

近年推動小資族群「包租代管」業而大受歡迎的網紅陶迪（Tody），除了著書、教學傳授實戰技能，有一次分享自己在台灣到處看屋買房的心得，據悉她鄭重表示「台中市的建築品質，居全台之冠」。

品質為本，打破房市逆境

台中建商顯現「品牌效應」後，台中建商到其他城市推案售屋，每坪硬是比當地行情高出幾萬，還供不應求。而在整體經濟不景氣的時候，推案的房價也逆勢上揚。

我常跟業者說：你們只要拚品質，好好蓋房子，我就會努力幫忙行銷。有的政治人物與商人之間保持距離，深怕被貼上「圖利」的標籤，因而綁手綁腳，很忌諱幫廠商站台或行銷，但是我不會閃躲，只要是優良的產品，我就樂意大力推廣，要讓市府與民眾雙方互相牽成，共同營造台中的繁榮。當然，前提是整個市府團隊能以絕對清廉自持，官商往來就不會有曖昧的揣測與模糊空間。曾經有人在市長選舉期間說我大收建商好處，甚至連購屋都「買一送一」，傳得離譜，也沒人相信，就是名副其實的謊言。台灣有任何人可以在買房時「買一送一」嗎？

在建築業者精益求精的過程，我也期待他們照顧到年輕世代的需求。都市繁榮、就業機會多、人口移入，土地就會增值，對整體經濟是正面的影響；但房價漲，年輕族群想購屋會比較吃力。我其實很清楚高房價不能塑造一個幸福的城市，所以一直努力重整舊市區，吸引國際連鎖旅館與購物中心等商家進駐，也用心在新開發的地區廣設公共設施和綠地，讓大家在「非豪宅地段」也能享受優良的生活品質。

以美國紐約為例，因為曼哈頓市中心的房價高，許多市民住在郊區或住到附近的紐澤西州。一般說來，他們搭公共運輸工具通勤，最遠是車程可能超過約一小時的距離。隨著台中交通建設愈來愈好，民眾即使住在離精華地段遠一點的地區，出入也頗方便。

業者同時呼籲政府多多興建「合宜住宅」，讓住者有其屋，人人可以負擔，而我聽進去了。我們在精密園區蓋了第一批合宜住宅，每戶平均三十五坪、另加車位、總價不超過五百萬，自備款在八十萬以下。當然有人還是覺得太貴，首次購屋的年輕人縱然不易接受，但總有部分青年可以放心地安家立業。

26「少年Pi」的奇幻與美好

「財富會消失，權力會更替，生命會凋零，只有美和創造力將永垂不朽！」這段話，我一直篤信。

二〇一三年二月二十四日，李安導演以3D電影《少年Pi的奇幻漂流》榮獲第八十五屆奧斯卡金像獎「最佳導演」大獎，這部片還同時獲得「最佳原創音樂」、「最佳視覺效果」與「最佳攝影」等獎項，守在電視機前看現場轉播的台灣民眾，莫不欣喜若狂、高聲歡呼。看到李安在致詞時特別感謝台灣和台中，台中市民尤其興奮驕傲，我和市府團隊更感到與有榮焉，真心讚嘆：「李安是台灣之光！」

神祕捐款，助李安拍攝落腳台中

我和李安認識得早，我在新聞局服務時，彼此就因工作上的互動成為好朋友。他才華洋溢、為人謙遜，後來見面雖不頻繁，但一直保持聯繫。我堅信，有一日他必定會在國際影壇發光發熱。

李安是首位獲得奧斯卡金像獎的華人導演，也是至今唯一兩度獲得該獎的華人導演。《少年Pi的奇幻漂流》不但叫好也叫座，票房打破他個人作品的賣座紀錄（另一部獲金像獎的作品是《斷背山》）。

而李安得以在台中拍攝《少年Pi的奇幻漂流》，這一切的開始，要從一筆一百萬的捐款說起。

當初他向我透露，想拍一部「少年與老虎在海上漂流兩百多天」的電影，我就暗自煩惱：「這樣的電影會賣座嗎？」李安為人樸實，這個探討宗教、人生、哲學的電影題材，非常深刻，卻似乎有點冷門，我很擔心他可能「血本無歸」，但是我又不能不相信李安的專業，所以全力支持。

即使像李安這樣全球知名的大導演，籌拍一部電影仍需很長的規劃時間與縝密的前置作業，何況這是一部高預算的大片，必須步步為營。而好萊塢片商不熟悉台灣，也不認為台灣有適合拍電影的環境，李安最初想帶福斯電影高層和助理來台灣勘景，卻因經費問題而難以成行。他詢問我可否請新聞局贊助一行人來台的機票和住宿費？當時馬來西亞、澳洲及中國大陸都願意提供經費邀請李安去拍電影，態度非常積極，唯獨我們無法拿出這筆錢，因為他如果沒先決定要在台灣拍片，政府不可能有名目動用預算補助。

正巧此時陳文茜的親屬為紀念外婆百年冥誕，以外婆何莊美秀的名義捐給台中市府一百萬元。我靈機一動，探問她能否把這筆捐款用在「推廣台中的電影產業」上，但沒明說和李安拍片有關。豪爽的陳文茜也沒細問就欣然同意，她相信我會妥善運用。我對雙方守口如瓶，外界也不知情。這筆錢，好像一根火柴，點亮了蠟燭，帶來滿室的光明，也點燃了無窮的希望。

百萬捐款幸運地促成劇組順利來台到閒置的水湳機場勘景，接著《少年Pi的奇幻漂流》才有機會到台中拍攝。李安得獎之後，時機已成熟，我才正式對外揭曉這位神祕人士的身分。

李安得獎，讓台灣人都感覺在世界舞台站起來了，但如果沒有陳文茜促成的一百萬，李安不可能來台灣拍片。

「錢，是外婆捐的，」陳文茜不願居功：「這筆捐款不足掛齒啦！」她反問：「胡市長想在台中募到一百萬元，還不容易嗎？」我有點擔心公開神祕人士的身分會產生副作用，趕快聲明：「希望大家不要因為這樣，就拚命找陳文茜募款。」

返鄉拍片，台中成電影新天地

我記得李安曾說：「在台灣拍片一方面是『冒險』，一方面是『回家』。尤其是這麼冒險的一部片子，我真的覺得除了台灣，沒有其他地方能夠以同樣的經費和方法，把如此困難的片子做出來。」

這部《少年Pi的奇幻漂流》，改編自暢銷小說，是有史以來李安拍過最艱鉅的電影。它不僅以3D高科技呈現，又有少年、動物及海洋等素材，拍攝難度可見一斑。但我認為李安是頂尖的國際級導演，他有想像力、專業能力，也具有高度的人文關懷與素養，因此無論如何都要爭取他到台中。

電影一決定開拍，劇組持續低調進行，我們也全力排除萬難、折衝協調，以廢棄的水湳機場址作為拍攝場地。我更向馬英九總統報告，爭取中央的支持與資源。這次李安史無前例地獲得官方資金挹注三億九百萬元，包括中央影視補助款兩億五千萬元，以及台中市政府五千九百萬元配合款。

時任台中市新聞局長石靜文曾有感而發，「因為在既有法令規章的種種限制下，爭取補助的過程著實歷經了千辛萬苦」——這是真的。

但我之所以如此「義無反顧」，重要原因在於：片中固然有部分場景在印度拍攝，但絕大多數都是在台灣的台中、台北、屏東完成，而台中部分估計約八、九成，堪稱「重頭戲」。雖然幾度遭外界質疑，我和市府團隊仍竭盡全力克服重重困難與協助李安。李安也以藝術家的用心與堅持，一絲不苟完成這個「不可能的任務」。

李安是一位很愛「自我挑戰」的人，他常自問：「明天如何比今天好？」聽說他在台中拍片期間，每晚在市民廣場草悟道散步，踽踽獨行，苦思拍片細節，我篤信李大導演應有許多創意在此獲得突破。

電影上映後，佳評如潮，先前以3D電影《阿凡達》創下驚人票房紀錄的導演詹姆斯．卡麥隆，對《少年Pi的奇幻漂流》讚不絕口，並稱它「超越了3D電影的刻板印象，創立新的里程碑」。而時任法國文化部長菲里佩提（Aurélie Filippetti）則推崇李安的作品「融合西方好萊塢與傳統亞洲電影，讓東西方文化對話，打破了文化的隔閡」。

李安在奧斯卡金像獎頒獎典禮上致謝詞時表示，如果沒有台灣，沒法完成這部電影，還特別感謝台中市。事實上他在典禮前曾和我通過電話，承諾如果得獎一定會在台上謝謝台中，我很客氣地回說「不用啦」，沒想到他真的說了。其實李安得獎，一切都值得了。

台中也因李安的成功，立刻提升國際能見度。《少年Pi的奇幻漂流》之成功，就是對台中和台灣最大的行銷。「台中或許不是世界大城，但卻有足夠條件創造《少年Pi的奇幻漂流》這樣的影史大片，令人讚嘆！」ICF的共同創辦人約翰．姜格（John Jung）事後如此稱道。後來好萊塢名導馬丁．史柯西斯（Martin Scorsese），也曾來台中勘景。

李安真是台中的「幸運之星」。除了實至名歸的榮耀，李安的返鄉拍片，對台中還產生許多有形和無形的效益。

打造電影夢，拍攝促進台中經濟

從二〇一〇年九月至二〇一一年六月間，李安與劇組在台中工作、生活，為地方帶來三至四億元的商機。李安帶領好萊塢大約一百五十人的工作團隊來台，包括好萊塢做特效、化妝、演戲、攝影的頂尖專業人士，並帶來最新的電影拍攝技術、硬體、科技及道具。他陸續聘用近三千位台灣電影的幕後人員，許多在地的專業人士與學生，都在這次合作跟世界級的專家交流，是千載難逢的機會。

工作團隊裡，有很多國內外成員攜家帶眷進駐台中，有的小朋友甚至在本地上學。大家對台中便捷的生活機能及市民的友善溫暖，留下非常深刻的印象。他們因喜歡、享受此地的生活體驗而口耳相傳，則是最觸動人心的有效行銷。

劇組很多人在離開台中時因不捨而激動落淚，矢言一定要再回來。飾演「少年Pi」的男主角蘇瑞吉．沙瑪（Suraj Sharma）就表示：「自從來台灣拍片就愛上了台灣。離台之後，我特別懷念台中的水餃、珍珠奶茶和好朋友。」其實，我知道他也常去台中的印度餐館。

李安更不忘在不同場合中致意：「身為一個台灣人，我非常驕傲，特別謝謝台中市民對我們所有工作人員的照顧。」

果然所有的努力都沒有白費，《少年Pi的奇幻漂流》先後得到國際重要大獎的肯定，賣座也勢如破竹，在全球席捲新台幣一百八十多億元票房，遠超乎製作單位原先的預期。

為了表彰李安對電影的貢獻，馬總統頒贈他中華民國一等景星勳章；小行星64291以「李安」命名；而「電影大國」法國政府也頒授他文化藝術騎士勳章。

李安的故事，印證我一路走來深信不疑的理念：文創不一定要做「第一」，但一定要做「唯一」。

27 佛法奇緣

我從小並無特定的宗教信仰，但相信冥冥中的各種力量。太太曉鈴從年輕以來就篤信佛教，是虔誠的「三寶弟子」，她喜歡閱讀佛經和靈修書籍，我對此十分尊重，日常生活也樂意配合她在佛教相關活動的安排。我們極為幸運，先後得以和星雲、證嚴、惟覺、聖嚴及單國璽等大師結緣。

曉鈴發生嚴重的大車禍之後，不管是醫學或非醫學，在這段期間，大家都以自己的方法幫助我們，齊心齊力將她從死亡邊緣拉了回來。除了感激醫護好友之外，我深感海內外民眾持續而虔誠的祈福與祝願，絕對是讓奇蹟發生的重要原因之一。

很多朋友，不管是找自己的老師，或是透過層層關係找到高人，大家都在想法子救曉鈴。

神祕的兩百五十元巧合

一位好友與太太篤信佛教多年，請他們的老師父務必幫忙。據說老師父已經九十高齡，修行境界很高，聽說他入定後，可以找到想找的人，跟對方說話。老師父兩次經由冥想到曉鈴床前（我並沒有告知曉鈴病房）探視，說可以救得回，並指示我們要到車禍現場燒紙錢，「不用多，兩百五十元就好！」

兩百五十元，這數字我原本沒放在心上，之後猛然想起車禍發生那天，我們要進餐廳吃飯時，在門口遇到一位老先生，要我買金紙燒香拜拜，他嘴裡說的數字，剛剛好也是兩百五十元，巧合得令人驚嘆。

有些朋友聽了這個故事，就說那位老先生是廟宇送來的「信差」，如果我聽了他的話，到廟裡去拜上五分鐘，也許就避過車禍大災了。

曉鈴急救當日，最後進開刀房的鄭伯智醫師無緣無故在平坦地板上摔了一跤，他愈想愈奇怪，請教他信服的命理老師。老師說，因為裡頭那個人的生命其實已經走到盡頭，要看天命，他摔跤的原因是——不應該插手。

不過，鄭醫師真的很好心，除了在醫學專業盡心盡力外，在非醫學領域也幫了很多忙。他跟老師說救人救到底，我們夫婦對社會貢獻良多，應該要救，請問老師應如何讓曉鈴度過難關？老師要他在晚上十一點到凌晨三點，找三位生肖屬鼠的男性站在病人床旁祈福。我屬鼠，剛好鄭醫師也是，於是他再找另一位醫師，湊成三隻「鼠」，後來他們怕我太累，只讓我站了二十分鐘，再找第四隻「鼠」幫我接力。他還為善不欲人知，當時從頭到尾也沒透露這段緣由。

曉鈴生還的信仰力量

有位民進黨的民意代表另外問了自己的老師，說要到出事現場撿三顆石頭，用清水洗淨，擦拭身體；有朋友拿了醫療團隊成員跟曉鈴的八字，給老師排看合不合，推論的結果是「救得活」；也有人請老師幫曉鈴卜卦，跟我說不用擔心，根據卦象顯示「她會過關」。很多好友還要了曉鈴常穿的衣服，親自拿去給大師加持。我的大妹娟娟負責張羅、送達加持之用的衣物，還苦惱地說：「曉鈴醒來之後，要是問她那些衣服到哪去了，我該怎麼辦？」

有不少朋友請高僧辦法會，說可以消業障、化險為夷……，我發現「非醫學」領域的方法真是包羅萬象，令人眼界大開。

蕭副市長和民政局長接到一位師父的信，說我們會出車禍，是因為棒球場動工時打擾到該地的無主墳公墓，引起不滿，要再去拜拜化解。兩人寧可信其有，馬上結伴跑去拜拜。以上這些事情只是我知道的，我相信還有更多我不知道的，很多朋友或是民眾努力以各種方法幫忙，全力搶救曉鈴。

應該很多人想知道，這些方法有效嗎？

我不迷信，如果說這些民間習俗有效，豈不是抹煞醫療團隊的努力嗎？但若說民間習俗沒效，豈不是又漠視了這麼多人的好意與努力？也有人指出，不論任何宗教或卜卦所傳出來的訊息，都說曉鈴會康復，這算不算是巧合？

曉鈴奇蹟似地康復，讓我們深刻體會到宇宙中的祈禱與願力，是多麼強大神奇和無遠弗屆。從此她信佛更篤，更誠心誦經，同時踴躍參加愛心公益活動。她的堅強和開朗鼓舞了許多身障朋友，掙脫了對外貌的執著和心靈的桎梏，她活得比以前更快樂，內弟國寧形容：「姊姊少了一隻手，卻多了兩個翅膀！」

皈依佛門，送給太太的情人節禮物

二〇一二年二月，我在佛光山開山宗長星雲大師親自主持之下，正式皈依佛門，並將此當成送給太太的情人節禮物。雖然我之前已皈依中台禪寺惟覺大師門下，但還是「很資淺」的佛教徒，太太比我厲害多了。不過，我也必須承認，成為三寶弟子之後，心境已和過去大為不同。

佛法的力量非常神奇，皈依後我不造口業、不罵人，更不會「道人之短、說己之長」，這是佛法給的修養，我也希望佛法可以保佑社會大眾，讓大家愈來愈好。

二〇一四年四月六日，法鼓山在台中舉行「清明報恩祈福——梁皇寶懺法會」。我特別為殉職消防員、義消、捨已救人的民眾，以及在意外事件中不幸離世的洪仲丘、黃敔涵等六位，設置消災祈福超渡牌位，希望透過法會表達追思與感恩之意。我也邀請其家屬參加法會，期能安慰逝者亡魂，並請家人放下心中萬千的掛念。

法會之前，法鼓山方丈果東法師在休息室和我們見面。此時隨法師前來的一隻斑文鳥，飛了一圈突然停在我的肩膀上，久久不離開。然後，小鳥在我耳邊「阿彌陀佛」、「阿彌陀佛」連唸了好幾次，咬字相當清晰。這隻活潑靈巧、名叫「寬大」的斑文鳥，幼時因蘇拉颱風受難被寺院收養，可能因為每天受佛法薰陶，常聞誦佛之聲，長大後漸漸有了佛性。當時在座有許多人，斑文鳥卻偏偏飛向我唸「阿彌陀佛」，眾人嘖嘖稱奇。

參加完法會，我準備離開時，「寬大」又飛到我的肩上道別，再次唸誦「阿彌陀佛」。我頓時深感佛法無邊，還好奇地問其他人：「我身上是不是有什麼怪味道？」果東法師面露微笑，意味深長地回答：「不是怪味道，是市長身上充滿佛味。」

有一回，我們和好友曾琦同到山西五台山朝聖，下山時太陽突然散發五彩光芒。平常拿相機對著太陽拍照都會反光，難以還原現場美景，但那天竟成功地拍出絢爛又清楚的五彩光芒。當時我覺得很驚喜。曾琦說：「難道是佛光出現了嗎？」他是很有佛緣的人，為人善良正直。

這就是我親身經歷的佛法奇緣。

一路走來，我們一家即使曾置身漆黑谷底，峰迴路轉後仍尋獲生命的出口，我對神佛的庇佑護持和台灣民眾的善心厚意，充滿萬分感激。

28 我聽到你的聲音

台中市西區後龍里有一棵老茄苳樹，聽說已有千年歷史，是百姓心靈的支柱和信仰的寄託。它枝繁葉茂，高有三十公尺，樹冠面積達一千五百平方公尺，是全國歷史最悠久且體型最大的平地巨木，被市政府譽為「台中之寶」。

樹旁的茄苳王公廟，雖沒有大廟的規模，平日香火鼎盛，估算茄苳王公的契子已超過萬人。每逢中秋廟裡更是人潮不斷，原來農曆八月十五時值茄苳王公誕辰，從早到晚熱鬧滾滾。

搶救「台中之寶」茄苳樹

二〇一二年底突然有消息傳來，距離茄苳樹旁不到兩公尺之處，即將興建地上二十八層、地下四層的超高大樓，而且建商已圍籬開始挖地基、填廢棄土。在地居民競相走告，深深憂慮大樓一完工，老樹勢必缺光與斷水，無法存活。

當時後龍里的里長郭耀泉為此擔心不已，他長期關注茄苳樹的生態環境與成長狀況，他憂心忡忡的說：「茄苳老樹是我們的心靈寄託，保佑在地居民平安健康，大家對它有深厚的感情，我無法想像失去老樹的後果。」郭里長和里民集思廣益、討論對策，趕緊向市政府行文請願；而且四處奔走呼籲，與其他關心老樹的民間團體一起舉辦活動和說明會，希望能搶救茄苳樹。

我了解事情的來龍去脈後，很能體會老樹在鄉親父老心中的地位，並強調

「救樹如救人，保樹如保命」，向他們表示市府絕對有保護老樹的決心。我三次到現場勘查，聽取地方意見，並責成專人與建商協議，希望能找出雙贏的解決之道。

市政府發現茄苳樹的水分吸收已有問題，以致無法結實，如果再加上新建案，雪上加霜，必會斷絕它的最後生機。

由於我曾在英國居住多年，因而叮嚀同仁：「在歐洲，重要的道路都是直行的，然而一碰到老樹就會轉彎。現在民眾如有此需求，社會已有共識，政府就應該尊重民意。」但建商早在二十年前就已獲得建築執照，雖延期推案，在法律上仍站得住腳，加上房屋也已預售給客戶，若想翻案，茲事體大。市府與建商開始談得並不順利，但我仍不願放棄。

經過政府及居民的共同努力，建商興益發建設公司展現善意，宣布停建大樓，同時通知訂戶，無息退還總金額約三億多元的訂金。而市府也繼續與建設公司協商，擬採「以地易地」或「容積率移轉」等方式，將這塊建地變身為老樹公園。

二〇一三年九月中秋節，約有上千民眾聚在茄苳王公廟前，參加「九一九・千人手護千年茄苳——茄苳王公契子中秋大團圓」活動。大家歡歡喜喜手牽手圍成一個大圓圈，象徵守護老樹，也虔誠地向茄苳王公賀壽。老樹終於保存下來了，棲地的土壤、排水經過細心整治，整體環境變得比以前更好，而且建設公司也接受了協商，另擇方案。

身為父母官，不就應該聆聽市民的聲音，聞聲救苦？

心碎與重生：黃啟涵家屬的堅韌豁達

二〇一三年底，年輕的登山客黃啟涵在台中市和平區有百岳名山「十峻」之一的大劍山失蹤，經過多日的搜索，二〇一四年三月終於在溪谷中找到他。很不幸，黃家二老並沒有迎回生還的兒子。

黃啟涵生前在他的皮夾留著一張紙條，上面寫著：「爸媽我愛你們，我愛全家人，我用盡全力了，還是等不到人，希望以後別再有下一位。」父親黃寬潤看到兒子與死神搏鬥之際留下的遺言，老淚縱橫。這段等待搜尋的漫長期間，黃家夫妻飽受精神的煎熬與折磨。

由於公部門搜救隊依規定屆期已停止搜救，黃寬潤急請議員安排與我見面，請我幫忙，希望繼續協助他找兒子。我把自己私人的手機號碼給他，請他和我隨時保持聯絡，也協調民間救難隊跨區啟動第二波搜尋，結果很快就找到了黃啟涵。

黃寬潤在最痛苦的時候，三、四次在半夜打電話對我哭訴，我靜靜傾聽，讓他抒發情緒，也勸他好好睡，我承諾會盡力協助。在互動的過程，我覺得他雖然內心著急，但神態沉靜、氣質不凡，我私下問身為慈濟人的文化局長葉樹姍：「黃先生是不是慈濟人？」事實果然如此。

因為他兒子出事所在的地形非常險峻，黃寬潤請求我讓公園管理處做警示牌，以提醒民眾，避免再發生憾事，我當然請相關單位照辦。其後我親自參加黃啟涵的告別式，除了慰問家屬，事後也持續關心，希望他們早日走出傷痛。

有一次，慈濟的證嚴法師到台中，在葉樹姍安排下，我與上人見面，還帶著黃寬潤夫妻、洪仲丘家人和在大甲地下道不幸淹水往生的陳女士夫君以及其他因公罹難者家屬，一起出席。

證嚴法師對家屬開示：「遇到這樣的事都是因緣，也是沒有辦法的事。他們已經另外投胎了，如果你一直哭，他們也會一直哭，無法安定。他們這輩子已經成就了很大的功德，否則全國不會因此重新檢討許多制度，請家人務必放下心中的掛念。」許多家屬進來的時候苦著臉，離開的時候竟然出現笑意，想必壓在心中的巨石已然放下了。

我永遠記得受苦的人，也一直把他們放在心裡，有機會便想幫助他們。我的關心，沒有保固期限，後來再遇到黃寬潤，總會拍拍他的肩膀，他也親切回應。當知道兒子在生命的最後關頭，仍能為他人著想，心碎的他為孩子感到萬分驕傲。

多年來我們保持聯絡，看見如今的黃寬潤，堅強豁達，偶爾還會跟我開玩笑，我也感到無比開心。

還有一位也住在潭子的青年黃品諺，因為跳水救人而自身罹難，他的母親黃麗華現在也走出喪子之痛，開了一家饅頭麵食店，我若路過，一定買她做的美味饅頭。因為買多了，自家吃不完，還多與朋友分享。

29 「圖利」或「興利」？

「我覺得胡志強『圖利』很多人，而且圖利得很嚴重！」時任台中市議員李麗華有一次在議會上語驚四座，聞者無不面面相覷，她接著解釋：「胡志強擔任台中市長，建設不分藍綠，真的有在做事。」

李議員指出：「議員們平常在基層都強調自己為市民爭取了多少預算或建設，但若非胡市長不分藍綠的給預算、給資源，地方建設不會如此快速發展。」她以太平區的太平產創園區、太平公托中心、台中台灣五金展、LED光興隆橋的建設，和公車「八公里免費」政策為例，敘述我的「圖利」事蹟。

民政局長王秋冬深怕有人誤會，馬上為我澄清：「市長做事從不圖自己的利，而是為大家『興利』啊。」

李議員的形容成功吸引了媒體的注意，我並不以為忤。不過我個人認為「圖利」和「興利」最大的不同是，前者需是有可圖得的不法利益，後者是提供全民利益，出發點是為大眾設想，謀求市民的福利。從事公職的人，心中需有一把尺，時時刻刻衡量自己施政的初衷。

中科效應與產業回流，精密機械產業的轉型與發展

有人列出我「興利」的具體事例之一為「爭取精密機械園區進駐，長期扶持相關產業」。

「機械業是台中地區比重極高的主領產業，許多人看不到這個產業的價值，

但胡市長卻一眼看透！」時任「台灣工具機暨零組件工業同業公會」祕書長黃建中曾表示：「台中的工具機、手工具產業，是知識、腦力、技術密集的產業，在國際上享有高知名度，但一般人不會直接聯想到台中。市長聆聽我們的聲音，台中雖是地方政府，但已經達到中央政府的格局。」

數十年來，台中地區一直是台灣精密機械、工具機與零組件的生產重鎮，後來因人力成本變高、競爭力銳減，許多工廠才外移到大陸或東南亞。為了因應大勢所趨，我上任後全力支持中部科學園區的成立，引進奈米精密機械、奈米材料、生物技術、通訊、光電及積體電路、綠能等產業，於二〇〇三年七月展開建設工程。然而，中部科技廠商仍亟需中下游產業的支撐，這正是精密機械等產業存在的必要和價值。

當廠商看到生產液晶面板的「指標性公司」友達光電順利地在中科設廠、動工後，它的中下游產業自動跟著來，別的廠商也躍躍欲試，「中科效應」立竿見影。

除了中科帶動了廠商的投資意願，不少從中國大陸回歸的機械業廠商表示：中國大陸缺乏專利權和智慧財產權的觀念，很多員工「偷學」後自立門戶和原來的頭家競爭。所以，廠商如有比較高級和精密的技術，寧願回台發展。

傳統工業雖然成長較緩慢，但業者都很努力，也有業者在「倒」了之後，打斷手骨顛倒勇，再接再厲站起來，很希望政府不只重視高科技，也更應好好珍惜和照顧他們。

對市府而言，高科技與傳統產業都是根基，「手心手背都是肉」，都能為台中的經濟帶來活水源頭，我們應該友善地張開雙臂歡迎他們，讓業者再創另一波高峰。台中的經濟一旦好轉，市民的生活品質提升，如此一來治安和社會問題也會減少。

何況傳統業者選擇「回家」，其實也確認日後必須重視研發、技術升級，才不會被淘汰。

打造黃金蹤谷，催生國際展覽場館

由於台中工業園區進駐廠家已飽和，高科技產業來了之後對工業區的土地需求極大，中科園區之外，我於二〇〇五年開始推動「台中精密機械科技創新園區」，透過產業的群聚和集中設置，讓它成為中科廠商的中下游支撐，並提升業者的競爭優勢。我同時要求市府團隊不僅要建設良好的硬體環境，還提供單一窗口及專人協助的友善服務，第一期園區土地更以比民間便宜的成本價出售。

到了二〇一五年，台灣是全球工具機前五大出口國、第七大製造國，關鍵在於我們擁有全球最完整而緊密的供應鏈體系。在中台灣大肚山下一條長約六十公里、寬約十四公里的區域，聚集一千多家精密機械、上萬家的下游供應商，就業人口超過三十萬人，每年創造約三百億美元的產值。它是全球密度最高、單位面積產值最高的精密機械聚落，因此得到「黃金縱谷」的美譽。

但是，有優良的產品，仍亟需可表演的「舞台」——會展中心。以往，相關的展覽一向在科隆、上海、台北等地舉行，明明台灣手工具的「家鄉」在台中，十幾年來「台灣五金展」卻都在台北舉辦。我感到無奈的是，早在我剛擔任台中市長時，民眾就期望興建會展中心，但當時外貿協會評估台中市「尚無此需求」。

其實，台中地區有工具機產業、手工具產業、自行車、精密機械等產業群聚，對於展覽空間有其迫切需求。後來業者請願，希望市府能爭取在台中辦展。二〇一三年我爭取由台中市府斥資八百萬元經費在烏日由民間所經營的「大台中國際會展中心」舉辦第十三屆「台灣五金展」，成績意外出色。

那回外國買家來了四千多人，業界眉開眼笑。因為產業聚落在大台中，買家看完烏日的展覽，可以馬上就近參觀工廠，一天可以看四到五家工廠，透過深入了解，快速成交下訂單。而業者不用另外花錢，在展覽中就可以找到商機，也能就近服務客戶，達到雙贏。有一位董事長形容那時忙碌的情形，簡直就是「接客接不完」。

時任「台灣手工具工業同業公會」理事長吳傳福告訴我：「沒有夢想過，台中也可以辦展覽。」

這次展覽的三千五百個攤位全滿，證明有生意可做，就能爆滿。業績豐收，證明在黃金縱谷聚落就近辦展是一個成功的模式，但烏日的會展場地只是臨時搭建的空間，不是可長可久的場地，業界高度期盼台中能有專業且具規模如台北世貿的會展中心。

我聽到了業者的心聲，決心帶領市府團隊全力催生中部地區產業可舉辦大型國際專業展覽的場館。

根據二〇一四年行政院主計總處統計資料顯示，台中市這五年來全市GDP

成長近一兆元，排名五都第一，經濟的成長傲人。之前我們舉辦展覽時攤位總是供不應求，因此市府團隊規劃了台中市大宅門特區的「泊嵐匯會展中心」（現改名為「台中國際會展中心」）。它位於水湳經貿園區的國際級會議展覽場館，地點很好，緊鄰市中心，距機場、高鐵站、台中工業區及中科等重要產業聚落皆在二十分鐘車程內，便利台中地區各產業聚落業者參展和國際買主訪廠。

我已退休多年，台中國際會展中心雖不在我的任內完成，但成功不必在我，地方父母官的任期本來就有限，我欣見當年規劃推動的會展中心能提供產業界理想的展覽場地，日後可將台灣的好產品推向全世界。對我而言，也算是「美夢成真」！（會展中心應可在盧秀燕任內完成）

30 一加一大於二

財政是庶務之母，也是建設的原動力。二〇〇九年台中縣市合併前，因為歷史累積，原台中縣政府欠債五、六百億，財務困難，幾乎每天都有「債主」上門。時任財政局長李錦娥坦承自己每天都在躲債主，被追得根本不敢開手機，也因為縣府欠債之故，她多次被約談，經常淚灑監察院。

除了薪水準時發放之外，原台中縣政府其他應付款項多半無法如期支付，拖延兩、三個月是常態，無論是同仁的考績獎金、加班費、弱勢團體的補助，都無法準時付款，何況是廠商的工程款。

克服財政困境，台中縣市合併的成功之路

實際上，當時地方政府的財政普遍拮据，因為根據過去的《財政收支劃分法》（財劃法），全國總稅收集中於中央，二十三個縣市合計只分得一四％，縣市的資源非常有限。再加上「五都」成立前，中央統籌分配稅偏重台北、高雄，兩個直轄市共分得四三％，全國二十三縣市合計只分得三九％，縣市所分的比例偏低。

尤有甚者，一九九九年精省後，原由省庫負擔的警政支出、退休撫卹補助等費用都轉由縣市政府概括承受，還需配合中央「小班、小校」等政策，地方政府在收入減少、支出增加的雙重影響下，財政普遍困窘。有人形容這些規定「如同緊箍咒，讓地方政府不得翻身」。

然而，原台中市政府的財政表現卻在全國名列前茅。例如台中市榮獲二〇〇九年度中央對台灣二十縣市政府計畫與預算考核——「年度累積未償債務餘額增減情形」全國第一名佳績。二〇一〇年十二月二十五日，台中縣市正式合併以後，大台中承接原台中縣的債務，其延遲支付應付款項的長期困擾迎刃而解，不但變為隨到隨付、準時付款，且改採安全便捷的電匯，更有效率。

我不否認剛合併時，除了承接台中縣的債務，還有許多縣市「磨合」的問題。有人說，以前豐原是台中縣的中心，現在卻成為大台中的郊區，很怕從此沒落。地方人士非常憂心自己的家鄉「邊緣化」。

現任立法院副院長、時任立委江啟臣就曾坦言：「以前豐原是縣治所在，縣市合併後地位和角色改變，當地民眾難免內心有失落感。居民並沒有主動選擇升格，對他們來說這是一種『無奈』，這些情緒，胡市長也必須概括承受。」

我有決心和誠意來處理這些「疑難雜症」。縣市合併最艱鉅的挑戰是兩者資源差距很大，必須要逐漸拉平，我在執行預算時有八字箴言：對原有縣區所需「只增不減，逐年拉平」。以社會福利為例，我擇優辦理，原台中市較好的就比照台中市，原台中縣較好的就比照台中縣。

時任豐原區長（現任台中市議員、曾任豐原市長）——人稱「豐原媽祖婆」的張瀞分做了比較：原台中縣政府在合併前，每年挹注在豐原基層建設的經費約一億元，縣市合併三年多之後，其開闢馬路、公園及路面水溝改善等費用成長為三倍。之前「因為欠債，無經費開通」的道路如豐栗路、南田街等，都已接連開通。

從其他的數據，亦能看出豐原的改變。二〇一〇年豐原商業登記為一千五百家，二〇一四年已達一千六百家，增加一百家；豐原的人口也從合併前十六萬五千人增至二〇一四年的十六萬六千人，呈正成長，顯示豐原走的是「上坡路」。

張瀞分告訴親朋好友：「我們這裡沒有邊緣化！」

台中縣市合併後，預算到二〇一三年就已經拉平，「一加一大於二」的效應已逐漸發酵，預算規模增加，許多長久窒礙難行的建設一一實現。

「豐富專案」就是其中很具代表性的大案。

破解財政挑戰，努力償還負債

豐原精華區的中正路邊有一座占地頗廣的陸軍保甲廠，雖位於繁華地帶，但因屬軍方用地，多年以來讓人「動彈不得」，民眾很期待它能遷移他處，原址可以活化利用。縣市合併後，我經過多方交涉，終於讓豐原鄉親的願望實現。

台中市政府與國防部攜手合作，市府在潭子另蓋一座兵工廠，二〇一五年完工後，陸軍保甲廠遷移至潭子，原址可釋出五．一二公頃，加上私人土地〇．三九公頃，總使用土地五．五一公頃，定位為提供金融服務、資訊服務、文創產業等知識經濟產業的「創新服務園區」。

老實說，《公共債務法》尚未修之前，在社會福利不能少、地方建設也不能等的情況下，各項重大建設經費需求龐鉅，又要兼顧財政穩健，簡直是「不可能的任務」；我們卻創造「奇蹟」，全力縮短了城鄉差距。升格直轄市之後，台中市的各項重大建設如捷運、快捷巴士（ＢＲＴ）、公路大中環、防洪治水……均一一編列預算興建，從二〇一〇年合併前的縣市預算合計數目（含公務預算與基金預算）一千一百九十六億，到二〇一四年的一千七百三十三億，大幅成長近四五％。

積極建設之外，市府也努力償還負債，從合併時六百一十七億的實質總負債，於二〇一三年已減至五百二十一億。二〇一四年台中市的公共債務為四百七十四億元，為五都最少，低於台北市一千五百八十五億元、新北市九百六十二億元、台南市六百四十四億元、高雄市兩千四百四十六億元。

另一組數字也可看出端倪——台中市平均每人負債金額一．八萬元，相較台北市五．九萬元、新北市二．四萬元、台南市三．四萬元、高雄市八．八萬元，亦為五都最低。

我們之所以能減少負債，除了節流，我想最重要的關鍵在於「開源」。

如何實現「開源節流」策略？

我認為，管理地方政府首重財政，如果不能賺錢，天天跟中央政府要錢，通常就什麼都做不了。政府不但要賺錢，更要讓市民有錢可賺，才是好政府。

那又該如何賺錢？

「以財政支援建設，以建設培養財政」是我的理念主軸，例如積極加強清理欠稅，有效開發、使用管理及處分公有財產等，都能有助於財源廣進。我們以「辦理市地重劃」、「區段徵收」、「運用平均地權基金」等政策，有效開發與利用土地，帶動「三贏」，無論市民、市政府或地主都能獲利。

如七期市地重劃開發，我們舉債投資四十六億元，抵費地出售後創造高達三百餘億元的財政盈餘，收益是投資的六倍，還有餘裕支援其他重大建設，就是一個具體例證。

當時市府已鮮少出售大坪數土地，多採「活化利用」方式辦理。像IKEA、好市多，就是運用土地更新與《促進民間參與公共建設法》等相關規定，由市府提供土地，讓業者來標地上使用權，並付權利金和租金，這些企業同時可以帶動地方的發展和就業機會。

根據行政院五年一度的工商普查結果，從二〇〇七到二〇一一年，台中市的經濟發展連續五年共成長四五％，平均每年九％。

而根據二〇一三年《遠見》雜誌「台灣最適合創業的縣市」調查，台中市為青年創業的首選，顯示台中友善的投資環境，吸引創業者近悅遠來。在台中縣市合併後，已增加了十一萬個就業機會。只要經濟成長，政府就有稅收了。

事實上，交通建設好，人口就會密集；人口一增加，商機處處，業者才願意來投資，形成良性循環。但是大型交通建設耗資極鉅，中央不太可能全額補助，地方必須自備相當的配合款，才能爭取到中央補助款。以「中環」台七十四線為例，我認為許多國際大城市都有環線道路，台中也不應例外，因此早先就已決心要推動。在市府與中央各出三百四十億元的情況下，這條全長三十七．七公里、台灣最長的環狀快速公路已完工通車，從屯區到海線只需短短三十分鐘，市民與遊客都受益。

另方面，為了替台中市爭取建設周轉金，讓市政繁榮發展，我向中央反映應盡速優先通過《公共債務法》修正案，中央終於在二〇一三年六月三讀通過，行政院訂自二〇一四年一月一日起施行。《公共債務法》修正施行前，大台中二〇一三年度債務存量上限約六百餘億元，《公共債務法》修正施行後，約增加五百六十六億元的舉債空間，必有利於市府日後推行各項重大建設。

我不否認很多人原本猜測縣市合併是「危機」，沒想到結果出人意料。事實證明我們的努力有了成果，在財政方面，在國家的負債額每人為二十三萬元的情況下，台中市負債額每人不到兩萬元。

難怪在合併之初，其他縣市的財政主管遇到李錦娥，總是高聲恭喜她「嫁入豪門」，她在大台中繼續擔任財政局長，但再也不必「籌」與「愁」了。

31 全世界最難蓋的建築？

你聽過有人形容建築為「凝固的音樂」嗎？如此詩意的比喻，讓建築充滿想像力和可能性，「台中國家歌劇院」或許就是一個好例子。

設計歌劇院的「二〇一三年普立茲克獎」得主伊東豊雄曾經指出：「我自己無法在日本家鄉實現的夢想，終於在台中市實現。」因為他的設計極富創意也格外大膽，他在日本沒遇到支持者，我卻認為：困難可期，卻非常值得一試。

自從擔任台中市長以來，我一直期望以「文化」形塑城市的臉孔，打響台中的品牌。多年前籌設古根漢美術館分館的過程，比我想像更複雜艱鉅，後來雖然功敗垂成，但我仍樂觀宣告：「台中還是必須向前走。」

古根漢是我「沒有完成的夢想」，然而在推動的過程，讓我們累積了豐富的教訓與經驗。當時台中市所得到的國際曝光度，引起全球藝文界和建築界的矚目，以及帶動七期重劃區的繁榮，可以說是古根漢帶來的「後續爆發力」。

台中國家歌劇院「美聲涵洞」，伊東豊雄的前衛創意

二〇〇五年，台中國家歌劇院招國際設計標時，全球最著名的建築師紛紛前來競標，其中竟然有四位是素有建築界諾貝爾獎之稱的「普立茲克建築獎」得主。如果台中沒有籌設古根漢的前例，歌劇院開國際標時，可能無法吸引這些重量級的設計師。最後，日本建築師伊東豊雄拔得頭籌。這座新潮的建築工程「未演先轟動」，被譽為「廿一世紀世界九大新地標建築」，各界看好它完工開館後成為全球著名的新興景點。

日本東京大學出身的伊東豊雄，獲獎無數，是一位大師級的當代建築師，甚富個人特色，他的作品深具巧思與創意，充滿「空間流動性」，被普立茲克獎評審團喻為「永恆建築創造者」。

他的作品總是不斷突破創新，挑戰建築設計的可能與極限。這座世界最龐大的曲面建築，以原始的「洞窟」為概念。因為他認為歌劇院是「用耳朵去聽」的建築物，於是設計出這個「非典型」的「美聲涵洞」（Sound Cave）。

和一般建築不同的是，台中歌劇院除了地板是平的，室內幾乎沒有直線，由五十八面曲牆、二十九個洞窟組成。建築物本身無柱、無梁，每面牆均為曲面

牆，是全世界首創的工法，且施工難度甚高，即使日本也不可能接受這種前衛的創意。此外，一般防火的法規，是針對水平垂直的建築物，對於曲面的建築，國內根本沒有相關建築法規，也缺乏驗收的標準。

「放眼全世界，能接受的市長也不多啊！」伊東豊雄老實承認，他的設計連自己都「蓋不出來」。而歌劇院完工後，他對承包工程的麗明營造表示敬佩與驚豔。「一路施工到現在，發現建築公司的施工品質、精準度比我想像中更高。」後來，他與麗明營造董事長吳春山結為好友，兩人惺惺相惜，都有超水準的酒量和歌聲。

麗明營造的蛻變與成功

當初伊東豊雄開了許多說明會，大家都打退堂鼓。我們本來有意請國內一家老牌營造商來承建，但曲面建築實是前所未聞，廠商花了一、兩千萬元試作，後來決定放棄。歌劇院五度流標，吳春山卻毅然參與，得標後說：「要挑戰自己！」果然一戰功成。

得標前，看出不易獲利，吳春山內心掙扎糾結，分門別類去找資料、研究工法，還去廟裡拜拜求籤——神明指示可以接下工程，但「不會賺錢，只會賺得好名聲」。經過公司股東投票後贊成試試，他才下定決心放手一搏，二〇〇九年五月拍板，九月簽約，十二月正式開工。

台中國家歌劇院位於七期重劃區，占地約五．七公頃，為地下兩層、地上六層建築的大型展演空間，內有大型劇院、中型劇院及小劇場，可供音樂劇、舞台劇、台灣傳統戲曲及兒童劇等各類戲劇演出。此外，另有一個小型戶外劇場、餐飲空間與空中花園。

由於建築變更設計，施工時間由四年再延一年，大家都很緊張；曲牆是史無前例的設計，加上時程緊迫、預算不夠等問題，有人稱為「摸著石子過河」。其間，做曲牆的包商拿了訂金後捲款落跑，吳春山遇到很大的財務壓力。打斷手骨顛倒勇，他只好殫精竭慮自行發明工法，沒想到竟比原來設定的技術更高明，後來還取得「曲牆工法」和「水幕防火設計」的兩項專利，連伊東豊雄都很佩服。

據說吳春山賠了錢，但他十分大氣，把這筆錢當成公司的廣告行銷費，分四年攤提。他完成歌劇院後，打開國際視野，聲名大噪，除了讓台灣建築活化，現在台灣一流的公司像富邦、中信等集團，以及許多醫院、學校都找他合作，本來麗明是「地方型」的營造公司，現在已變成「全國型」的企業，二〇一五年實至名歸榮獲了中華民國國家企業競爭力發展協會的「國家建築金質獎」。

而 Discovery 頻道為了製作《建築奇觀：台中國家歌劇院》，自歌劇院動工便開始亦步亦趨地拍攝，捕捉建築與美學結合的過程。

後來，我真誠致謝：「若沒有伊東豊雄和吳春山，歌劇院不可能順利落成，這是我們一起努力的成果，我非常感謝所有出力的人。它更將成為大台中最引以為傲的地標與文化重鎮。」當時的文化局長葉樹姍也非常盡心盡力，還在揭幕前親自在歌劇院掃廁所，我謝謝她時，她說：「這沒什麼，我在家裡也要掃啊。」

全球注目的文化地標

過去我常常參加剪綵，內心總會自問：「我剪綵的這個建築，能不能在世界上獲得肯定？」而我一手催生的台中國家歌劇院，從規劃、籌措經費一直到施工，歷經八載寒暑，終於完成了這一個不可能的任務。

二〇一四年八月二十九日，Discovery 頻道邀請伊東豊雄與我親赴即將完工的歌劇院受訪，伊東豊雄感性又堅定的說：「這是我所有的作品中，最具有代表性的一件作品。若非胡市長的堅持，可能終其一生都無法完成心中的夢想。」我聽了，真的是萬分感動。

十一月二十三日，台中國家歌劇院落成開幕，當日下午馬英九總統出席歌劇院戶外舉行的啟用開幕典禮，晚間由明華園總團演出的《貓神》成為歌劇院首檔表演節目。我堅持，歌劇不一定要出自西方，明華園表現的，就是中華文化的歌劇，也是台灣的歌劇。

而在多方考慮下，二〇一六年歌劇院改為文化部主掌，成為國家級表演藝術中心的一員，由中央營運管理。

聽說吳春山跟朋友表示：「有人推一把，才有機緣讓我更上一層樓。真是三分天注定，七分靠打拚，愛拚才會贏。謝謝胡市長為台中帶來不同視野，讓我們放大格局、開闊心胸。」

我也感謝大家的牽成，勉力完成這座被稱為「全世界最難蓋的建築」。這麼多年下來，我有信心，台中國家歌劇院絕對不輸澳洲的雪梨歌劇院，也必定得到全世界的注目。這不但是台中人的驕傲，也是台灣全民的驕傲。

32 Do my best!

我做事的自我要求是三個英文字：「Do my best!」無論何事，只要交付給我，我一定全力以赴。

我領悟到交通是一個城市經濟發展的動脈，交通如果不好，其他都是假的。曾幾何時，交通是台中市民甚為不滿的市政建設之一，我既然擔任市長，就必須扭轉劣勢，化不可能為可能。

停車收費改革之路

台中可謂中台灣通往國際的重要樞紐，具備海、陸、空等交通優勢，只要好好建設，城市發展的潛力無窮，這也是台中國際化的基礎和底氣。

根據台中市中區區公所的歷史沿革記載，一九〇八年縱貫鐵路開通後，位於中區的火車站成為都市核心，從台中火車站至中華路，以及公園路至民權路的區域日益繁榮，成為商業區，生意鼎盛。一九八〇年代，由於百貨公司沿著台中港路（今「台灣大道」）往屯區拓展，舊市區逐漸沒落；加上高速公路開通，當年的台中港路沿線開始蓬勃發展，形成台中市發展的重要軸線和版圖。

我剛上任面對的挑戰是——公車客少、摩托車造成嚴重空氣汙染。早先市內大眾運輸系統並不便捷，公車多是二手車，班次路線少、票價貴、車齡高、服務有待加強等因素讓多數人不願坐公車，寧願選擇摩托車或汽車代步。

一個腹地已經飽和的城市，大眾運輸做不起來，私家車紛紛上路，塞到動彈不得，加上違規停車所造成的危險和亂象，不但浪費民眾的時間與生產力，也影響到都市的發展與居住品質。

當年台中市民小汽車的擁有率經常高居全國第一，路邊停車位一位難求。全市收費停車位只有一千六百個左右，長期下來，開車族習慣路邊隨便違規停車。因此，市府開始擴大停車收費範圍時，遭到很多困難和指責。

交通，可以改變一個城市的生活習慣。二〇〇二年一月，也就是我上任的第二個月，就決心要改變市民「行的習慣」，擴大路邊停車收費的目的是提高周轉率，希望讓大家「有位可停」，而不是讓在該處上班的人一停就停整日，自己雖方便，卻趕走了顧客。我們首先從中港路商圈到火車站的沿途實施，一開始民眾強烈反對，拿著白布條到市政府抗議。我要同仁持續動之以情、說之以理，為了一個現代城市的未來，還是要盡量溝通——收費，絕非企圖增加市庫收入，而是不讓停車格被久占，方便更多人利用。事實證明，停車格的周轉率一旦提高，民眾找停車位果然比以前容易多了。這一點，也反映在「市長信箱」的民眾來信之中。

汽機車收費革命，與「騎樓安學」專案

二〇〇二年七月，市府進行接下來的第二次「革命」，收費擴大到各大商圈。慘烈的歷史重演，民眾又來抗爭。後來市府也在溝通過程中有若干妥協，比如說發售單區月票六百元與全區月票一千兩百元，價格都比原來設定的便宜。而「一天只要區區二十元」的收費策略，終於讓人慢慢接受。

二〇〇二年十一月，市府再度施展「鐵腕」，率先在機車停車量特別大的逢甲商圈、建國市場兩區，實施機車停車計次收費。台中市是全國第一個機車停車收費的都市，史無前例，這次抗爭更激烈。我的立場仍舊堅定，經過多次的溝通與宣導，最後折衷的方案是：機車停車頭一小時不收費，其他不管停多少時間，一次都是二十元。而「意外成效」是清出了許多廢棄機車，也讓機車停放更有秩

序、馬路更通暢。

此外，市府交通局於二〇〇二年十月起陸續在市府廣場、中正路、自由路等路段，採取小汽車累進費率收費方式，並提供停車半小時內免費的優惠措施，之後則採一小時二十元的累進收費——這也是全國首例。根據統計，有六、七成到市府洽公的民眾都在半小時內離開，進而提高了市府的行政效率，以前留在市府找人泡茶、聊天的情形也變少了。

改革需要時間，交通局要慢慢累積經驗，循序漸進地擴增收費停車位，結果從最初一千六百個收費停車位增加到一萬六千個，成長十倍，後來市民對停車收費已普遍接受。停車收費後汽車的周轉率提高兩、三倍，商家可做更多的生意。

此外，為了讓學童在騎樓下能安心行走，二〇〇五年市府都市發展局大力執行「騎樓安學」專案，這亦是全台「獨家」。騎樓是亞熱帶地區的特殊設計，主要供民眾避雨、通行之用，而非私人空間。許多店家拿騎樓來私用，擺滿商品或貨架，有的甚至成了客廳，以致幼齡學童無路可走，必須繞到慢車道，而慢車道又被違規車輛並排停車，逼孩子們步上危險的快車道，險象環生。

針對騎樓障礙，都發局先希望民眾自行拆除，但也同時排定拆除期限。期限一到，都發局就針對大馬路上固定式違建、鐵捲門等阻礙通行的障礙物，執行拆除取締。很多人對這項做法不高興，然而為了下一代的安全，我們義無反顧。市府也知道取締占用騎樓絕對吃力不討好，但每個小朋友都是父母的心肝寶貝，不應讓他們處於任何危險之中。

新血注入，打破台中公車長期困境

一個城市的交通整體規劃需包山包海，且有配套措施。改善大眾運輸系統，增加公車的質量和運次、建捷運，就能吸引市民多多利用，減少路上的小汽車和機車，讓交通動線更順暢。

也有很多人問：「要把市公車搞好有那麼難嗎？」

基於盤根錯節的種種因素，早年台中公車只有兩大公司，排除任何其他公司參與，沒有競爭就沒有進步，因此品質遭人批評，市民也只能無奈承受，等於是過著沒有公車的生活。

我上任後進行改革，硬是開放了第三家市公車——統聯——加入市場，主要是想透過競爭改善品質。協商過程格外艱辛，業者一天到晚來抗議，但是只要大方向正確，就值得一試。我決心開新路線、注入新血，以「交通不亂、公車不空、速率不慢」為目標，試圖衝破交通的黑暗期。當時民眾反應冷淡，不知市府葫蘆裡賣什麼膏藥。多年的沉痾，難道可以說改就改？

二〇〇二年，市府以一億元經費新闢六條「高潛力公車」路線，努力開發市民坐公車的「潛力」。就像超市設有新產品免費試吃的攤位，吸引顧客的注意和嚐新，只要品質佳、價錢公道，人人「吃好道相報」。很多過去公車路線不到的地方，靠著市府的補貼營運，從此開疆闢土。六個月的免費搭乘期，透過宣導，大大小小、老老少少都來捧場。民眾先是覺得新鮮，反正免費就坐坐看，等到體會了它的方便、不可或缺，後來就自動成了公車族。對於平常不開車的老幼、學生、上班族而言，尤其是莫大的福音。

「新血」統聯全新公車加入市公車營運後，來勢洶洶，刺激其他業者力圖改變。每年評鑑都極佳的台北市首都三重客運入主台中客運後，更讓台中市公車的體質大大改善。台中客運的第一個大動作是斥資買下兩百輛新車，加入營運，終於一掃老舊公車在台中市滿街跑的景象。

接下來，巨業、全航等業者亦陸續加入台中市公車營運，可用「如虎添翼」

形容。公車路線由三十八條增加為五十四條，至此公車總運量已由一年四十萬人次增加到一百五十三萬人次，搭乘人數成長近四倍。

公車汰舊換新後，必須妥善控管班次、加強服務、方便乘坐，大家才會喜歡搭公車。有一次我經過自由路，看到很多學生在排隊，猜想是為了買東西，後來才知道他們是在排隊等公車，心中既感動又震撼，這是以前看不到的現象。

當時正值市府在推動高潛力公車之際，感到很安慰，搭公車上學原本就是學生們應享的權益。高潛力公車推出後，愈來愈多學生搭公車，連我兒子也都不例外。有位中興大學的女學生來信：「謝謝市長，我以前從台北回台中，晚上不敢搭計程車回學校，公車班次又少，復興路要走半小時，非常困擾；現在晚上到台中後，搭巴士可以直接回學校，覺得很安全。」

公車八公里免費政策與首創BRT路網

早在台中縣市合併前，我一直思考，如何促進台中縣市的合作與均衡發展；合併後，我對大台中的交通政策，有更整體的擘劃。

「大眾運輸先行」是一大重點！我努力在台中打造一個整合「捷運」

（ＭＲＴ）、「快捷巴士」（ＢＲＴ）與公車的便捷交通路網，鼓勵市民使用大眾運輸工具。第一步就是公車「八公里免費」政策，在大家都沒有膽量做、連主計單位都反對的時候，我推行八公里免費優惠，就是鼓勵大家養成搭公車的習慣，希望進一步將公車變成「校車」，讓每位學生都能坐公車上下學。

作家劉克襄曾寫過一篇文章，細數搭公車的點點滴滴和帶給他的幸福感：「搭公車刷卡，八公里免費措施，讓我可以省下一些定期回家的車資，還能走逛許多地方。長期在台北依賴捷運和巴士慣了，在這個處處要錢的年代，不用付半毛錢，我既驚又喜。」

在我市長任內，台中市公車搭乘人數從原本一年四百萬人次躍升為一億人次，成長二十五倍，有效減少摩托車及汽車上路，這個數字稱為「世界奇蹟」亦不為過。

把公車救起來之後，第二步即是採用全國首創的「快捷巴士」（ＢＲＴ）解決台灣大道的壅塞問題。

ＢＲＴ的智慧化站體有如搭捷運，民眾提前進站刷卡、等車子來，月台採無障礙設計（車廂出入口與月台齊平，無須上下移動）。民眾一旦養成搭乘ＢＲＴ

的習慣，日後就習慣搭捷運。為了建構完整的公共運輸，市府規劃六條BRT路網，第一條線從台中火車站到靜宜大學站，里程十七．二公里，貫穿台灣大道，如同心臟的「bypass」支架。它等於把捷運搬到路面，在地下做一條捷運的經費，可以做二十五條線的BRT。

如果不做BRT，台灣大道每小時車流達到六千或七千輛時，就會動彈不得，商業區必定「心肌梗塞」。我只是想提早解決未來的問題，所以二〇一二年開始做BRT，目的是想讓台中進步，為下一代著想。

當時全球約有一百六十個城市在使用BRT，由於台中是台灣「首發」，大家都在看。剛開始大家充滿疑慮，我們與民眾、議會、媒體溝通的過程很辛苦，但市府願意承擔。雖然民眾改變既有的搭車習慣，可能造成初期的不便，日後就愈來愈上手。最重要的是交通和整座城市將產生「質變」，成為「綠能交通」和「低碳城市」。我經過不斷的溝通，大家的態度由最初的懷疑、不反對，漸漸改為支持。很多民眾都問：「為什麼不來我這裡？」甚至央求民代極力爭取BRT經過自家門口。

BRT於二〇一四年八月十七日正式全線營運，單就八月十九日的統計，最高日運量已達五萬人次。若再搭上「配套措施」，台灣大道的交通將明顯改善。所謂「配套措施」是指，實施公車路線整併及在水湳籌設巴士轉運站，以後行駛台灣大道的國道客運或公共汽車，會從一千輛減少八成，降至兩百輛。但後來因改朝換代，BRT的計畫宣告中斷。

至於捷運，中央決定：只要採「高架」方案，中央會全額補助，地方不必出錢。否則要變成「台中市暫緩，別的縣市優先」，不知會等到哪一年？所以，為利提早動工，市府及議會只有接受高架，放棄原本希望的「地下」方案。

我們規劃七條捷運線，希望完成整合型路網。因請中央負擔經費，所以每條路都須經中央核定。二〇〇四年，台中都會區大眾捷運系統正式將「台中捷運綠線」核定為優先興建路線，並更名為「台中捷運烏日文心北屯線」，於二〇〇九年十月動工興建，且在二〇二一年四月二十五日正式通車營運。

不可諱言，重大建設在動工期間，塵土飛揚，又要封路管制，市民覺得不便就會抱怨。許多民眾在享受建設的成果時，不一定會了解和感激做事的人，但我認為長遠的建設雖需要時間且較慢看到成效，卻對地方有極大的助益，所以一定要做。民眾「逐交通而居」，捷運沿線居民雖然忍受了一段「施工黑暗期」，卻也迎來便捷的交通和房產增值的紅利。

「山海環」計劃，全力推動交通整合

「鐵公路併走，是另一個重點！」交通局長林良泰補充道，市府因此計畫打造包括「中環」與「大環」的環狀路網與「山海環」鐵路。

我在美國華府住過一段時期，美國的環線稱為「Beltway」，英國的環線是「Ring Road」，我參考先進國家的經驗，認為台中必須有環線，才能讓交通暢行無阻。

台中所謂的「中環」，是指環繞原本舊台中市區的環線；「大環」是經過豐原、潭子、清水、烏日、龍井等地的道路。完成後大台中將有兩條環狀公路，不但可大幅降低通車時間，整個台中市在縣市合併後，交通也會更便利且減少空氣汙染。

另外，台鐵豐原至南區大慶正在高架化，如能建一條連結大甲與后里的鐵路，可使大台中打造一條環狀鐵路「山海環」。「三環」勢必打通大台中交通的任督二脈。

我們在縣市合併之前規劃的「中環」台七十四線高架工程，已於二〇一三年底完成。

中環經費約需六百多億元，因為我們財政健全，才能獲得中央三百四十億元的分攤補助（占五〇％），且在三年內就完工。七十四號環線環繞小台中，全長約四十公里，屯區到海線只需短短三十分鐘左右，改善了台灣大道的交通，解決了台中市區堵塞的問題。到現在還有人告訴我：「七十四號環線雖然愈來愈塞，但如果沒有七十四號，台中的交通就難以想像了！」

以太平到台中市區為例，原來要五十分鐘，現在不到二十分鐘就可到達，時間就是金錢，一天縮短一、兩個小時的交通時間，對民眾打拚經濟很有幫助。我很感謝中央政府幫忙，讓台中成為第一個有環線的城市。

時任台中市建設局長吳世瑋說得對：「開路，就是把『財』帶來給民眾。民眾賺了錢，市府有稅收，又可以建設，形成良性循環。」

除了中環帶來的便捷，我們也規劃了更具規模的大台中環線——「大環」，只需約五十分鐘就可繞大台中一圈。它結合了國道三號、國道四號和中環，只要連結國道四號豐原至潭子段，即可完成。大環總經費約兩百六十六億元，比七十四號環線便宜，由中央全額補助。

其實早在日據時代即有人提出山海環線鐵路——「山海環」，我為了讓規劃更完善，除了從大甲到后里鋪設銜接山線與海線的東西向鐵道外，大慶站到烏日高鐵站將採高架式，海線雙軌立體化，並納入交通部原有的鐵路改善規劃，形成「環城鐵路山海線」系統，全長約八十公里，預估行駛時間約八十分鐘。總預算八百萬元的規劃費，我在任內已親自向行政院爭取到中央補助六百萬元。

i-Bike與BRT、捷運協作，打造無礙無碳交通網

為了方便接駁，我們同時建立公共自行車租賃系統（i-Bike），也就是以電子無人自動化管理系統，在BRT沿線主要轉運站附近規劃設置六十個自行車租用點，提供甲地租借、乙地還車的服務，讓市民抵達目的地後即可隨手還車，而且前半小時免費。二〇一四年七月十八日，市府在台灣大道市政大樓、秋紅谷、逢甲大學等三處正式設置示範站，提供一百輛i-Bike讓民使用。

交通的效益如「活水」，讓城市充滿動力與動能。「BRT和捷運是都市的大血管，幹線公車是小血管，i-Bike是微血管，巧妙地搭配運用，我們就可以有

效地享受無障礙和無碳的環境！」林良泰形容得貼切。

我們與時間賽跑，持續推動並改善台中的交通，隨著公共運輸工具運量的大幅提升，我的頭髮變少了，林良泰的頭髮也白了。在我任內，台中的經濟每年平均以九％的成長率在成長，這應足以印證——「有便捷的交通，就有繁榮的經濟。」當然，車輛變少了，台中的空氣也會更乾淨！

我離任後，當年規劃的重要交通建設仍持續進行著，時至今日，台中捷運正處於「現在進行式」：根據二〇二四年的最新資料，「機場捷運」（橘線）經交通部召開委員會審議，決議修正後已通過；「捷運藍線」的基本設計審議資料提送交通部審查，目前依交通部審查意見，提送修正資料……，日後台中將從捷運綠線單一路線，逐步形成與捷運藍線交會的十字路網，並接續與捷運橘線構築雙十字軸線，建構出台中捷運系統骨幹。之後，由「屯區捷運」與捷運綠線串聯成環形路網，並持續向外放射發展，屆時路網將四通八達。

而山海環線、水湳與大台中轉運中心、快速道路等交通建設，也都有各自的進度……。

昔日我心心念念打造台中為國際城，今日我眼見這個大都會持續的蓬勃發展，真心以身為台中市民為樂、為榮。所有的交通建設，我還是要感謝林良泰局長。

33 敗選啟示錄

《遠見》雜誌曾以〈全球必修杜拜學〉為題進行報導，指出「面積約台灣九分之一、一個台東縣大小、人口只有一百四十萬的杜拜，以無人能比的企圖心、創造力、想像力與執行力，克服沙漠的種種限制，在二十一世紀初向世人展現了一個城市發展的新典範」。

一個城市在沙漠中因執行「藍海」（blue ocean）策略，讓全世界人都想去杜拜的「帆船飯店」朝聖。而原本有機會落腳台中市的古根漢美術館亞洲分館，也塵埃落定設在杜拜附近的阿不達比。

「杜拜學」強調的是一個城市如何在地球村出名，進而擁有世界性的競爭力。相對所謂的「紅海」（bloody ocean）——以既有的價值觀競爭，用舊方法、舊思維纏鬥以致血流成河，「藍海策略」則點明——人與其在現存的思考模式裡競爭，還不如選擇「創新」，開創新局，打造自己的天下。

當然，杜拜的「財力」是它成功的重要因素，但我仍然相信除了財力之外，還有許多不能忽視的力量。一個城市不會在短時間內改善財力，成為「暴發戶」，而「創新」則是「城市競爭」之中，比較有效的途徑。加速創新，不斷激發創意，必能走向更寬闊的藍色海洋。杜拜能，台中市也能！都市想全球化就要採取「藍海策略」，走別人沒有走過的路。

「藍海策略」成功實踐，十三年轉型為國際都市

我在台中市長任內，十三年來力圖台中努力變身，希望轉型成為國際都市，讓我們在世界舞台嶄露頭角：二〇〇七年獲選由倫敦「世界領袖論壇」主辦的「世界最佳文化與藝術城市」；二〇〇八年「水湳經貿園區規劃案」榮獲由美國《建築師雜誌》主辦的「進步建築獎」；二〇一三年獲選由「國際智慧城市論壇」舉辦的「全球智慧城市」冠軍；同年由聯合國環境規劃署主辦的「國際宜居城市大賽」，台中市榮獲一金三銅，其中「草悟道」勇奪自然類金質獎。

我相信「文化是門好生意」，台中市以國際頂尖的文化建設與活動帶動經濟，提升城市競爭力與世界接軌，除了邀請世界一流的國際知名樂團、藝人到台

中演出，每年的「台中媽祖國際觀光文化節」、「爵士音樂節」都吸引數十萬民眾參與。台中國家歌劇院、圓滿戶外劇場，在在都是以「文化搭台、經濟唱戲」——以文化帶動經濟的前提下，實現台中市的「藍海策略」。二〇〇九年台中市民平均每年參與藝文活動三十三次，是二〇〇一年三・九次的八倍之多，台中成為名副其實的「文化城」。

「經濟成長率」是競爭力的重要依據，根據行政院五年一度的工商普查資料顯示，二〇〇七年到二〇一一年，台中市五年經濟成長四五％，總生產毛額從兩兆成長到三兆，成長幅度是全台灣第一。

據二〇一三年五月統計，中科投資額高達七百億美元，台中市成為外資投資首選。太陽餅銷售額在我任內期間成長了三十三倍，房地產推案量也成長二〇％。

根據淡江大學金融研究所教授謝明瑞在〈二〇一四年大台中的政治經濟暨選情分析〉文中指出：「台中市經濟發展並非全靠房地產的增長與土地重劃的效益提升，事實上，服務業及各級產業的貢獻亦不可忽視，如台中市農特產品合併後銷售成長超過一四〇％，東勢高接梨進軍新加坡超市，成功地取代韓國梨等，都是讓台中市的經濟成長冠於全國的重要影響因素。」

謝教授也提及：「胡市長以其『市長如店長』的深入了解，很用心地去打造台中國際城，就像一場『寧靜革命』，不知不覺地，台中市以文化為體、經濟為用，將一個在地的消費型城市，轉化為亞太新興都會。」

《遠見》雜誌每年均進行縣市競爭力調查，其中治安指標評比，台中市於二〇一二年拿下五都第一，二〇一三、二〇一四年均為五都第二——這三年成績平均為五都第一。

大台中許多三十年開不了的路和公園，陸續都開了，也較少聽到原台中縣「邊緣化」的聲音……。

在外界看來，這些就是所謂的「政績」吧。

冷靜面對敗選，提前做好交接工作

二〇一四年十一月，我參加台灣「九合一選舉」，爭取連任大台中市長，媒體描述我為「挑戰第四屆任期的民選地方首長」。我不否認自己擔任市長已十三年，所以本來準備讓賢，後來決定參選的時間太晚，必然影響市民對我的支持。加上對手一直說我「做太久」，民眾也會有此感覺，最後開票結果出來，我果然失去了選民的青睞。我在二十九日下午六點多到競選總部宣布敗選，並公開致詞：

「謝謝！各位永遠是我最大的支持、最大的力量，你們的支持和友情，讓我永遠溫暖，這個溫暖的感覺是永恆的，選舉是一時的，友情是永恆的，對不對？

選舉結果已經出來了一大部分，我的感覺『大勢已去、拖延無益』，我應該出來宣布此次競選結果失敗，這個失敗是我個人的失敗，是我個人不夠努力、個人不夠優秀，我要謝謝我競選團隊每一位好朋友，你們打了一場漂亮的選戰、無缺點的選戰，我覺得我們整個選舉過程中，大家的表現與支持是無缺點的，我謝謝大家。

選舉的結果雖然我們都知道，一定是贏或輸，不能說完全沒有輸的準備，但是一路走來，選民對我們表達的熱情與支持，讓我們覺得真的是勝券在心。今天的結果雖然不能說心裡沒有準備，但也是意外，我知道，它給各位帶來的衝擊一定很大，現在我們只有誠心誠意地接受選民的決定，我們希望新任的市長能夠好好帶領台中，繼續前進，祝福新的林市長，天佑台中，謝謝各位，謝謝，謝謝大家。」

儘管事後媒體和學者以「選情呈現不合常理的逆轉走勢」形容我敗選的種種原因，包括國內大環境的影響、選民「喜新厭舊」、國民黨沒培養接班人等因素，但我選輸了就是選輸了，沒有理由可講，我只能負全責，不能怪別人，就是風向變了，選民不喜歡你了。

由於當時我看來很冷靜，而且妥善安排交接準備，記者脫口道：「胡市長你好了不起，你是全台灣政治選舉失敗的典範。」我說：「拜託，你講這些話是罵人還是稱讚？」我並不想當選舉失利的典範，而是要做執政的典範啊！

我一選輸，有九成市府單位首長表示想「總辭」。「總辭」是《憲法》名詞，中華民國只有一個總辭，就是行政院長率部會首長總辭。「你們的辭呈都退回去，因為地方政府沒有總辭！」我跟同仁說：「你們真的很優秀，所以你目前的工作仍是你的責任，要看新的市長是否希望你留任？你要辭職也要向新的市長辭，我已進入看守階段，現在不能再接受辭呈。」

後來民進黨籍當選人林佳龍先生來看我，我告訴他除了行政院，沒有總辭這件事。我很誠懇地表示現任團隊首長都非常優秀，表現有目共睹，如果想穩住局面，勸他考慮沿用。我還講了一個小故事，柯林頓當選美國總統以後，考慮聘用一位部長人選，幕僚說：「你怎能考慮他？他選舉的時候是對方的人。」柯林頓反問：「現在不是選完了嗎？」

持續為台中的美好，善盡心力！

選舉選完了，我們找人來工作，就是找最適合的人，跟選舉時的黨派無關，可惜原來的優秀團隊後來幾乎都離開了。我很遺憾的是市府約聘雇人員都是一年一聘，大概每年十二月初就把第二年的約都簽好，不會晚於十二月中，這樣他們比較安心，不必擔心明天會失業。所以等到選舉結束，所有約聘雇合約都已簽過了。新市長一來，一、兩萬名約聘雇人員之前簽過的約全都宣告無效。市長室有一位「小妹」，本來已簽妥約，選後被通知三天後失業，她忍不住就哭了。她在林柏榕市長時代就已進用，我在市長室十三年都沒有換人，因為我只管局長、副局長，約聘雇不歸我管；例如環保局有約聘雇名額，也都由他們自己決定人選。我知道辦公室小妹失業時很難過，覺得我選輸了，對不起很多人。

新的人事調動，還導致一位高階主管的太太割腕。新市府要調動一個高階主管的職位，當事人覺得自己做得好好的，也沒犯錯，沒有理由調動；然而要他離職，理由就居然是——「我們需要這個位子」。那位高階主管懇求：「我真的不能調動啊，因為我很喜歡這個工作，而且我太太剛得癌症，我也需要一個安定的工作和現在的薪水，希望不要調動我。」他的意見沒有被接受，回家心情不好，太太逼問出來，泣訴自己害了先生。有天他去上班，太太割腕尋短，雖然救了回來，卻在幾個月後因癌症過世了，悲傷自責很可能是壓垮她身體的最後一根稻草。

我去參加了她的告別式，他抱著我哭泣，我也流下眼淚：「真對不起你，我如果沒有選輸，也許不會發生這種事。」萬幸的是他之後終於度過難關，另擇工作單位，可以好好照顧孩子。而且，聽說現在他又回到台中市府了。

「政黨輪替」不是民主國家常見的事嗎？政府不是應該「用人唯才」嗎？我初任台中市長時也算改朝換代，但前任的處室主管、同仁和約聘雇人員對我來說都是一張白紙，我樂意留用，而他們日後的去留則必須依據往後的表現來定奪。政黨輪替真的需要做到「除前務盡」和「轉型正義」嗎？我實在無法理解。

我梳理情緒，整理東西，清空辦公室，辦好交接，幫一些重要幕僚介紹新工作，很快就到大學兼課與民間公司上班了，正式告別二十多年的公職生涯。雖然我認識很多媒體界的朋友，但盡量婉拒上媒體或稿約，希望把曝光的機會留給新世代。

我以前說過：「民眾是很容易『習慣』與『健忘』的！」政府所做的改善措施，無論是民眾身邊的大事或小事，民眾常常很快會「習慣」，習慣以後常常就「忘掉」了；因此，地方官不能站在原地一直「留戀」自己的施政成績。「民意如流水」這句話，曾經督促我與市府同仁上緊發條，不斷快步走在民眾的前面。二〇一四年底，市民做了選擇，我當然必須尊重。

台中市民給了我十三年的時間，讓我有機會建設與回饋自己的家鄉，我的內心充滿感謝。不擔任市長，我還是台中市的市民，或許無影無聲，但會永遠以適當的方式，為台中市的美好善盡心力！

後記

見山還是山，見水還是水

二〇一七年，《華盛頓郵報》評選了「十大奢侈品」，這則報導引起熱烈的迴響和省思，因為其中竟然沒有一項和物質有關。它包括了：

1. 生命的覺悟
2. 一顆自由喜悅與充滿愛的心
3. 走遍天下的氣魄
4. 對世界無限好奇，也對自己的潛能懷有信心
5. 回歸自然、擁有與大自然連接的能力
6. 安穩而平和的睡眠
7. 真正屬於自己的空間和時間
8. 彼此深愛的靈魂伴侶

9.任何時候都有真正懂你的人

10.能感染並點燃他人的希望

由此看來，這些都是我很尊重的原則與價值！以前我幾乎走遍天下，如今退休後安居家鄉，擁有屬於自己的空間和時間；我有深愛的家人、懂我的好友；我現在睡得好，不再擔心半夜的緊急電話鈴響起；對新的思潮仍然充滿好奇，持續吸收進步觀念；在舊識的眼中，我似乎也是一個可以感染並點燃他人希望的人；自認有一顆自由喜悅與充滿愛的心，也對生命有了覺悟……。

退休至今，想到明朝名臣于謙之文：「清風一枕南窗臥，閒閱床頭幾卷書」，如此輕鬆寫意，人生真是可喜。回顧來時路，能走到現在，我的人生只有「感恩」兩個字。

軍人家庭出身，憶父母之深情

我生長在一個平凡的軍人家庭，家裡有五個小孩，食指浩繁，經濟窘困。我的父母太早過世；五個兄弟姊妹中，哥哥、弟弟和大妹已遠行，也與父母相聚，至今「遍插茱萸少三人」，我也沒想到自己活得這麼久。到了這年齡，整個原生家庭突然間就不見了，每逢佳節倍思親，如今只有小妹小莉一人能和我懷舊思親，追憶似水流年。

一個小時候從來沒買過玩具的人，現在能得到如此滿意的生活，我當然充滿感恩。以我們家的環境和背景來說，進入社會後我能成為市長、外交部長、大使，父母若有知，可能會驚喜到夜晚睡覺都會醒過來吧。有時我真的會想，父母到底會不會因為我的發展而滿意及驕傲？我很想念他們。

我始終覺得父母早逝，使我成為不孝之子，沒有機會好好奉養他們。我在美國讀書時，父親飛到美國來看我，因為我還是「窮留學生」，經濟情況不容許買兩張機票，而且母親要照顧弟弟妹妹，所以他只能一人前來。記得我們從機場出來，在加油站加油，父親對我說：「美國人替我們加油喔！」臉上得意之情溢於言表。後來，父親過世後，母親到英國牛津來探望我，見到我的指導教授。母親眼睛又大又圓、有深深的雙眼皮，身高一百六十五公分，略顯豐腴，平常總穿著一襲旗袍，端莊優雅。教授一見母親，不禁以「高貴」形容她，且嘆道：「清朝的美女是否就是如此呢？她簡直像是畫裡走出來的。」我聽了也與有榮焉。

母親曾寫過一篇紀念父親的文章，文筆很好，感人至深。當年有份雜誌叫

《文壇》，在我們老家堆積如山，因為母親喜歡閱讀而訂閱，想必她年輕時應該就是「文青少女」吧。母親的手很巧，向來擅長做手工藝和家事，我的大妹娟娟從小跟在身邊打雜，耳濡目染就學會了。大妹後來有空就會到我家大展身手，做一些家鄉菜慰勞我。那時兄妹見面總是談笑風生、插科打諢、無話不談，我只道是尋常，不料她在六十歲出頭就驟然離開了我們。

我過去長年忙於工作，充實而充滿意義，卻很少有私人時間。雖然我自詡「質」重於「量」，卻難免錯過家人相聚的珍貴時刻。如今終於有餘暇回憶當年，而往事一幕幕像電影閃現眼前。我一邊整理家族照片，一邊和住在英國的二妹小莉分享並討論著，我們對父母親的思念尤其強烈。小莉全家都是我生命中極重要的一部分。

回歸家庭享受親情，退休生活滿足

有位記者朋友曾經問我：「如果可以一切重新來過，你還會走一樣的路嗎？」我很快果斷回答不會，我因公務太忙，真的忽略了家庭，對不起太太，也失去了陪同兒女一同成長的機會，機會不可能再來。時光一逝不復回，我很後悔。

目前我和曉鈴十分享受含飴弄孫之樂，兒子媳婦常常在週末或節日帶孫子、孫女回台中，女兒婷婷每年也帶夫婿與外孫回國探親三到四次，讓我們得到很大的快樂。我喜歡幫孫子們買玩具，家裡被他們玩到一團混亂也無所謂，兒子丁丁偶爾會「抗議」我對待兒子和孫子的管教尺度標準相差太大，見我視若無睹，就會說我不公平：「我小時候你都逼我收玩具，現在遇到孫子，你為什麼不要他們收呢？」我拍拍兒子肩膀：「兒子，爺爺奶奶是負責疼愛孫子的，管教他們是父母的責任！」我覺得自己說的既實在又充滿智慧。

我生命中最重要的應該是家人和親人，以前曾在意：「我過世之後，我的孫子們會不會記住爺爺呢？」現在我想開了，不計較，因為似乎不重要。人走了以後，告別世間，那些認識你的人幾乎消失不見了，曾經聽過你、受過影響的人也都走了，又何必在乎呢？

我退休後，生活腳步變緩，單純而愜意，與昔日的親朋同事時相往還，也和在地的老友、民代、鄰里長保持互動；每個日子，空氣中都充滿歡笑。有時我會開玩笑說：我沒有退休，現在的全職工作（Full-time job）是陪太太。我一生虧欠曉鈴太多，她從不抱怨，現在要好好陪她、補償她，只是不知她是否滿意？

年過七十，學會放下

比較特別的是，我有一群果農產銷班的老朋友。台中的火龍果一直以外埔為重鎮，當年果農向我反映，南部的火龍果可外銷日本，且獲利頗豐，但台中火龍果因未經日本農產省官員檢驗，而無法外銷。他們希望日本官員能到外埔檢驗，就有機會開闢日本市場。那時日本檢驗官員到南部，卻不肯移駕赴台中。我上任市長後，拜託老友我國駐日代表馮寄台多方交涉，才同意可將台中的火龍果送到南部檢驗，後來成功進口日本，結局皆大歡喜。我很感動的是，我不當市長這麼久了，果農產銷班迄今還會請我參加他們的聚會。當然還有其他幾位種植香瓜、水梨、西瓜、柑橘的好朋友，都還時常與我分享他們的收成。這些都讓我想到唐代孟浩然的詩：「故人具雞黍，邀我至田家。綠樹村邊合，青山郭外斜。開軒面場圃，把酒話桑麻。待到重陽日，還來就菊花。」真的是我正在過的日子啊。

一旦離開工作崗位，我的手機也比較「沉默」了，不知道這是不是一種幸福？

究竟，一個人如何獲得幸福感？據說美國作家馬克・吐溫（Mark Twain）曾下過註解：「人生苦短，時間根本不夠。不值得花時間在爭執、道歉、心碎和解釋上，人生只值得用來『愛』，人生就這麼短短一瞬，去愛吧，哪怕只有一瞬，也不要辜負。」我心有戚戚焉。

我已年過七十，孔子說「七十而從心所欲，不逾矩」，他認為人到了七十歲，應做到隨心所欲、收放自如，又不逾越規矩的境界。我想自己好像也是如此的感覺。

雖說人生不如意事十常八九，令人意難平。我常勸朋友別生氣，如果網路或媒體一直攻擊你，心情當然不會很好，但計較也沒有用。以前郝柏村院長曾告訴我：「別人寫的不正確的或罵人的文章，你就不要再拿給我看了，別人亂罵，何必計較？」只是一到選舉，不實言論就會滿天飛，對手曾攻擊我多年來「什麼建設都沒有做」，我也不怪他，或許他的視力不好。有次我上一個談話性的電視節目，節目尾聲，主持人請我向對手提問，我的問題很簡單：「為什麼政治欲望可以如此蒙蔽一個人的眼睛？」

若知道有人不太喜歡我，我不會硬蹭，就站遠一點；如果有人恨我，我會去找出原因，但恨到某種程度，就隨緣吧，不要勉強，彼此保持距離，盡量不讓對方影響我的心情（我也不要影響他的心情），而我亦無時間計較。

我曾皈依星雲及惟覺大師門下，也多次蒙證嚴上人、聖嚴大師及單國璽樞機主教等教誨，已經變得不太會生氣，因為生氣或計較，就是為別人做的錯事而懲罰自己，所以我不會生氣動怒，也不內耗，更不起煩惱。何況生氣時容易講錯話、做錯事，會付出不必要而且令自己後悔的代價。

放下，這是佛教的哲學，就放下吧，會怎樣？有人問我有沒有想要「平反」的事情，我想不出來。有人說我「賺了十億，甚至百億」，還說我和建商關係好，「買屋買一送一」，反正沒有人相信嘛，有何好計較？又何必平反？

「白紙哲學」：以公平與感激的心對待團隊

我第二次競選未合併的台中市長時，曾收到一封來信，指稱我「擋人財路」，國民黨員之中有一「倒胡集團」要反輔選，洋洋灑灑還指名道姓，我不願相信，也未公開此事，請問如何處理？還不如好好選舉，全心處理市政。

面對市政府張溫鷹市長的團隊，雖然收到很多「黑函」，但我曾對同仁說：「我要感激你們參加我的團隊，以前任何事都不必計較，從現在起，每個人對我都是一張白紙。我計較的是今後的表現，寫黑寫白，都在紙上，看你表現。」只要你對市政市民有助益，我就心存感激，紙上都是好評，這就是我的「白紙哲學」。如果要追究歷史或聽傷人的話，就無人可用了。我用人看表現，絕對公平、透明，沒有私心和私利。以我的個性，非常重視和感激團隊成員。一個人不可能成事，共事就是有緣。我想我沒有在公務上「霸凌」任何同仁，還好同仁也沒有「霸凌」我。謝謝大家！

身為地方父母官，「只為眾生得離苦，不為自己求安樂」始終是我努力的方向，我也自認一直沒有違背我從政的初衷。

在台中耕耘多年之後，有人說，我曾被視為國民黨內極適合擔任「行政院長」或「監察院長」的人選之一，對我最後「錯失機會」表示惋惜。不少媒體記者問我有何感想？

我其實只有一個說法：「我不會回答自己不曾起心動念的事。高層從來沒有來找過我，所以我如何回覆這個問題？」

他們很好奇我對於沒能「高升」之事，會不會生氣計較？我說：「我沒生氣，因為我沒求過任何位置，既無期待，就不生氣。你看從我求學到後來工作，哪一個位置是我去請託的？（選舉例外）沒有請託人事關係、沒有欠人情，如果你沒有期待就不會有失望。」

無論是外交部長、駐美大使、新聞局長或台中市長，我從沒想到會落在我身上，不得不愁，得之甚喜也。

我體認到：一個人就是要有壓力，才有長進，我常說：「壓力，壓力，愈壓愈有力！」所以，一個人不要怕壓力。每個人也要明白個人的力量有限，工作一定要靠合作、靠團隊，每個人都重要，一人無法畢其功，獨木難支大廈，每個人都要感激團隊。

感謝生命中的每一位貴人

生命中貴人太多，我感謝每一個人，不分貴賤，有很多要感謝的人。中醫大附醫的蔡長海、奇美醫院的詹啟賢，因為太太的車禍，幫了我們很多忙。尤其長海兄，從照顧我中風到幫助內人車禍復原，都全力以赴，也是我生命中的貴人，他處事認真，能力極強，辦學也超有績效。

工作中，連戰先生是我的貴人，焦仁和、孫大成都是牽成我的人，一輩子的友情，我都心存感激。我在臉書上將近十七萬名粉絲，小編和幫手都是年輕世代的義工，勤懇認真，不會收費。我就是帶著一顆感恩的心，謝謝大家，除了感恩之外，還能講什麼？

除了曉鈴及兒女、媳婦及孫子孫女等家人外，我還有妹妹小莉夫婦及家人在海外，尤其是小莉常與我通電話解壓解憂，是我最大的安慰。有她，真好！

聽說年輕人頗好奇我如何結交朋友和拓廣人脈？我沒有訣竅，只有原則。我認為交朋友和建立外交關係一樣，貴在「真誠」與「無私」，絕非繫之於金錢與利害關係。

例如，每位賓客來訪之前，我都會先了解對方的資料，務求言之有物、言之有誠。尤其在外交工作上，本來就應深諳溝通對談的規矩與禮數，但是有沒有用心，其實「差很大」。當你用心，相處氣氛與相談內容就會熱絡豐富，對方定能體會到你的在意與關懷，或者說是一份心意與溫暖。

絕不敷衍，避免流於形式，是我待人處事堅持的原則。我因留學英國多年，常有機會幫申請英國學校的年輕人寫推薦函。我通常先約見面，實際了解對方的資料與背景之後，再寫推薦函，原則是內容不八股、要有血有肉，盡可能突顯對方的優點，絕非請人擬稿、我再簽名就好，只要時間許可，基本上是有求必應，而且反應不俗。

我想：我的個性本能，就是「助人最樂，見善則喜」！

我的黑暗面與缺點

有人好奇：我難道沒有「黑暗面」嗎？

如果說是面臨黑暗和恐懼的時刻，有！在太太曉鈴發生車禍的生死關頭，我貌似沉著鎮靜，其實內心完全慌了手腳，無助、無力、驚恐，彷彿墜入黑暗的深淵，非常難熬。

英國前首相邱吉爾一直是我的偶像，他曾說：「成功根本沒有祕訣，如果有的話，就只有兩個：第一是堅持到底，永不放棄；第二是當你想放棄時，回過頭來再照著第一個祕訣去做。」永不放棄，也被我奉為圭臬，在這段黑暗時期發揮極大的作用，我更感恩有醫護人員的救治和廣大群眾的意念祈福，終於感天動地，讓我們度過人生最嚴峻的難關。

臉書粉絲再問：「那你有什麼缺點呢？」

我必須承認我的缺點是：

首先，我不夠重視健康，工作第一，個人健康不在念中，好在年輕的時候愛打籃球，打下底子。每次我出國出差回到家凌晨十二點，桌上擺著一堆公文，我一定是熬夜看到黎明，因為沒批完公文就睡不著；所以，我是寧可不睡，也不讓公文過夜。以前我批公文會註明幾月幾日幾點幾分，後來怕有同仁談論我「半夜三點還在看公文」，我想我不該影響同仁，就只寫日期，不再寫幾點幾分了。

擔任台中市長時，我平日行程滿檔，最高紀錄一天有二十幾個行程。二〇〇二年八月下旬，我在赴美爭取古根漢美術館來台中設館時輕微中風。而自從台中縣市合併後，大台中的轄區變得相當遼闊，我為了趕場席不暇暖，甚至沒空吃飯、上洗手間。二〇一三年二月農曆春節，我因為心臟冠狀血管阻塞，利用難得的長假到台北市振興醫院接受心臟繞道手術。這種大手術，一般人至少都需休息三個月到半年，有的人甚至可以長達一年。我手術後覺得恢復狀況很好，開刀第六天就出院，破了紀錄。可能我多年運動體能不錯，所以恢復良好。

幫我開刀的醫師好友魏崢雖說我的心臟在手術後足足年輕二十歲，但對我一出院就迫不及待批閱公文，即使熬夜也在所不惜，魏院長頗有微詞，他無奈地笑問：「請問市長有強迫症嗎？」

其次，我不理財也不會理財。迄今沒有買過股票或投資，因為我知道我完全不懂，也沒有時間去學（其實我不反對股票，只是自己不懂而且太忙）。我的財務幫手林鐵國參議熟知我的財務狀況，我卻不知道，到現在仍然是這樣。不過我自己從來沒什麼特別的物質需求，目前曉鈴總管家中大小事，我盡量服從，還算過得去。我還記得，初任市長時正逢春節，我依俗給市長室同仁每人一個紅包，鐵國卻告訴大家：「退回去啦，市長沒有錢！」

第三，我也許因為求好心切，會對同仁要求太多，而給同仁太大壓力。當時就算沒有感覺，現在還是要說一句：「對不起！」

第四，外界認為我很幽默，喜歡開玩笑，但有的人可能「不習慣」！英國鐵血首相邱吉爾的處世智慧、好惡分明的個性和犀利的口才，都令我激賞。「酒店關門我就走」正是邱吉爾的傳世名言，反映出他毫不眷戀權位的瀟灑豁達。不過，辯才無礙的邱吉爾也以言辭刻薄鋒利聞名，這點我倒是常常拿出來自我警惕。回想起來，因為自己快言多語，不知自止，也許會有傷人之處而不自知，也該道歉！

回首來時路，仍盼明日光！

我始終認為，退休後就要放手，退休就是退休，別再「比手畫腳」。我曾長期站在舞台亮處，現在應該讓開，不要再冀求鎂光燈的焦點。我曾表示自己在退休後，已成了政治上的「出家人」！但即便是盡量修身養性，鼓勵年輕人出頭，平日讀報看手機，關心時事，心中還是難免有所思念。

我是忠實的和平信徒！心中最不願意見到的就是兩岸發生流血衝突（當然也不希望其他地方發生戰爭），而且認為兩岸政府最大與最高的責任，就是確保兩岸和平。

沒有人認為台灣會主動求戰，破壞台海和平。面對中共的武力威脅，目前台灣政府的對策是利用中美對立，把美國當成靠山（或後盾）。這個靠山，可以分成三個層次：

第一是政治外交的互動，就是台美雙方政府往來更友善，更密切，逼近非邦交關係的限制，不停地試探或逼近。在此方面，美國政府行政部門自有保留，國會或智庫彈性較高，但應不會產生任何實際之效用，不致影響大局，若有任何效益，難滿足我們。

其二是基於川普（Donald John Trump）新政的風向，台灣傾其所能，增加對美投資與採購，但這也未必能應付川普關稅進逼。不過，增加對美投資與採購，目前很難看出川普的底線，以及此類決策對台灣的未來影響是福是禍，這確實是個難題。

其一與其二，就是通常大家所謂的：「把所有的蘋果都放在同一個籃子裡！」

其三就是軍購，其實也是把所有蘋果都放在同一個籃子裡。看來川普上台以後，只要台灣政府能作主，台灣也不會向美國以外的國家採購武器。

大家都明白台海兩岸的軍力「不對稱」。我們的政府通常強調：台灣對美軍購是「備戰」，目的就是兩岸「止戰」。

那麼，既然「備戰止戰」是一種嚇阻手段，我們要軍購到什麼地步，才能有效嚇阻一個「不對稱」的軍事強權？我們有沒有規劃？買到什麼地步才能對稱？要花多少錢？有何計畫？有無願景？有無信心維持和平？

不論川普政府是否會將台美軍購納入台美貿易總額，我們都應該好好思考，軍購與武器競賽（ARMS RACE）有什麼不同？冷戰時期，美蘇兩國各自擁有足夠摧毀對方一百倍之核子武器，反而覺得更不安全。台灣與其花費大筆預算，卻不得安全，要不要對軍購再妥思改，一方面避免浪費，一方面也減少排擠社福民生教育預算。

「備戰止戰」，不是單一的口號，它要有配套，有目標。我們不能把「備戰」當目標，我們的目標是「止戰」，是和平，是不讓我們的年輕人上戰場流血。我強調：有任何一個台灣青年因兩岸戰爭失去生命，總統府裡的人都要負責任。

即便是「備戰止戰」，我們若不能避免「惡言相向」、「敵意對立」，「備戰」也走不到「止戰」，只會惡化情勢，毀滅信任，怎麼會有和平呢？

為什麼在台灣不能主張「和平」？政府為什麼每天喊「民主」，卻不強調「和平」？世界名華文作家龍應台女士今年（二〇二五）四月一日在美國《紐約時報》發表專文：「台灣的時間不多了，台灣若不能確保和平，就不會有民主。」她也指出：在台灣今天的政治論述中，建議與大陸和平相處往往被斥為天真、不愛國，或被視為投降和背叛。我覺得，這不是一個健康的現象，更非民主。

龍應台的看法極有價值。台灣現在的政府極力強調「民主」或「民主陣營」，顯然不會輕言放棄。但是為何不能在「民主」之後，提倡「和平」，甚至加上「繁榮」呢？這三個觀念互為因果，「三位一體」成為一個TRINITY，缺一不可！「民主、和平、繁榮」（Democracy, Peace, Prosperity），縮寫成為DPP，我們的政府有沒有覺得很熟悉呢？

現在的情勢不好，但也不是無路可走。我認為兩岸應該在沒有先設前提的狀況下，展開對話，層級與內涵都不要計較，善意見面就好。他們使命不複雜，就是繼續見面，繼續談下去，兩岸關係自有轉機。

我可能太理想化了，這可能也是我的缺點。但是一個退休老人，有點過分追求理想，也是其來有故（我年輕時似乎也有這個傾向）。我只真誠地希望台灣的未來更好，讓下一代享受安樂的生活！

有時看到兒孫的燦爛笑顏和天真模樣，我也會驚覺歲月的流逝，不免有些感傷。轉念一想，這就是人生啊，一代一代接棒前行，永不停息，也不必回頭。我這輩子已獲得太多，雖然經歷過人生諸多的拉扯轉折，始終忘不了社會大眾對我和曉鈴的溫暖與善意，如今我們才得以享受暮年「行到水窮處，坐看雲起時」的平靜悠然。

聖嚴法師曾開示，修行的過程有三個階段：未修行前，「見山是山、見水是水」，這是普通人對山水的看法；當修行非常投入時，「見山不是山，見水不是水」，這是因為太專注了，心轉不過來，混淆了現實；待大徹大悟之後，「見山還是山、見水還是水」，只不過不會因山的阻礙而討厭它、因水能解渴就喜歡它。徹悟者體驗到的世間仍是同一世間，不同的是自我的執著已消失，自我的嗔愛已放下。

我自認眼前已來至「見山還是山、見水還是水」的階段，放下了執著貪嗔痴，寵辱不驚，也無風雨也無晴，只剩下快樂、悠閒與感恩。我從來不是什麼大人物，如果我的經歷與心得能帶給人們小小的啟發或參考，將是我寫這本書最大的滿足與安慰。我的卑微企望，只是希望台灣的未來比現在好。

回首來時路，仍盼明日光！

雙手合十，感恩有你！

雙手合十，天佑台灣！

附錄一

兩個背影

胡薇莉

朱自清寫的散文〈背影〉名聞遐邇，描述他和父親之間的感情。我也有〈背影〉版本，但主角是我的二哥胡志強。

當年我和外子來英國留學時，哥哥已在牛津讀博士。那個年代英鎊很強，我們住在南安普敦，沒有車，選的是最便宜的宿舍，寒冬只有老式的瓦斯型暖氣機可取暖，零下低溫才捨得使用，平常就多穿一點，哥哥知道我們有省錢的老毛病。

當時倫敦才有販售大包裝的白米，比較方便亞洲人使用，其他超市都是小袋包裝。哥哥若到倫敦採購大包米、蔬菜等民生物資，也會帶給我一份，另外還會算準日期，幫我買暖氣的手提式補充瓦斯桶。他約好某一天來，到達之後按鈴，我開門看到背影知道是他，那時他已回車上取東西了，我趕快關門，免得冷冽的空氣滲入。等到他按第二次鈴，我們開門把放在地上的物資搬進來，他早已轉身離開要在天黑前趕回牛津。他揮揮手連頭都不回，我再次目睹他的背影，匆匆關門。他穿著綠色軍用毛衣的背影漸行漸遠，幾十年來仍然讓我印象深刻。

在他更年輕的時候，也同樣會照顧人。

我們家五個小孩，他排行老二，很疼我們幾個小的，在台北讀大學總節省生活費，回台中時給我們零用錢。雖然才幾塊錢，但那時因家中小孩多，對我們而言也是很大的期待。而他對父母也很貼心，回來就幫忙刷地、洗窗戶……做各種家事，像要過年一樣（當然不是），這樣媽媽可以少做一點、少累一點。媽媽給他準備一些滷蛋或水果回學校，他也偷偷留給我們吃。

他對媽媽非常好，母子是可以談心的人。父親一向嚴格對待男孩，對女生就不同。以前被教訓的人都是被叫到爸媽房間去，我們哪敢圍觀？

因為受到爸爸的影響，哥哥做事都要深謀遠慮，預做安排，才不會惹到爸爸。爸爸對他最大的影響，就是凡事「不是做完，而是做好」。

雖然家教嚴，但父母並沒有特別希望我們成為什麼樣的人。他們常說：「放手放手，可以去飛，不要擔心！」父母願意放手，真是不容易，如今回想實在很感恩。我們從來聽不到口頭上的愛，但我後來明白，最圓滿的愛，是不是就是這樣——「愛無所求」啊？

即使受到相當嚴格的管教，哥哥在美國讀書時告訴我，他是如此的想念父親，也想存錢讓爸爸到美國一遊。我父親個性外向，很嚮往美國，很希望到外頭走一走、看一看，結果心想事成。

如今哥哥仍常想起爸爸媽媽，偶爾寄給我相片，說說兒時故事。爸爸在我十九歲離世，媽媽在我三十歲去世，親子相處的時間並不長。但我跟媽媽很親密，好長一段時間睡一張床，像姊妹一樣，所以哥哥很愛向我打聽當年我和媽媽是怎麼過日子的，我會告訴他一些好笑的、感傷的，拉拉雜雜的事情。

對我先生，哥哥愛屋及烏，認為這妹婿是個好人，而且對我很好，常常託人帶酒到英國給他。哥哥每次來都會幫我先生置裝，說我只會買給自己，妹婿只有靠他來打扮。有次冬天來，哥哥把自己身上羊絨大衣送我先生，說比較暖，竟然還懂得檢查袖口：「這裡有縫份，你可以去改一下就夠長了。」他真的就把大衣留下來。有時想到會問「外套很暖吧？舒服嗎？」比我們還興奮，真是沒有自己的人。

他非常慷慨，我回台灣住他家，我的房間門口一定老早放著一袋袋東西，因為他知道我要回來，都事先準備好讓我帶回英國。他也常常給我寄補給品，以前華視記者張桂越看到哥哥從台灣寄給我的泡麵醬油調味料等家鄉食物，就很好奇：「他是你哥、還是你媽呀？」

如果哥哥到英國，在回台灣的當天中午，會到我平常捨不得去的高檔超市，幫我老公買酒，幫我女兒亂買披薩、各式各樣的巧克力、兩三天份的三明治，務必確認小孩子放學後看到整座冰箱是滿滿的，否則還會掏出自己皮箱裡的物資再塞進去。往往女兒們一進門打開冰箱，嘴巴大張、驚喜大叫：「Oh, no!」

我因牙痛去看病，哥哥很關心，要我多保重，後來我傳了一張照片給他。「你放心，仍然年輕貌美。」他回說：「You are the most beautiful sister and the only one.」（你是最漂亮且唯一的妹妹）——因為我的原生家庭現在只剩下我們兩人了。他在擔任公職時，完全沒有自己。我認為他現在靜下來才終於能做想做的事情，可以全心全意思念家人，還會氣我那驟逝的姊姊小娟總不愛惜自己的身體。

只要他打電話給我，我一定馬上接，因為知道他有空了，想跟我講講話。有事找我，我也會飛回台灣，像陪父母一樣。

我和哥哥來往一甲子，我們算是談得來的。當我碰到生活的困擾，有人會說類似「風雨過後天就放晴」的心靈雞湯，但他總是很實際的告訴我有問題時該怎麼處理，基本上不會哄騙我。

他愛孩子愛到無限量，除了家教，對兒女的要求壓抑而克制，不給孩子太多壓力。可能他給別人太多開導，最後自己成功洗腦。像他在台中市府的司機，兒子要去當兵，他就勸說一番，等到自己的兒子要去當兵，他也說男孩子要放手才能夠成長。這種開導，也讓我在教育下一代有所啟發，尤其是我們離鄉背井在海外，開導他人成功，自己也就套用。

人家說二哥有「國際觀」，他出國真的隨時都在「觀察」和「考察」，任何值得參考的都拜託我拍照傳給他，希望把好點子都運用在台中。

例如他來英國公出或度假，坐在車上，看到冬天沿街的枯樹很有美感，他會思考人家怎麼做到樹鋸完之後仍然很漂亮；觀察倫敦環保回收的方法；他希望大家不要把貓狗當成「禮物」送人，玩幾天後再送回流浪動物之家，所以他想了解英國如何處理流浪狗？領養手續為何？

等紅綠燈時，他看到小朋友穿著反光的小背心過馬路（其實是尼龍夾克），在晚上像小燈籠，醒目又安全。他派我追查這條線索，想運用在台中，可惜台中氣候實在太熱，無法派上用場。

有次他來英國，其間專程飛到法國，由聯合報系發行人王效蘭陪同，去拜訪一位米其林餐廳主廚杜卡斯（Alain Ducasse），主廚在家煮一餐飯熱情款待，讓他驚為天人，便想遊說主廚到台中開店。他希望以自己的人脈，來幫助台中。後來雖然不成，他也盡了全力。

哥哥在政壇走了很多辛苦路，因為他心很軟，不報仇也不記仇，這是真的。有一次有人來找哥哥幫忙，我問：「欸，他以前不是對你如何如何？」他說：「每個人都會有不順利的時候，也許他當時必須這麼做。」

哥哥在處事上，真的沒有過分的藍綠之分，他跟我談事情，絕對不會因為我是家人而隨便講。其實他私底下與公開是一樣的態度，不會因為對方是記者就說得冠冕堂皇，不會私下講這個，對外就講好聽的，沒有雙面。

哥哥最大的遺憾應該是古根漢沒成，後來蓋歌劇院很多人罵他幹嘛用日本建築師的設計，現在完成了還不是很喜歡？我朋友到台中就是想去看歌劇院，說是

「地標」，我常想當初古根漢如果成功就好了。之前很多外國朋友問我：「聽說你們台中要蓋古根漢？」我說，但是現在沒有了。對方鍥而不捨追問原因，因為爭取到這個機會並不容易，古根漢不是隨便給人機會的。哥哥具備國際背景和學經歷條件，人家才相信他可以做得很好，最後功敗垂成，只能說時機未到。

長期以來，台中如果有人想升官，不用託人跟我講，我哥哥不會聽我的，我們之間就是「泡麵的關係」。討論哪家泡麵、沙琪瑪的味道比較好而已，升官的事明示暗示都一樣，我完全不具備這種地位。

早年家裡經濟拮据，媽媽辛苦持家，也許哥哥觀察和注意到如何把一個家扛起來。他對吃從不講究，飽了就好，吃幾個水餃就足夠。現在他持家，光是泡麵的湯頭我們可以討論很久，然後說：「好了好了我累了，我要去睡覺了。」我回道：「我還沒講完呢。」

我們現在聊的都是一些不重要且輕鬆的事情，沒有那些必須做抉擇的重大決定。但他也常憂國憂民，希望國家好、社會好，我就說：「沒辦法呀，你又不是神。」希望國家好——聽起來好像是很「表面」的話，卻是他真心虔誠的希望。我總說他的電話內容是可以被人「竊聽」的。

我們聊天，我從來沒有聽他埋怨過「做了那麼多，而官場卻沒給他什麼回報」之類的話，完全沒有。我必須公允地講，不管外面如何為他抱不平，他只說：「這有什麼關係呢？沒有期待，就不會失望，做就對了。」

我覺得很了不起的是，他競選連任失敗卻沒有抱怨，除了震驚之外，我不曉得他如何調適。心裡的傷痛可能難免，但我不認為他會倒下來。他還是照樣幫我整理行李、寄郵包給我、幫我打點一切，把市政府的事情結束，很快就去民間公司上班了！

有一天他告訴我，突然發現自己終於可以睡到天亮了，以前都會看電話的燈有沒有閃？有沒有留言？久而久之變成習慣性失眠。這種戒慎恐懼已不再，終於可以好好回憶、好好生活，他以前怎麼有空呢？

在疫情期間口罩最缺乏時，他從未批評過政府，他有太多的醫生朋友，人家送他口罩，他就會轉送給沒有資源的人。有天他說正在陽台曬已用過的口罩，因為自己的都送光了。即使交情再好的醫生友人，他都不敢去要。那期間，口罩真是救命之物，他竟然不好意思去跟朋友索取。

他對朋友，一向是真情真意。個性嚴厲、不輕易誇人的沈呂巡大使是工作能力很強的外交官，他曾私下告訴我：「我跟你哥哥做事，看著他跟美國國會議員往來，我只有兩個字可以形容，就是『過癮』。聽他講英文，神采飛揚、言之有物、抓住重點又幽默，跟他談話的人，總是眼睛一亮，走出門時帶著快樂的笑容離開。你看到長官這樣，實在過癮，我在旁邊真感到揚眉吐氣。」

哥哥非常念舊，沈大使過世之後，哥哥很想念他，除了找大使夫人餐敘之外，自己的手機居然始終留著沈大使的電話號碼，捨不得刪掉。有一次他非常難受，竟然寫了一個簡訊「呂巡，萬分想念」傳過去。

只要有能力，他對人都盡心幫忙。阿拉夜店火災罹難者的家人來英國遊學，哥哥要我多照顧。可是那位年輕人在外地，不在倫敦，所以我們沒見到面，但我給他電話並交代如有事可以找我。哥哥多年的老同事兼老友王瑩單身未婚，家人都不在了，他說：「她有我啊，我把她當家人。」我聽了很感動，而且我也為王瑩感到高興。

我等於是在哥哥真正退休後，知道他沒事，這時正好丁丁的兒子、女兒「補位」上來，一方面他和嫂嫂可以陪伴，二方面孫子帶給他很大的快樂，調皮搗蛋都沒關係，讓他盡情享受含飴弄孫的幸福。而婷婷雖然長住美國，每年總會帶著可愛俊秀的兒子回台探望父母，而且不止一次。哥哥的臉書只要po出這帥小子的照片，按讚人數一定馬上爆增。

曾有人想請他做電視或廣播節目，分享他的觀念和意見，他只想讓賢，把機會讓給年輕人。我哥哥在這方面應該需要檢討吧，是不是仍保持著小時候的靦腆害羞？

而今，他和老友、議員、鄰里長的互動仍然繼續著，他身邊不離不棄的朋友還真是滿多的，對他調整心態太有幫助了。老朋友都在，人家無論兒子結婚還是孫子做滿月都要找他，所以他經常在台中市各地「巡迴」，有人約他去泡茶或吃拜拜，愛去的小吃店也會去光顧，大家都很開心。有親戚的誰誰誰出來競選，也找他陪著登記。他因為市長這個職位認識了很多人，而這些關係又延續下去，有時還會跟我說今天在路上碰到某人，「他叫我問候你」，我可以感受到他心情的愉悅。在超市有不認識的市民謝謝他，還送他一盒水果，他真的快樂了很久。

哥哥一直在用生命努力過活，面對工作，面對親人，面對朋友，都是愛。有一回他生日，孫大成大使問我有什麼話想對哥哥說？我認真想了想：「謝謝爸媽生了這麼一個好兒子，不但用心照顧家人，也盡心盡力照顧社會和守護國家。」

天天想你

胡婷婷

有一天晚上，我正牽著兒子的手準備進房間哄他睡覺時，我忽然想到了一件事。

「Baby，你等等媽媽，我馬上回來。」

我放開了他的小手，快速地跑進主臥的浴室，拿起了我的牙刷，轉身正要把牙刷放進衣櫃裡的抽屜時，我聽到一聲，「媽咪！」我回頭一望，一雙圓圓瞪大的眼睛直直的盯著我。

「媽咪，你在幹嘛？」

我有些不好意思，尷尬地擠出一個笑容，「寶貝，我在把我的牙刷偷偷藏在我找不到的地方。」

他的眉頭小小地皺了一下，「為什麼？」

我一邊微笑，一邊牽起了他沒有抱著小狗布偶的手，慢慢地往他房間回去。

「因為我想我的爸爸了。」

昏暗裡，躺在兒子的身邊，一邊聽着他平穩的呼吸聲，一邊看著他偶爾微微顫抖的濃密睫毛，清晰又立體的記憶，包圍湧上……

我剛升國一的某個晚上，爸爸忙完公事，經過我的房間發現我的燈還亮著。他輕輕地推了開門，「寶貝啊，這麼晚了，怎麼還不睡？」

看見是爸爸，我像是終於得救般，猛然地翻開被子，冒出了頭，快速地從床上坐了起來。「因為學校規定明天一定要帶運動服去學校。我上次已經忘記了，被老師罵。這次我超緊張，怕又忘了。」

爸爸氣定神閒，一派輕鬆地說：「那現在拿個袋子把運動服裝起來放在門口就不會忘了。」

「不行，爸爸！運動服洗完還晾在陽台，早上才能乾。就是因為這樣，我才緊張到睡不着。早上醒來，我肯定會忘記去拿！」

爸爸眨了眨眼，像是任何事都難不倒他一樣，「你這麼緊張，不如我教你一個辦法。」

我瞪大了眼，「什麼辦法？寄望老媽那就是等於直接放棄。寫下來嗎？我已經寫了，但早上常常糊裡糊塗又趕時間，每次都會忘了看桌子。而且腦子不清醒，桌上的字條就算看了也跟沒看一樣。」說著說著，我又不自主地低下了頭。

爸爸嘴角向上勾了勾，低下頭靠近我，一臉神祕，悄悄壓低了聲音跟我說：「那我教你一個辦法。你可要聽好。」我抬起頭，深吸了一口氣，堅定地看向爸爸。

「你現在去浴室把你的牙刷藏起來，藏在不好找的地方。」我屏著呼吸，沉默了幾秒，結果上氣不接下氣地笑了出來。「爸，什麼啦！你這是超爛的主意！」爸爸收起了笑容，假裝嚴肅又正經地說：「不，不，不。你誤會我了，寶貝我告訴你啊，明天早上你還沒睡醒走進浴室的時候，你一看，會嚇一跳，發現你的牙刷不見了！這一嚇，你就會清醒了，會想：不對，我的牙刷怎麼不見了呢？」

他稍頓了一頓，語氣加重地說：「然後，你就會想起你把它藏起來了。咦，你會問自己，我為什麼要把我的牙刷藏起來呢？啊！對了！是因為我不能忘掉我的運動服！」說完，他拍拍胸脯，挑了眉地看向我，「怎樣，你老爸厲害吧！」

我從床上跳了下來一路直衝浴室，抓起了我的牙刷，「厲害！太神啦！」

那一瞬間，我完全忘記了我的緊張，沉醉在崇拜之中……。

長大之後，一個人在不同的國家，不同的環境裡，面對問題或挫折，我養成了獨立自主解決問題的習慣。「我發現愈是緊急的危機狀況，你愈是冷靜吔！」和我工作多年的經紀人有回默默跟我說。我當時正在工作沒時間回答她，但腦海裡閃現的是小時候那支被我藏起來的牙刷。

那支牙刷，很早就在我心裡種下一個概念，遇到問題和挫折，與其悶著頭在床上被緊張不安的情緒捆綁，不如面對和接受情緒，讓它成為解決問題的動力。爸爸的關心，讓我在焦慮的那一刻，感覺到我並不孤單。他沒有告訴我「不要為這種小事緊張」，反倒是接受我的情緒，陪伴我去面對問題。他的無厘頭，運用得巧妙，成功地轉移了我的注意力。這份創意，激發我用不同的角度來看待問題。爸爸的幽默，教了我男人如何最有魅力，更是讓我了解幽默的智慧。幽默是人在一件事物上，同時看到似有衝突的兩面而啟發得來。一面是每天早上因為千篇一律而帶來的自動導航，另一面是藉著最千篇一律的刷牙來創造出最特別的驚喜。爸爸的幽默感，教了我面對事情，在接受情緒的同時，也要保持冷靜客觀。幽默可以轉換情緒，新的情緒會觸動不同的思維，而引導我們做出不同、更多可能性的選擇。我回想我對父親最深刻美好的回憶，不管是否平順或是艱難，都有幽默的痕跡。不論在哪裡，幽默都瞬間拉近我們的距離，讓我們愈靠愈近。

現在我做了媽媽，發現我面對孩子的態度，也是深受爸爸帶給我的影響。和爸爸一樣，我很重視我和孩子相處的時光。面對兒子的一切，我儘量放下我的假定，先從好奇的角度，去了解他的感受和需求。試著教育他勇於接受和了解自我的情緒，進而學習如何做適當的調解，而不是否定自己。我享受和兒子共同體驗生活，更發現，因為大人對他的關心和用心，讓我兒子養成了主動關心和體貼別人的情緒。我和兒子都愛笑，常常我倆一搭一唱的無厘頭，將我們相處的每瞬間刻劃得更深刻，也讓我們的生活充滿創意。

我記得我在美國念大學時，因為學校有的假期時間比較短，再加上心疼爸媽要付學費，我很多時候都想不如一個人留在校園。爸爸那時跟我說：「婷婷，能回來幾天就是幾天。我們能相處的時間是無價的。」這句話，改變了我人生的價值觀。從那個時候我就告訴自己，這世上沒有任何事，沒有任何物質上的追求，比我和家人相處的時間更重要。所以現在，只要兒子的學校有假，我都會不顧一切的暫停工作，帶兒子回台灣跟家人相處。看到所有人在一起的快樂，看到我的爸爸和我的兒子，沉浸在屬於爺孫倆無厘頭式幽默的互逗，更加深爸爸給我的信念。

我常常想，我好幸運有我的爸爸，他給了我的不只是愛、關懷、勇氣，和智慧。因為爸爸，我感受到生命中的無價。

在紐約，忙碌的生活讓我、先生和兒子都養成早睡早起的習慣。因為時差，我晚上常常累到九點多就昏昏欲睡，而那時打電話給在台灣的爸爸媽媽還是他們早上太早的時間，所以我都儘量和兒子在紐約早上，我們上學、上班前和爸爸打電話。有時候早上時間太趕，會不小心忘了或錯過打電話的時間。但，這天晚上，我提醒自己明天早上再忙再趕，腦子再不清醒，也不能忘了給爸爸打電話。我是真的好想爸爸。在我牽著兒子準備進房間哄他睡覺時，忽然湧出的思念，讓我忍不住跑進主臥的浴室，看到了牙刷，就忍不住把它偷偷藏起來了。

昏暗中，我從記憶裡，回到這一刻。看著躺在我身旁的小臉，我輕輕地撥了撥散在兒子額頭上的捲髮，想到又要等好幾個月才能牽着他的手一起回去看爸媽，我不自覺地輕輕嘆了口氣。沒想到，兒子忽然像是想到了什麼，張開了眼，那雙圓圓的眼睛直盯着我看。

「Mommy, do you miss Grandpa every day?」（媽咪，你每天都想外公嗎？）

我笑了笑，點了點頭。輕輕拍了他的胸口，又平躺回他身邊，示意著他快睡。正當我以為兒子快要睡著時，我忽然感覺到他溫熱的小手，輕輕地撫了撫我的臉，他側向我，忽然一臉神祕，拍著胸脯小聲地對我說：「Mommy, it's ok for you to miss Grandpa ALL THE TIME! When we are in Taiwan, I will take you to the dentist and hold your hand. Don't be afraid. You will be ok!」（媽媽，你其實可以不用怕，盡情地想阿公。反正等我們回到台灣，我會帶你去看牙醫，也會在你看牙醫害怕的時候握著你的手，保證你沒事。）說完，他眨了眨眼，一邊的嘴角忍不住往上勾了勾，像是什麼都難不倒他一樣，一臉得意地躺了回去。這一瞬間，我忽然忘卻了思念，取而代之的是一種熟悉又好久不見的感覺——崇拜。

我的老爸！

胡韡耀

以前聽老爸在外說自己從小生性害羞自閉、沉默寡言，為什麼大家都不相信？他真的是在講實話耶。

很多時候，老爸回家後總在房間靜靜看公文，跟他給人活潑風趣的印象不太一樣，所以我一有機會常跟著他參加各種活動，觀察他的不同面向。

我是自己當了父親之後，才知道他的厲害。他是軍人子弟，成長的過程飽受軍事化磨練之苦，而我的原生家庭則充滿了愛。相對他在比較受否定的家庭長大，必須努力贏得父親的肯定，後來他把自己的家變成他想要的樣子，想盡辦法給我們快樂的童年。

老爸對我們的教育方式一向開明，不耍威權，但是他的態度又非常堅定，清楚讓我們明白他的立場與堅持。他一方面很呵寵孩子，盡可能要把全世界最好的東西都給我們，一方面又非常嚴謹，嚴格要求道德與生活上的紀律，也就是要求我們能夠對自己負責。

例如，老爸一直很重視家中的整齊乾淨，我小時候有一次他大發雷霆，因為他認為我房間的玩具散落四處，內務不整齊。雖然我從小被他碎唸到大，經過這種日積月累的調教，我現在也滿愛整理東西的，可能來自他的遺傳。

他很注意我們做事情的態度及有沒有禮貌。若有人幫我的忙，老爸要求我在第一時間就要打電話向對方道謝，或買謝卡致意。他平常很少管，一管就非常嚴重，平常很少兇，一兇起來就是世界末日（只有我姊可以應付）。

後來我慢慢領會：他要我把他交代的事放在第一優先，應該是在訓練我出社會做事時不被人唸。

老爸回台灣後先教書、擔任公職人員，之後出來參選，他向來很重視「品質」，一定要清清白白、乾乾淨淨，而且遵守環保理念、不亂插旗幟。親子相處也是一樣，他覺得「質」比「量」重要，雖然常常不在家，但很重視家庭關係，也珍惜與我們相處的時間。出門在外，一有空就打電話聯絡。出差回來之前他會問我們要什麼禮物，有一次在香港機場幫我買電玩主機，快狠準，毫不手軟。

他堅守的一些原則，影響到我管教小孩的態度。他小時候沒打翻墨水，只是幫忙整理，爺爺不聽解釋，他就被打了，爺爺說：「如果不是你打翻，為何要擦？」我和兒女講道理，不至於不聽他們的解釋，以前爸爸要求我要把動漫整理好，我現在會要求兩個小孩互相尊重彼此的玩具。但老爸卻擔心我對小孩太兇了，或許從爸爸升級成爺爺，他就變得不一樣了。

我們平常住台北，週末假期會回台中。孫子一回到台中，老爸對待孫子就很不同：飯剩下很多，沒關係！不吃，沒關係！玩具四處放，沒關係……什麼都沒有關係！那我小時候到底是怎樣呢？孫子會不會被寵壞了呢？我的三觀完全被顛覆了。

「怎麼我從小遵守的規矩都不見了？」我問。爺爺立刻老頑童上身，義正辭嚴地說：「教孫子好的生活習慣是爸爸的事。」

我自己成為爸爸以後，體會很深，人家說「代溝」（Generation Gap），社會都有代溝，透過此世代交替，沒有什麼好嫌棄，但爸爸對孫子的態度，真的衝擊我的三觀。

有人好奇我怎麼沒有追隨老爸走上政壇？我覺得從政任何事情都會被拿出來

檢視，所以沒想要從政，而是走其他的路。雖然爸爸有很多人脈，但我儘量不勞煩他，我從他為人處事學習和比較有感觸的是——他看事情會以宏觀的角度去觀照。

舉例而言，因為工作的關係，他無法避免被記者採訪。他思考的角度是如何讓記者達到他們的目的，就是站在他人角度和立場著想。雖然有人不一定友善，但對方有任務在身，彼此必須在其中找到平衡。

在公開場合，很多人都想展現自己，不斷講自己的好處，讓別人知道和記得。但老爸真正厲害的是，他永遠講大家想聽的話。任何訪問，老爸會滿足對方的要求，也守護自己的底線；既站在對方立場著想，也傳達自己想要說的內容。

之前總統大選，新北市長侯友宜到台中參加造勢活動，爸爸也幫忙站台，當時大咖們都在，爸爸講的是侯友宜以前當警察攻下殺人嫌犯陳進興的故事。我認為這是群眾想聽的，如果只是講市政，大家可能較無感，他觀察了在場人群，深知大家想聽什麼而且會留下印象。

他上任何電視廣播節目，都花很多時間準備，以最近一次分析世界局勢的演講為例，他準備了兩個星期。他演講時，不僅把專業的內容講得深入淺出，還很生動幽默，要是我就沒有辦法做到。

老爸是有名的「寵妻魔人」，但他口才好，很愛講理，媽媽不以為然的時候就會「斷電」，以沉默代替溝通，這是他們過去的相處模式，我覺得好像在「拼圖」。其實伴侶關係一直在改變，一組好的伴侶，十年就會「新陳代謝」，原生家庭的模式也會汰舊換新。我愛講理，但是如果太太「斷電」，以後將一直重複這個模式，事情不會解決。與其是我單方溝通你，不如說是去照顧彼此的情緒，把事情和情緒分開。我會跟太太說，我很感謝你做的一切，但這句話讓我不舒服，再告訴她我如何調整，像手術一樣，單就問題點來解決，而不是批評「人」。

爸爸比較內向、內斂，不太會針對媽媽的「情緒」來處理，而是做其他的事情來彌補，可以解決他們那個時代的問題，有時候我看起來像是「繞道」。媽媽很善良，但是會繞路，沒有做直接溝通。

一個在外面非常外向的人，如何在家裡照顧自己的情緒？老爸很努力保護我們，從來沒有把外界的壓力帶回家。我們這一代對情緒的健康，有「病識感」，他則是一口把苦往肚裡吞。他很擔心我們到底能不能幸福安穩地生活。如果可以，他會更放心。

至於他參加選舉當選與否，不管結果如何都是「祝福」，因為這是因緣際會的事。連任，他就可以實現自己的理想；卸下任務，就可以好好休息，維持健康。

父母親的健康，不是從「只要健康就不致造成很大麻煩」的角度來看，我覺得當前最重要的是，花時間陪伴他、多陪他出去走走路。運動是為了身體健康，之前我們全家常常陪他出去走路，每次不到半小時，陪他，他就願意多走，那一陣子進步很多。

我自己當了父親，才感受到老爸是多麼辛苦、多麼偉大，現在更懂得珍惜他所為我們做的事，也希望他能開心，開心最重要。

「謝謝爸爸帶給我們的一切，辛苦了，日後換我們來照顧您！」

附錄二——

友人心目中的胡志強

（推薦者依姓氏筆畫排序）

我這一生，如在職涯過程中，曾有一些被肯定之處，胡部長絕對是居功厥偉的導師。

——丁樂群（台虹科技集團法遵長兼如東富展科技公司董事長）

胡市長既聰明又很單純，「聰明」是指：他分析事情的能力很強，無論方案、政策、法令，都會先蒐集資料，並從各個角度觀察事情，決策和開會明快而有效率。

說他「單純」，例如有人把某件單純的事情「升高」到政治事件，他會相信。因為他相信人性本善，出發點都是好的。他施政一向就事論事，不會因為政黨不同就不支持，別的政黨來要經費，只要是對民眾或弱勢有益的，他都願意補助。

——王秀燕（靜宜大學社會工作與兒童少年福利學系兼任教師）

許多人談到市政，幾乎都會異口同聲地表示，台中市的蛻變與建設，幾乎都是胡市長規劃的。他的高度和國際觀，為台中市鋪陳了國際都市的規格，他以「文化搭台、經濟唱戲」的理念，透過一場又一場國際規格的表演活動、請來多位國際建築大師，帶動台中人對美感的堅持與追求，讓原來一片荒蕪，只有野草、野狗和稀稀落落電玩商城的七期，成為後來居上的高級建案群聚中心。

——王瑩（前台中市工商發展投資策進會總幹事）

胡市長來台中時，就曾擔任行政院新聞局長、駐美代表及外交部長，而且對城市發展下了很多功夫，對台中市的未來，他有藍圖和方向，帶給我們很清楚的願景。

——王誕生（國立彰化師範大學財經學系兼任教授）

胡市長在工作上要求嚴厲，要求精準，指責同事也都是就事論事，但他很紳士，從不講傷人格的話，而且必定顧及對方的尊嚴。他改公文，鉅細靡遺，每天帶回家的公文從不隔夜，再晚也一定批完當天的公文才就寢。他在公事上說的最重的話應該就是：「這種粗心或錯誤，不應該犯！」

——石靜文（沈春池文教基金會秘書長）

一九九九年，胡市長其實曾有機會競選台北市長，如果成了，整個歷史就會改寫。雖然沒選擇那條路，他本身畢竟深富實力且能屈能伸，沈潛一段時日再起，參選成為地方父母官，主理當時的省轄市，到後來的直轄市。結果他在十三年的時間，將台中徹底改頭換面，變成了一座現代化的國際城市。

——伊佳奇（台北市政府市政顧問）

胡志強市長是一位言出必行、處事細膩柔軟的優秀領袖。與他相識約莫二十來年，他以身作則，言出必行。他不僅有宏觀的格局視野，在政治上表現出色，更時時展現對人的體貼和關心。

——江進助（昇岱實業股份有限公司董事長）

胡志強的無窮精力、便給口才、助人熱忱及強烈的愛國情操，早在當時就給我極深刻的印象，也是我學習的榜樣。

——夏立言（中國國民黨副主席）

身為胡先生長期的追隨者，我深感他有很多值得學習的優點。除了豐富的知識，優異的外語表達能力，渾然天成的幽默和機智，危機處理的能力之外，他總是能使命必達、完成長官交付的各項工作。

——孫大成（前駐瓜地馬拉共和國大使）

成功的領導人，不只提攜後進，而且會照顧後進，胡市長實在做得很好，離開市政府後，團隊都沒有散，持續與他保持聯繫，同仁對他的向心力可見一斑。他是很可愛的人，個性豁達，肚量大、不爭不謀權位，很看得開，事情不會放在心裡太久。

——郝龍斌（前台北市市長）

身為公僕，他一路走來，始終如一。身為市長，人民有事，他都任勞任怨，盡心盡力。身為朋友，他重情重義，也是很好的大哥，關懷和照顧我們。他的關懷不是「官式」的，常問我最近拍了什麼戲？健康如何？不光是在他的任內，後來我和他都維持很好的情誼。

——寇世勳（資深演員）

老師的心思細膩，而且腦容量很大，這是一種人格特質，有的人看上不看下，但他心胸很寬廣，才能照顧到這麼多人。

——張美慧（戰國策傳播集團董事長兼執行長）

歷屆市長以「守」的方式處理市政，但胡市長會「做夢」，而且實現。在做夢時，帶領大家讓夢想成真。

——張麗莉（龍寶建設董事長）

胡市長很嚴格，而且個性很急，任何事情在他看來都應該在昨天就完成。但大家喜歡跟他做事，學習如何思考、放寬視野、察言觀色，在壓力中學習，成長飛快。

——曹美良（前台中市政府秘書長）

市長的才幹、細心、豁達與幽默，一直是我學習的榜樣。

——陳紳沛（前台中市府會園區警察隊長）

胡市長做事總是很投入，務求把事情辦好。他是拼命三郎，比誰都努力，上班時找各單位主管討論業務，下班後帶兩三個大皮箱公文返家，他縝密思考，卻快快地批回，就怕一耽擱會誤事。

——陳銘政（前駐波蘭共和國代表）

胡先生很幽默，與記者的互動良好，可以化解可能發生的劍拔弩張。他記得很多記者的小事情，也代表他放在心上。例如他對我說，「我知道任何人不會像你老公那麼愛你」，這是非常個人化的幽默，但不會傷害人。他的幽默，讓他在圈內廣受歡迎。

——陳鳳馨（資深媒體人）

二〇〇九年，我時任台中市刑警大隊的小隊長，適逢「江陳會」在台中舉行時執行公務，在秩序混亂時上車查看，被台灣共和國的支持者推打墜地，頭部受重傷緊急送醫。

我受傷期間，很謝謝胡市長不斷的關懷。他是一位真正做事和溫暖的人，一位長官日理萬機、面對那麼多同仁民眾，還如此關心我，讓我萬分感動。

——陳諸想（署立台中醫院志工隊隊長）

胡市長是一位值得交往的朋友，總是替人著想，觀察對方的需要。我是生意人，他瞭解我的工作，想介紹生意給我，主動引薦更多機會，也給我中肯的建議，其實我並沒有對他提出任何要求。作為一位政治家，如此敏銳和體貼，真是難得。

——曾琦（宏泰集團董事長）

胡市長雖成長在平常家庭，但本身不只聰明、有智慧、有能力、做事果斷，還有與生俱來的「Charisma」（個人魅力），以及熱情和暖心腸。他要求嚴格，有時講話直接、不客氣，但事後會安撫你。我一直尊他為「長官」，認識他的時候我是新聞局的小秘書，他是局長，即便我後來擔任他的副市長，到他退休離開公職，也不把他當成「朋友」，而是永遠的長官。——黃國榮（台中市副市長）

因為胡市長，台中不再是落後的城市，也不再是「風化城」。中央公園，創造後續很高的經濟價值。任內他為了推動後期發展區，還跑去跟中央求情：重劃區那麼多，何時輪到我們？他私下花了許多時間心力去爭取建設台中的預算，這些都不為人知。

——黃馨慧（台中市議員）

胡市長熱心熱情，為人厚道，在政壇嚐盡了冷暖，卻不曾講他人的壞話，也不汲汲營營算計自己的利益。

我們曾在他競選大台中市長連任之際，善意建議他成立一個基金會，如此一來無論選舉結果如何，日後方便做他想做的事，實踐理想，可是他並沒採納。政治人物完全不考慮自己的「後路」或「退路」，在政壇實屬罕見。

——葉樹姍（資深媒體人）

市長利益眾生，帶給人家歡笑，但也看盡冷暖，我問他從政的意義是什麼？他毫不遲疑地說：「是為了看到別人臉上的笑容。」

——廖偉翔（立法委員）

我覺得胡市長任內對台中最大的貢獻是，把一位賣花女變成窈窕淑女，把以前被說成「風化城」的台中變成「文化城」。

台中以前是有點鄉下感覺的直轄市，在國際上提到台灣，就是台北高雄，不會想到台中。國際化並不是光講講就算了，要有建設，古根漢美術館分館當時是請世界著名的設計師札哈．哈蒂設計；建立洲際棒球場，因為他認為必須符合國際水準，才能在此舉行國際賽事。歌劇院，請伊東豊雄來設計，打破傳統建築的工法，推動過程極為困難；音效也需要很超群的技術，是很大的挑戰。

——廖靜芝（台中市政府社會局長）

世界知名男高音帕華洛帝、Lady Gaga 來台都轟動全台，胡市長藉著他們的演唱會，一方面提高台中的能見度，一方面變成全國的焦點，同時也提升了台中的藝術文化的水準，我覺得他這點非常用心。施政不是只做庶務，而是有心且真正提高了一個城市的藝術水平。——趙少康（前中國廣播公司董事長兼總經理）

胡市長除了認真做事之外，為人處事非常圓融，一直保持著幽默風趣，他常說：「真正有意思的人生，就是要讓別人開心。」所以，永遠熱情的他，走到那裡都能讓大家快樂。

——蔡長海（中國醫藥大學暨醫療體系董事長）

我曾跟過四位市長、十幾位政務官。有的長官批公文只蓋章，沒有明確意向。胡市長不一樣，他在公文上寫很多意見，不是只有「如擬」或蓋章而已，有時洋洋灑灑一百多個字，寫到不剩多餘的空間。他批公文像在寫論文，清楚明白，不要讓部屬用猜的，公文「敢」寫得那麼清楚，表示他心中坦蕩蕩、「我寫我負責」。

——蕭家淇（興富發建設總督導）

胡志強在大學時代是不是有貝字旁的「財」，我不知道，但是他絕對有文才、口才及領導才能。平時交談，他極有幽默感，尤其是在尷尬的場面或冷場時，適時的幽默最能化冰雪為熱情。

——魏可銘（兩岸企業家峰會副秘書長）

附錄三

大事年表

一九四八年五月十五日	出生於北平市
	省立台中師範學校附設實驗小學
	省立台中二中（今國立台中二中）初中部
	台中市立二中（今雙十國中）高中部
	台中市立一中（今市立居仁國中）高中部
一九七〇年	國立政治大學外交系畢業
一九七八年	取得英國南安普頓大學政治系國際關係碩士
一九八四年	取得英國牛津大學國際關係博士

一九八四年～一九八五年	旅英中華學術專業協會會長
一九八五年	英國牛津大學聖安東尼學院院士
	英國牛津大學聖安東尼學院當代中國研究中心研究員
	國立中山大學社會科學院中山所副教授
一九八九年	中華戰略學會兼任副秘書長
一九九一年一月一日～一九九一年九月二十日	總統府第一局副局長
一九九一年	總統府新聞秘書
一九九一年九月二十日～一九九六年六月一日	第十二任行政院新聞局長
一九九一年九月二十日～一九九六年六月一日	行政院新聞局政府發言人

一九九一年九月二十日～一九九六年六月二十五日	行政院大陸委員會委員
一九九一年十月二十日～一九九六年六月十日	行政院文化建設委員會委員
一九九六年六月一日～一九九七年九月一日	中華民國駐美國代表
一九九六年～一九九九年	第三屆國民大會代表
一九九七年九月一日～一九九九年十一月二十四日	外交部長
一九九八年～一九九九年	中美洲經濟合作發展基金會董事長
二〇〇〇年	中國國民黨中央文工會主任
二〇〇〇年～二〇〇一年	中國國民黨文化傳播委員會主任委員
	中國國民黨副秘書長

二〇〇一年十二月二十日～二〇一〇年十二月二十五日	第十二任台中市市長（省轄市）
二〇一〇年十二月二十五日～二〇一四年十二月二十五日	第一任台中市市長（院轄市）
二〇一四年四月三十日～二〇一五年一月十九日	中國國民黨副主席
二〇一六年五月十八日～二〇一七年六月三十日	中國國民黨副主席

附錄四——

重要榮譽

- 一九九三年獲頒「最佳政府發言人獎」
- 一九九六年獲頒「美東華人學術聯誼會專業成就獎」
- 一九九七年獲頒「英國南安普頓大學榮譽博士」
- 一九九八年榮獲美國國會通過讚揚駐美代表決議案
- 二〇〇六年榮獲傑出英國校友獎（英國貿易文化辦事處）
- 二〇〇九年榮獲世界不動產聯合會台灣分會頒發「國土建設特別貢獻」
- 二〇一〇年榮獲英國《MONOCLE》雜誌評選為「二〇一〇全球最受矚目的十大市長」
- 二〇一二年榮獲世界不動產聯合會台灣分會頒發「國土建設特別貢獻」

• 二〇一三年榮獲美國南卡羅萊那大學頒發「藝術暨科學卓越服務獎」

• 二〇一五智慧社區論壇（ＩＣＦ）「二〇一五遠見領袖」

附錄五

重要人物索引

中文人名索引

二畫

丁樂群　549
丁懋時　139, 241, 244

四畫

孔子　513
牛效華　280, 281
王志剛　237
王秀燕　415, 419, 421, 437, 549
王金平　384, 385
王建煊　352
王秋冬　326, 465
王效蘭　014, 366, 389, 531
王偉忠　095-096
王清福　316, 321
王童　150
王瑩　407, 534, 550
王誕生　333-334, 336-337, 550
王燕怡　189

五畫

令狐榮達　428
包柏漪　186
石靜文　450, 551

六畫

伊佳奇　551
伊東豊雄　028, 442, 478-482
朱立倫　258, 384
朱延平　046, 150
朱蕙蘭　392, 393-394
江素惠　201
江啟臣　472
江進助　551
江漢　187, 194
江澤民　182
牟華瑋　425

七畫

何友蘭　208
何美頤　103
何莊美秀　448
何顯重　102
吳子丹　236
吳中立　140
吳世璋　332, 333, 336, 495
吳宇森　150, 318
吳春山　035, 444, 480-483
吳晶晶　017, 323
吳傳福　469
宋美齡　186
宋楚瑜　128, 149
巫永昌　090
李中公　399
李四端　171

李本京　120
李立德　299
李光耀　190-191, 195
李安　034, 044, 149, 318, 447-453
李行　150, 318
李浩銑　341
李國鼎　053, 061-062
李敖　064
李淑貞　326
李焜耀　292
李登輝　038, 053, 063, 067-068, 073, 129, 132, 138-139, 141, 147, 162-167, 175, 177-178, 181-182, 192-195, 212, 240, 242-245, 250
李煥　120
李錦娥　325, 470, 477
李濤　171
李麗華　464
汪廣平　089
沈呂巡　194, 244, 533
沈昌煥　139

八畫

孟浩然　512
杭立武　067, 119, 121-122, 126, 177
林月棗　416, 420-421
林良泰　494, 497-498
林佳龍　503
林昭亮　277, 425
林柏榕　378, 504
林淑如　099
林鐵國　520
（釋）果東　458, 459
邱進益　129, 132

邵國寧　342-344, 346, 358, 367, 457
邵曉鈴　010-012, 014, 022, 025-026, 030, 060, 067, 069, 073, 077-078, 094-095, 104-105, 112, 115, 123, 161, 175, 196-197, 200, 257, 338-377, 54, 399, 422, 454-457, 511, 517-518, 520, 524
金溥聰　243

九畫

侯孝賢　150, 318
侯育平　082-083
侯勝茂　371
（釋）星雲　376, 383, 454, 457, 513
洪仲丘　458, 463
洪蘭　371
胡婷婷　025, 046, 160, 344-345, 355-356, 358-360, 365, 439, 511, 534, 536-542
胡薇莉　023, 083, 85-86, 174, 365, 509-510, 517, 526-535
胡韡耀（丁丁）　085, 123, 161, 344, 346, 359, 365, 511, 534, 543-548

十畫

唐飛　232
夏立言　071, 551
夏漢民　131
孫大成　171, 516, 535, 552
孫太平　063
孫立人　063-065, 080
孫運璿　053
孫翠鳳　026, 032, 397
徐中雄　416, 420
徐立德　259
殷宗文　246

翁羿琦　320
郝柏村　038, 068, 073, 136, 138-140, 143, 174-175, 177-178, 309, 513
郝龍斌　032, 059 176, 397, 552
馬友友　277, 281, 425
馬英九　024, 035, 037, 054-055, 064, 124, 128-129, 136, 383-386, 444, 450, 453, 483
高希均　015, 037, 041, 052, 072

十一畫

寇世菁　352
寇世勳　552
張忠謀　057
張杰　323
張美慧　123, 141, 553
張溫鷹　063, 306, 514
張榮發　262, 436
張毅　150, 202, 318
張樹森　125
張瀞分　473
張藝謀　032, 396
張麗莉　057, 443-444, 553
（釋）惟覺　454, 457, 513
曹美良　394, 553
許文龍　436
許重義　371
許景淳　353
許歷農　120
連倚南　371
連戰　017, 038, 055, 073, 127, 167, 177-178, 195-196, 516
郭岱君　129, 132
郭福一　301, 304-305
郭耀泉　460

陳文茜　032, 052-053, 118, 172-173, 273, 280, 317, 366, 397, 444, 448-449
陳水扁　054, 258, 260
陳可辛　150
陳紳沛　553
陳雲林　319
陳銘政　554
陳鳳馨　224, 554
陳諸想　554
陳憲仁　093
陳樹菊　437

十二畫

單國璽　454, 513
曾文惠　366
曾琦　459, 555
游有義　318
游錫堃　293
焦仁和　066, 115-116, 124, 132-133, 516
程建人　207-208
辜振甫　366
辜懷群　210-211
辜嚴倬雲　366
黃介正　135
黃仲生　411
黃俊英　338
黃品諺　464
黃建中　466
黃啟涵　458, 462-463
黃國榮　256, 343, 398, 555
黃崇典　392, 430-431
黃義交　408
黃寬潤　462-464
黃麗華　464

黃馨慧 555

十三畫

楊日旭 120
楊玉婉 371
楊惠姍 202
楊進添 231
楊德昌 150, 389
溫建華 398
（釋）聖嚴 454, 513, 524
葉醉白 323
葉樹姍 171, 482, 556
葛福鴻 366
詹火生 115
詹啟賢 342, 352-353, 365, 516

十四畫

廖佩春 088
廖偉翔 438, 556
廖靜芝 426, 557
趙少康 118, 296, 557
趙文正 436-438
趙樹海 171
趙耀東 013, 052-053, 061-062, 172

十五畫

劉士洲 398
劉介宙 129
劉必榮 124
劉志攻 205
劉長樂 064
劉冠軍 246
劉禹錫 429

劉泰英 246
劉啟群 232
歐豪年 323
歐鴻鍊 230, 250
蔡明亮 150
蔡長海 059, 346, 516, 557
蔡炳坤 430
蔡容蓁 338, 382
蔡康永 386
蔡琴 014, 201, 366, 389
蔡鈴蘭 338, 382
蔣介石 063
蔣孝嚴 070
蔣彥士 130
蔣萬安 323, 326
蔣勳 428
鄭伯智 342, 455
鄭板橋 322
鄭隆賓 363

十六畫

盧秀芳 356
盧秀燕 024, 258, 380, 470
蕭美琴 054, 180
蕭家淇 035, 354, 366, 558
蕭萬長 018, 038, 073, 177, 212-213, 277
賴聲川 046
錢復 128, 139, 200
龍應台 035, 443, 523

十七畫

戴建帆 335
戴勝益 436
謝明瑞 500

十八畫

魏可銘　558
魏崢　059, 519
魏清海　315

十九畫

羅大佑　389
（釋）證嚴　170, 366, 373, 454, 463, 513

二十畫

嚴陳莉蓮　157
嚴凱泰　156
蘇志誠　244-245
蘇貞昌　037, 264
蘇起　135, 244
蘇琦　322-323

英文人名索引

Armstrong, Louis　路易・阿姆斯壯　396
Aung San Suu Kyi　翁山蘇姬　112
Bocelli, Andrea　波伽利　057, 277, 400
Bowles, Camilla Parker　卡蜜拉　197
Brzezinski, Zbigniew　布里辛斯基　135
Buckley Jr., William F.　小威廉・巴克利　152
Bull, Hedley　赫德利・布爾　107
Bush, George W.　小布希　022, 199
Bush, Richard　卜睿哲　243-244
Campbell, Kurt　坎博　111
Captan, Monie　開普頓　228
Carreras, José　卡列拉斯　277, 425
Cheney, Dick　錢尼　022
Chipman, John　齊普曼　111
Churchill, Winston　邱吉爾　042, 145, 164, 518, 520

Clinton, Bill　柯林頓　018, 111, 182, 184-185, 189-190, 503-504
Daschle, Thomas Andrew　戴修　208
Diana, Princess of Wales　黛安娜王妃　197
Ducasse, Alain　杜卡斯　531
Eisenhower, Dwight D.　艾森豪　199
Filippetti, Aurélie　菲里佩提　451
Ford, Gerald　福特　199
Friedman, Thomas　佛里曼　111
Gaga, Lady　女神卡卡　034, 058, 277, 400, 557
Gates, Bill　比爾・蓋茲　331
Giuliani, Rudy　朱利安尼　309
Gong, Gerrit　江文漢　111
Hadid, Zaha　札哈・哈蒂　056, 556
Haig, Alexander　海格　191
Havel, Václav　哈維爾　194-196, 198
Hermé, Pierre　皮埃爾・埃爾梅　314
Hubbard, Gardiner Greene　赫巴德　199
Hugo, Victor　雨果　275
Huntington, Samuel　杭亭頓　169
Jung, John　約翰・姜格　452
Keynes, John Maynard　凱因斯　390
Kissinger, Henry　季辛吉　068, 135, 149, 152-156, 165, 191
Klaus, Václav　克勞斯　196
Krens, Thomas　克倫士　272-273
Lake, Anthony　安東尼・雷克　185
Lilley, James R.　李潔明　178
Lord, Winston　溫斯頓・羅德　185
Lott, Trent　洛特　209
Luther King, Jr., Martin　馬丁・路德　283
Macchi, Luis González　龔薩雷斯　227
Mandela, Nelson　曼德拉　016, 244-245

Mehta, Zubin　祖賓・梅塔　277
Moscoso, Mireya　莫絲柯索　226
Murkowski, Frank Hughes　穆考斯基　209
Nickles, Don　唐・尼科爾斯　207
Nixon, Richard　尼克森　199
Nureyev, Rudolf　紐瑞耶夫　263
Ortin, Miquel　米奎爾　333
Pavarotti, Luciano　帕華洛帝　027, 057, 280-281, 395-396, 399-400, 425, 557
Pérez, Francisco Flores　佛洛瑞斯　021, 228
Rawlings, Hunter R.　羅茲　163
Ritter, Jorge Eduardo　里特　228
Roosevelt, Franklin Delano　羅斯福　145
Scorsese, Martin　馬丁・史柯西斯　035, 452
Sharma, Suraj　蘇瑞吉・沙瑪　453
Smith, Adam　亞當・斯密斯　110
Steinberg, James　史坦柏格　112
Stephen, Marcus　史蒂芬　389
Talal, Hassan Bin　哈山　130
Taylor, Elizabeth　伊麗莎白・泰勒　149
Teresa, Mother　德蕾莎修女　250-251
Toynbee, Arnold　湯恩比　110
Trump, Donald John　川普　521-522
Twain, Mark　馬克・吐溫　512
Zacharilla, Louis　路易・扎卡里拉　440-441